埋精品教材
易系列
世纪

# 新编国际服务贸易教程

赵春明　蔡宏波◎主编

清华大学出版社

北京

## 内 容 简 介

本书共分四个部分 11 章，即国际服务贸易的总论、国际服务贸易的理论和政策、当代国际服务贸易的发展，以及国际服务贸易的重要专题性内容，采用"概念—理论—政策—实践"的逻辑加以贯穿，引导学生完成国际服务贸易课程的学习。

从劳动价值论、传统贸易理论和新贸易理论重新审视为什么会有国际服务贸易；从政策理论、政策工具和WTO、区域协议探讨现实中的国际服务贸易；关注世界和中国服务业以及对外服务贸易发展，涵盖服务外包、生产性服务业、服务业 FDI 等热点问题。

本书在章节之后设有专栏，为读者提供相关内容的背景知识、前沿证据和热点讨论。此外，每章还附有学习目标、重要概念和思考题，方便读者预习、复习和检验学习效果，并为进一步思考相关问题提供了有益的文献资料。

**图书在版编目（CIP）数据**

新编国际服务贸易教程 / 赵春明，蔡宏波主编. —北京：清华大学出版社，2019（2021.12重印）
（21世纪经济管理精品教材. 国际贸易系列）
ISBN 978-7-302-51323-0

Ⅰ. ①新⋯　Ⅱ. ①赵⋯　②蔡⋯　Ⅲ. ①国际贸易－服务贸易－高等学校－教材　Ⅳ. ①F746.18

中国版本图书馆CIP数据核字（2018）第227131号

责任编辑：张　伟
封面设计：李召霞
责任校对：宋玉莲
责任印制：曹婉颖

出版发行：清华大学出版社
　　　　　网　　　址：http://www.tup.com.cn, http://www.wqbook.com
　　　　　地　　　址：北京清华大学学研大厦 A 座　　　　邮　　编：100084
　　　　　社 总 机：010-62770175　　　　　　　　　　邮　　购：010-62786544
　　　　　投稿与读者服务：010-62776969，c-service@tup.tsinghua.edu.cn
　　　　　质量反馈：010-62772015，zhiliang@tup.tsinghua.edu.cn
　　　　　课件下载：http://www.tup.com.con, 010-83470142
印 装 者：大厂回族自治县彩虹印刷有限公司
经　　销：全国新华书店
开　　本：185mm×260mm　　印　张：14　　字　数：303 千字
版　　次：2019 年 1 月第 1 版　　　　　　印　次：2021 年 12 月第 5 次印刷
定　　价：42.00 元

产品编号：069621-01

# 前 言

国际服务贸易是当代国际贸易和世界经济的重要组成部分。大约半个世纪之前，国际服务贸易在整个国际贸易和世界经济中所占的比重还较小，但随着经济全球化的深入和全球产业结构的调整，服务部门的增长和贸易实现了大幅度的跨越。1970年，各国服务出口只有710亿美元，20世纪80年代服务贸易年均增长率达到5%，开始超过货物贸易，是其同期增长率的两倍。20世纪90年代，世界服务贸易额超过1万亿美元，占国际贸易总额的1/4。特别是1994年乌拉圭回合《服务贸易总协定》的签署，标志着进一步开放服务业市场和服务贸易自由化，使得进入21世纪以来的全球服务贸易稳定增长，早已突破10万亿美元大关。

2018年，是中国实行改革开放的第40周年。40年来，中国已从原先的跟跑、伴跑发展成为领跑的世界经济大国，在这个过程中，中国服务业和对外服务贸易也获得了前所未有的快速发展。中国服务贸易额从1982年的44亿美元增长至2017年的近7 000亿美元，位居世界第二。虽然2009年受到全球金融危机的影响，世界服务贸易增长放缓，但中国服务进出口占全球服务贸易总额的比重不仅没有降低，还从4.2%上升到4.4%。从发展趋势来看，国内服务业开放领域将得到进一步拓宽，党的十八届三中全会在《中共中央关于全面深化改革若干重大问题的决定》中提出："推进金融、教育、文化、医疗等服务业领域有序开放，放开育幼养老、建筑设计、会计审计、商贸物流、电子商务等服务业领域外资准入限制。"党的"十九大"报告也明确指出："大幅度放宽市场准入，扩大服务业对外开放，保护外商投资合法权益。"因此，服务业开放现正成为当前中国更大范围、更高水平开放的一大亮点。毫无疑问，中国服务业的进一步开放和发展，将为全球服务贸易和投资提供更多机遇。正是在这种大的背景下，我们编写了这本《新编国际服务贸易教程》。

本书共分11章，可以概括为四个部分的内容。

第一部分是国际服务贸易的总论，包括第1章和第2章。主要从服务、服务业和服务贸易的概念入手，重点介绍了服务贸易的特征和分类、服务业与第三产业的区别和联系以及《服务贸易总协定》框架下的服务贸易定义。而后在对服务贸易分类界定的基础上，提出了国际服务贸易统计的基本原则，并对其两条操作主线予以详细说明。另外，还从数据来源和数据发布两个方面为有兴趣的读者查找服务贸易数据提供参考。

第二部分是国际服务贸易的理论和政策，包括第3~5章。其中第3章在劳动价值理论的历史沿革中讨论了服务的使用价值和价值，侧重关注服务的国际价值形成及其决定，并在应用国际贸易理论解释服务贸易时，完成了绝对优势理论、比较优势理论和要素禀赋理论在服务贸易领域的还原，重点介绍了克鲁格曼模型在服务贸易领域的拓展，进一步以中国和东盟国家产业内服务贸易为例对其进行了验证；第4章以服务贸易自由化和竞争力的理论与政策为背景，重点阐述了服务贸易保护与货物贸易保护、国内服务业管制之间的区别和联系，并以"金砖国家"为例，对其服务贸易竞争力进行了分析；第5章则在对服务贸易壁垒分类界定的基础上，比较了度量服务贸易壁垒及其影响的指标和主要方法。

第三部分是当代国际服务贸易的发展，包括第6章和第7章。其中第6章在对目前世界服务贸易发展所作的总体概述基础上，具体分析了美国、欧盟、日本等发达经济体的服务贸易发展，并考察了发展中国家对待服务贸易自由化的态度，以及服务贸易发展对发展中国家的影响等；第7章则总结了中国服务贸易发展的特点、问题和趋势，在多边和区域两个层次上提出了中国服务贸易政策。

第四部分是国际服务贸易的重要专题性内容，包括第8~11章。其中第8章介绍了《服务贸易总协定》的文本内容和多哈回合服务贸易谈判的基本情况，同时分析了当今世界三大区域服务贸易协议、海峡两岸服务贸易协议以及全面与进步跨太平洋伙伴关系协定（CPTPP）服务贸易问题；第9章通过概念界定、动因和效应分析以及现状概括，全面介绍并分析了国际服务外包这一服务贸易新现象；第10章和第11章则围绕生产性服务业和服务业跨国直接投资这两大重要的热点问题，从基本事实出发，对模式、产生影响和存在问题进行了详细阐述。

除了正文以外，本书还设有相应的专栏，为读者提供相关内容的背景知识、前沿证据和热点讨论。此外，每章还附有学习目标、重要概念和思考题，方便读者预习、复习和检验学习效果，并为进一步思考相关问题提供了有益的参考文献资料。

本书由赵春明和蔡宏波共同主编，参加编写工作和为本书作出贡献的还有蒙英华、李宏兵、蔡洁、詹周达、李勉和杨玥。同时也感谢作者所任相关课程的多个年级的研究生同学和本科同学，正是他们一次次的课堂报告、一次次的课后讨论，给予了我们编写本书的丰富资料和持续的精神动力。最后，还要特别感谢清华大学出版社的领导和责任编辑张伟女士，由于他们极其专业而又耐心细致的工作，才使本书得以顺利问世。

作 者
2018 年 6 月于北京

# 目录

## 第四部分　国际服务贸易的重要专题性内容

# 第一部分

# 国际服务贸易总论

# 第 1 章

# 基 本 概 念

**学习目标**

1. 熟悉服务的定义、特征及分类。
2. 了解服务业的含义和现代服务业分类方法。
3. 掌握服务贸易的定义和特点。

## 1.1 服 务

### 1.1.1 服务的概念

人们对于服务的认识经历了两个阶段：古典经济学家对服务内涵的争议和现代西方经济学家对服务的界定。

**1. 古典经济学家的观点**

亚当·斯密于 1776 年在其所著《国民财富的性质和原因的研究》一书中指出，"服务是非生产性的，只有工业和商业才是生产性的，家仆的劳动……不能使价值有所增加……某些社会上层阶级人士的劳动与家仆的劳动一样，不生产价值，既不固定或实现在耐久物品或可卖商品上，也不能储存起来供日后雇佣等量劳动之用"。[①] 由于服务的生产具有易消失性，在其发挥职能的短时间内便会消失。这个非物质特点使得它既不能储存，也不能进一步交易。生产与消费的同时性使从事的服务型工作失去价值，很少留下什么痕迹。

针对斯密对服务的非生产性定义，法国古典经济学家萨伊于 1803 年在《政治经济学概论》一书中指出，无形产品（服务）同样是人类劳动的果实，是资本的产物。"医生、公教人员、律师、法官的劳动（这些劳动属于同一种类）所满足的需要是那么重要，以至于这些职业如果不存在，社会便不能存在"[②]，"大部分无形产品都是这种或那种技能的产物，获得一种技能，总须先作一番钻研，而从事钻研就非预付资本不可"。[③]

法国另一位古典经济学家巴斯夏的服务价值论对服务经济的研究作出了重要贡献。

---

① ［英］亚当·斯密. 国民财富的性质和原因的研究［M］. 北京：商务印书馆，1974：303-306.
② ［法］萨伊. 政治经济学概论［M］. 北京：商务印书馆，1997：127.
③ ［法］萨伊. 政治经济学概论［M］. 北京：商务印书馆，1997：129.

他在《和谐经济论》中指出：“这（劳务）是一种努力，对于甲来说，劳务是他付出的努力；对于乙来说，劳务则是需要和满足。”“劳务必须含有转让的意思，因为劳务不被人接受也就不可能提供，而且劳务同样包含努力的意思，但不去判断价值同努力是否成比例。”[①] 巴斯夏的服务价值论借用了萨伊理论中的“服务”概念，他认为服务也是资本，是物，劳动可以归纳为人们彼此提供服务，因此劳动交换就是服务的交换。按照萨伊的观点，服务是指对效用的创造，而按照巴斯夏的观点，服务是指为服务接受者所节约的努力，巴斯夏比萨伊更进一步地强调了服务的“商品性”。

与巴斯夏同处于古典经济学发展末期的约翰·斯图亚特·穆勒于 1848 年在其名著《政治经济学原理》中也对服务作了界定。他指出，劳动可以直接产生一种效用，而不是通过提供某种别的东西来给予效用。例如，给予一种快乐，消除不便或痛苦，时间可长可短，但不会使人或物的性质得到永久性改善。劳动生产的不是物品而是效用，此效用分为三种情况：其一，固定和体现在外界物体中的效用，即运用劳动使外物具有能使它们对人有用的性质；其二，固定和体现在人身上的效用，即劳动用于使人具备能使他们对自己和别人有用的品质，所有与教育有关的人的劳动均属此类；其三，就是这里界定的服务。[②]

马克思认为，服务有使用价值，是劳动产品也是社会财富，可以投入市场进行交换，服务同其他商品的差别只是形式上的，商品具有实物的形式，而服务则体现为一种活的劳动。

### 2. 现代西方经济学家的观点

富克斯于 1968 年在《服务经济》中对第二次世界大战之后的美国服务经济进行了研究。他的观点是，服务在生产的一刹那间消失，它是在消费者在场参与的情况下提供的，它不能运输、积累和储存，缺少实质性。富克斯的定义实际上是一种特征性定义。

1977 年，希尔从服务生产入手来解释什么是服务，认为“服务是人或隶属于一定经济单位的物在事先合意的前提下，由于其他经济单位的活动所发生的变化”。“服务的生产和消费同时进行，即消费者单位的变化和生产者单位的变化同时发生，这种变化是同一的。服务一旦生产出来必须由消费者获得而不能储存，这与其物理特性无关，而只是逻辑上的不可能。”希尔从“变化”入手，接近服务的本质，避免单纯描述服务的特征，强调服务生产与服务产品的区别，服务产出是相应的个体或商品状态的变化，不应与服务生产过程相混淆。但希尔的定义仍存在一些问题。例如，在特定条件下某些服务（如保安）的目的并不是寻求变化，而是避免变化。

瑞德尔和佩蒂特在 20 世纪 80 年代分别提出了两个具有代表性的服务的定义。瑞德尔关注到服务所带来的时间、地点和形态方面的效用，他于 1986 年在《服务引致的增长》一书中指出：“在为服务接受者带来一种变化时，服务是提供时间、地点和形态效用的经济活动。”根据《新帕尔格雷夫经济学大辞典》，佩蒂特于 1987 年提出，新古典经济学关于商品与服务的区分无任何理论意义的见解并不令人满意，因为关于商品的一些命

---

① 巴斯夏. 和谐经济论 [M]. 北京：中国社会科学出版社，1995：76，160.
② 穆勒. 政治经济学原理 [M]. 北京：商务印书馆，1997：62-63.

题难以扩展应用到服务上。他认为，服务表示使用者的变形（在个人服务的场合）或使用者的商品的变形（在涉及商品的场合），所以享用服务并不含有任何可以转移的获得物，只是改变人或其商品的特征。

1990 年，芬兰服务营销学家格鲁诺斯在总结前人研究的基础上，提出了服务的定义，即"服务一般是以无形的方式，在顾客与服务职员、有形资源、商品或服务系统之间发生的，可以解决顾客问题的一种或一系列行为"。格鲁诺斯的定义产生了较大的影响，其不但指出了服务的无形性，同时明确了服务的本质在于解决顾客面临的问题，而且构成服务的因素包括顾客、服务人员、服务产品和有形资源等方面，在一定程度上概括出服务营销的诸多要素。类似地，国际标准化组织把服务定义为"为满足顾客的需要，供方与顾客接触的活动和供方内部活动所产生的结果"。

我国学者主要从价值增值过程考查服务的基本概念，认为服务会对其他经济单位的个人、商品或服务增加价值，并且主要以活动形式来表现其使用价值。概括起来，一个普遍接受的定义是：服务是对其他法人机构（具有法人资格的企事业单位和政府部门等）和自然人、商品或服务增加价值，并主要以活动形式表现的使用价值或效用。例如，邮电通信、文化教育和商务会展等以活动形式表现的服务可以直接为政府部门、企事业单位和个人增加价值与效用，而保险、再保险服务则可以为金融服务、运输服务和保险服务增加价值与效用。

## 1.1.2　服务的特征

服务的特征包括无形性、不可分离性、异质性和不可存储性。

### 1. 无形性

服务是无形的，其使用价值不能脱离生产者和消费者，不能独立地固定在某种具体的实物形态上。服务的无形性是指顾客与服务提供者之间抽象化的、个体化的互动关系。同有形商品不同，服务在很大程度上是不可感知的。这包括两层含义：一方面，服务提供者通常无法向顾客介绍空间形态确定的服务样品；另一方面，服务消费者在购买服务之前，往往不能感知服务，在购买之后也只能觉察到服务的结果而不是服务产品本身。

服务的无形性是相对的，它和有形商品紧密联系，但是无形性是主要的，它是服务的核心和本质。随着科学技术的发展，有些无形的服务逐渐变得"有形化"。1989 年，加拿大经济学家格鲁伯和沃克提出物化服务（embodied service）的概念。例如，唱片和光盘作为服务的载体，本身的价值相对其提供的整个价值来说可以忽略不计，其价值主体是服务，这就是无形服务的"有形化"和服务的物化。

### 2. 不可分离性

服务的不可分离性是指服务的生产与消费同时进行。如果服务是由人提供的，那么这个人就是服务的一部分，因为当服务正在生产时顾客也在场，顾客与生产者的直接接触构成了产品的一部分。例如，在中医院问诊时，医生为病人把脉并作出诊断，进而对症下药。

商品一旦进入市场体系或流通过程便成为独立的交易对象，而服务或者同其提供来源不可分，或者同其消费者不可分。这种不可分离性要求服务提供者或（和）服务消费者不能与服务在时间或（和）空间上分开。例如，理发师不可能远离他的顾客，而买了电影票又想看电影的消费者不会不到电影院。

有时在物化服务的情况下，服务的生产和消费可以不同时发生。远程教育行业中，教师在录影教室中制作好视频课程后上传至网络服务端，然后由学员们缴费注册下载学习。

### 3. 异质性

同一种商品的消费效果和品质通常是均质的，而同一种服务的消费效果和品质往往存在显著差异。服务的主体和对象是人，人是服务的中心，而人又具有个性，涉及服务提供方和接受服务的顾客两个方面。这种差异主要来自两个方面。

第一，服务提供者的技术水平和服务态度往往因人、因时、因地而异，他们提供的服务随之发生变化，如两位老师教授同一门课程，同一个学生会有不同的评价；

第二，服务消费者时常会有特殊的服务要求，所以服务会受到顾客本身个性特点的影响，如同一位老师向同一个班级教授同一门课程，不同的学生也会有不同的评价。

由于服务产品具有很强的异质性，统一的服务质量标准只能规定一般要求，难以满足特殊的、个别的需要。因此，服务质量及其管理就带有很大的弹性和随意性，这既可以为服务行业创造优质服务开辟广阔的空间，也可能给劣质服务留下活动的余地。所以，与能够执行统一标准的商品质量管理相比，服务产品的质量管理要困难得多。同一企业的若干分店，如果是销售商品，易于统一企业形象；如果是销售服务，则易出现各分店服务质量优劣不等的局面。

### 4. 不可存储性

服务的不可存储性是由其不可感知性和其生产与消费不可分离性决定的。不可存储性表明服务无须存储费用和运输费用，但随之产生一个问题：服务企业必须应对缺乏库存引致的产品供求不平衡。服务的不可存储性也为加速服务产品的生产、扩大服务的规模制造了障碍。服务业只有在加大服务营销力度、推广优质服务示范上积极开发服务资源，才能转化被动的服务需求状态。

不可存储性是服务区别于商品的重要特征，商品可以在被生产之后和进入消费之前这段时间处于库存状态而不一定会给商品所有者造成损失，但服务一般不能像商品那样在时间上储存或者在空间上转移。服务如果不被使用，既不会给购买者带来效用，也不会给提供者带来收益，服务的不及时消费就会造成服务的损失。例如，餐馆、商店等如果没有顾客光顾就会亏损，火车、飞机、电影院里的空位也不会产生服务收入。服务与商品的特征差异如表 1-1 所示。

表 1-1　服务与商品的特征差异

| 服务 | 商品 |
| --- | --- |
| 无形 | 有形 |
| 生产和消费相结合 | 生产和消费相分离 |
| 异质性 | 同质性 |
| 难以储存 | 容易储存 |

随着科学技术的发展，服务有时也是可以储存的。实际上，储存既包括空间上的储存，也包括时间上的储存，或者是时空两方面的储存。服务是否可以储存主要指时间上的储存，也就是服务是购买时就消费还是在购买以后的某一时点消费。

## 1.1.3　服务的分类

### 1. 按照服务的有形程度划分

按照服务的有形程度划分，服务可分为纯商品状态、附有服务的商品状态、附有少部分商品的服务状态和纯服务状态。

（1）纯商品状态。产品本身没有附带服务，如香皂、牙膏、盐、钢笔等。

（2）附有服务的商品状态。附有服务以提高商品的吸引力，如计算机、家电产品、家用轿车等。

（3）附有少部分商品的服务状态。如空中旅行的头等舱等，除提供服务外，还附有食品和报刊等。

（4）纯服务状态。如法律咨询、心理咨询、家政服务等服务提供者直接为顾客提供相关服务。

服务和商品的区别之一在于有形程度的不同，而从高度无形到高度有形之间存在着一个连续谱。

### 2. 按照顾客的参与程度划分

按照顾客的参与程度划分，服务可分为高接触性服务、中接触性服务和低接触性服务。

（1）高接触性服务。顾客全部参与或大部分参与服务的过程，如电影院、娱乐场所、公共交通、图书馆、学校等提供的服务。

（2）中接触性服务。顾客只是局部地在部分时间内参与其中的活动，如银行、律师事务所、地产中介等所提供的服务。

（3）低接触性服务。在服务的推广过程中顾客与服务的提供者接触较少的服务，其间主要通过仪器设备进行，如信息、邮电业等提供的服务。

### 3. 按照服务的实际效用划分

按照服务的实际效用划分，服务可分为追加服务和核心服务。

（1）追加服务。追加服务通常是伴随商品生产和交易所提供的补充服务，本身并不向消费者提供独立的服务，而是作为产品核心效用的派生效用，因此其并不是独立的市场交易对象。然而，在现代科技革命的推动下，这种追加服务却往往在很大程度上左右着消费者对所需核心效用的选择。

在上游阶段，有先行追加服务的投入，包括可行性研究、风险资本筹集、市场调研、产品构思和设计等服务。

在中游阶段，有与商品融为一体的追加服务，包括质量控制与检验、设备租赁、后期供给以及设备保养与维修等；有与有形商品生产平行的追加服务，包括财务会计、人员聘用和培训、情报和图书资料等的收集整理与应用、不动产管理、法律、保险、通信、卫生安全保障以及职工后勤供应等。

在下游阶段，追加服务项目包括广告、运输、商品使用指导、退货索赔保证以及供应替换零件等一系列售后服务。

（2）核心服务。核心服务通常是与商品的生产和交易无关的，作为消费者单独购买的，作为独立市场交易对象的，能为消费者提供核心效用的服务。核心服务又可细分为面对面服务（face to face service）和远距离服务（long distance service）。前者需要通过服务提供者和服务消费者实际接触才能实现，如旅游服务；后者一般无须服务提供者和服务消费者的实际接触，但要借助一定的媒介，如银行服务可以通过通信、网络等技术实现，没有人员的移动和实际接触。

**4. 按照服务的功能特征划分**

按照服务的功能特征划分，服务可分为集体服务、金融服务、分销服务、专业服务、电信与信息服务、建筑服务和其他服务。

（1）集体服务。如政府服务于社会的福利服务等。

（2）金融服务。如银行和其他金融机构服务、保险与再保险服务、经纪人服务和信托服务。

（3）分销服务。如货物运输与储存、旅客运输以及批发零售服务。

（4）专业服务。如会计、法律、广告、翻译和咨询等专业与经济支持服务。

（5）电信与信息服务。如电报、电话、电子数据处理服务等。

（6）建筑服务。如建筑工程策划、咨询、管理与培训服务等。

（7）其他服务。如自动租赁服务，不动产服务，修理、保养与清洁服务，新闻出版与印刷服务，旅馆与娱乐服务，医疗与保健服务，影视艺术服务，等等。

**5. 按照营销管理的战略划分**

按照营销管理的战略划分，服务又可有以下几种划分。

（1）按照服务活动的本质划分。按照服务活动的本质划分，服务可分为四类：作用于人的有形服务，如民航、理发服务等；作用于物的有形服务，如航空货运、草坪修剪等；作用于人的无形服务，如教育、广播等；作用于物的无形服务，如咨询、保险等。

（2）按照顾客与服务组织的联系划分。按照顾客与服务组织的联系划分，服务可分为四类：连续性、会员关系的服务，如银行、保险、汽车协会等；连续性、非正式关系的服务，如广播电台、警察保护等；间断的、会员关系的服务，如电话购买服务、担保、维修等；间断的、非正式关系的服务，如邮购、街头收费电话等。

（3）按照服务方式及满足程度划分。按照服务方式满足程度划分，服务可分为四类：标准化服务选择自由度小，难以满足顾客的个性化需求，如公共汽车载客服务等；易于满足需求但服务方式选择自由度小，如电话服务、旅馆服务等；提供者选择余地大，但难以满足个性化需求，如教师授课等；需求能满足且服务提供者有发挥空间，如美容、建筑设计、律师、医疗保健等。

（4）按照服务供求关系划分。按照服务供求关系划分，服务可分为三类：需求波动小的服务，如保险、银行、法律服务等；需求波动大而能够保证基本供应的服务，如电力、天然气、电话等；需求波动大并会超出供应能力的服务，如交通运输、饭店、宾馆等。

（5）按照服务推广的方法划分。按照服务推广的方法划分，服务可分为六类：在单一服务地点顾客主动接触服务组织，如电影院、烧烤店等；在单一服务地点服务组织主动接触顾客，如出租汽车等；在单一服务地点顾客与服务组织远距离交易，如信用卡公司等；在多个服务地点顾客主动接触服务组织，如汽车维修服务、快餐店等；在多个服务地点服务组织主动接触顾客，如邮寄服务；在多个服务地点顾客和服务组织远距离交易，如广播站、电话公司等。

## 1.1.4　服务的使用价值和价值

### 1. 服务的使用价值及一般特征

（1）服务产品的使用价值。服务产品具有使用价值——非实物使用价值。这种使用价值像其他一切使用价值一样，首先，具有满足人的某种需要的功能，或是具有满足人的某种需要的效用，这是使用价值的共同特征。其次，非实物使用价值是构成社会财富的重要内容。人们追求经济利益的目的是获得多样的使用价值，以满足自身多方面的需要。所以，财富与使用价值相互依存，不论财富的社会形式如何，使用价值总是构成社会财富的物质内容。随着社会生产力的发展，使用价值本身也在不断发展变化。农业社会主要以农业使用价值，即农产品为财富内容；工业社会主要以工业使用价值，即工业品为财富内容。在现代社会，满足各种需要的社会财富日益分为以实物使用价值为内容的实物财富和以非实物使用价值为内容的精神财富，且后者的比重正在上升。最后，非实物使用价值也是交换价值的物质承担者。马克思指出，商品以铁、小麦等使用价值或商品物的自然形式出现，它们之所以是商品，是因为它们是二重物，既是使用物品又是价值承担者。价值本质上是商品生产者互相交换劳动的一种社会关系，因此它必须以劳动产品的交换为前提。产品只有具有使用价值，才能被投入交换，进而被衡量交换价值和价值。这就决定了价值必须以使用价值为承担者。只要使用价值具有能满足对方某种需要的有用属性，交换顺利完成，它就可以并且实际上充当了交换价值的承担者。非实物使用价值既然能够实现作为使用价值的职能，它同样可以充当交换价值的物质承担者。所以，服务产品具有和实物产品一样的特征。

（2）服务使用价值的一般特征。无论是生产者服务还是消费者服务，其使用价值具有的共同特征有以下几点。

① 服务产品使用价值具有消费替代性。所谓消费替代性，是指不同产品的使用价值因具有相同或相近的消费功能，可以在生产或生活消费中互相替代的性质。人们消费一种服务产品，可以同时减少对实物产品的消费，或减少对另外一些服务产品的消费。这里的替代既包括对服务产品的替代，也包括对部分实物产品的替代。

② 服务产品使用价值具有消费互补性。所谓消费互补性，是指不同产品虽然使用价值的功能不同，但由于使用属性之间的联系，在消费中构成互相依存、互相补充的关系。旅游业的发展会带动运输业，旅游和运输两者之间具有消费互补性。

③ 服务产品使用价值具有消费引致性。所谓消费引致性，是指某种产品与其他产品在功能上存在因果联系，只要消费这种产品，就将引起一系列其他产品的消费。如购买汽车必然增加对汽油的消费一样，对教育的消费必然促进教育服务业的发展。

服务产品的使用价值具有消费替代性、消费互补性和消费引致性的根本原因，是非实物使用价值具有一切使用价值的共性——可消费性。

当然，服务产品的使用价值与实物产品的使用价值不同，服务产品的使用价值具有非实物特性。这是一种在活动形态上提供的、不能离开服务劳动单独存在的特殊使用价值。实物产品使用价值的生产、交换和消费一般分开进行，生产者和消费者，生产领域、流通领域和消费领域泾渭分明。服务产品的交换却是生产的前提，生产与消费同时进行，一旦生产结束，消费也就完成。这是服务产品使用价值的主要特征——生产和消费的同时性。此外，服务产品使用价值具有非储存性。由于具有某种物质形态，实物产品可以储存，而服务产品不具有物理的或化学的性质，不能以使用价值形式单独存在。不过，服务产品的使用价值可以变相储存。如物化服务，将服务产品的使用价值实物化为某种带有服务内容的实物产品，并通过储存这种使用价值，保存与服务产品类似的服务。服务产品使用价值还具有非转移性。非转移性是指有些服务产品的使用价值不能从生产地转移到其他销售地。例如，消费者必须到旅游提供者所在地消费旅游服务，因为服务产品，如自然景观、历史建筑等不能转移。这使得服务产品的生产与消费存在空间上的不一致，这个矛盾必须通过生产者和消费者的相对位移来克服。服务产品使用价值虽然具有非转移性，但其所有权是可以转移的。在其尚未被生产时，可以通过交换使未来所有权发生多次转移。

服务产品使用价值的以上特征造成其再生产具有更大的局限性。实物产品使用价值的可储存性、可转移性等使其产品价值的实现所遇到的矛盾能得到一定程度的缓和。但是，服务产品使用价值的非储存性、非转移性等决定了其在生产的同一时刻、同一地点必须获得产品价值，立刻实现价值补偿，这是比实物产品的价值补偿更为"惊险的跳跃"。

### 2. 马克思劳动价值论中的服务价值

当前，物质生产部门的劳动占社会总劳动的比例越来越低，为生产生活提供服务的众多非物质生产部门，在国民经济中的比重日益提高，这为我们提出了新的研究课题。服务业的劳动是不是生产性劳动，是否创造价值？国内经济学界存在两种倾向。

第一种倾向，服务不创造价值。

（1）只有那些既能为社会生产物质财富，又能为社会生产剩余价值或净产值的劳动才是生产性劳动，否则就是非生产性劳动。所以，服务劳动不是生产性劳动。

（2）服务领域的劳动者和资本家收入（$v+m$）不是服务劳动者创造的，而是通过国民收入的再分配由物质生产领域转移过来的。物质生产领域的工人和资本家用其收入支付服务时就是如此。

（3）服务劳动不形成价值，它所以能带来利润和资本增值是因为资本主义经济的竞争与利润平均化的市场机制的作用。物质生产部门创造的价值以类似生产价格形成的方式转化为服务生产价格，不仅补偿服务成本，而且无偿地给服务领域资本家带来了物质生产劳动创造的剩余价值。

第二种倾向，服务劳动创造价值。

（1）服务劳动是生产性劳动，纳入社会劳动的范畴，是创造价值的。这里的社会劳动指从事物质生产和非物质生产的各种劳动。

（2）并非服务业中的所有劳动都能创造价值，只有那些为物质商品生产和生活服务的具有生产性的服务劳动才创造价值，而那些非生产性服务劳动不创造价值。

（3）不以生产性劳动和非生产性劳动的区分作为衡量服务劳动能否创造价值的标准，而是以是否创造使用价值作为判断是否创造价值的唯一标准。这其实已经偏离了马克思劳动价值论，转变到有用性，即效用的观点上去了。所以，虽然认同服务劳动同样创造价值，但本质上是效用创造价值，背离了马克思劳动价值论。

两种倾向的分歧在于对服务劳动、生产性劳动等的范畴尚未厘清。马克思是这样界定服务的："服务这个名词，一般地说，不过是指这种劳动所提供的特殊使用价值，就像其他一切商品也提供自己的使用价值一样。但是，这种特殊的使用价值在这里取得了'服务'这个特殊名称，是因为劳动不是作为物，而是作为活动提供服务的。"[①] 这个定义首先肯定了服务具有使用价值，是劳动产品，是社会财富，可以投入市场进行交换。其次指出了服务同其他商品的差别只是形式上的，商品具有实物的形式，而服务则体现为一种活动形式。

### 3. 服务劳动创造价值的原因和形式

服务劳动创造价值的原因是服务劳动其实与生产物质产品的劳动一样，具有凝结性、社会性和抽象等同性。[②]

服务产品生产过程中的劳动，凝结在服务产品活动形式的使用价值上，形成价值实体。劳动价值论认为，价值是无差别的人类劳动的凝结，但不能据此认为没有实物形态的产品就没有劳动凝结，从而没有价值。马克思在论述商品价值时精辟地指出，"同商品物的可感觉的粗糙对象性正好相反，在商品物的价值对象中连一个自然物质原子也没有"[③]。劳动价值论中劳动的凝结并非指劳动一定要固化在可以捉摸的物品上。服务劳动的凝结有其自身特点，即凝结性与活动性相结合。凝结过程完成，服务消费者的状况改变，但服务本身也消失了，不能再与其他商品交换。也就是说，服务劳动一边在凝结，一边又作为实际存在的凝结劳动被消费着。

劳动的凝结性是生产商品的劳动获得价值性的物质基础，而生产商品的劳动必须取得价值性的社会原因是生产商品的劳动的私人性与社会性的矛盾。对于服务产品来说，由于生产和消费在时间上的同一性，服务生产一开始，消费也同时开始，私人劳动就被承认为社会劳动。

就服务的经济功能而言，主要有三种服务劳动的价值形式。

（1）生产者服务。作为对商品生产者提供的服务，直接购买者为厂商，最终消费者的核心购买对象是实物产品，并非服务。

（2）消费者服务。作为满足人的多种生活需要的服务，消费者服务分为满足人的精神需要和人的物质需要两种服务。前者如艺术服务，后者如客运服务。服务的特点是，

---

①　马克思，恩格斯. 马克思恩格斯全集：第26卷 I [M]. 北京：人民出版社，1979：435.

②　李慧中，程大中. 国际服务贸易 [M]. 北京：高等教育出版社，2007：42.

③　马克思. 资本论：第1卷 [M]. 北京：人民出版社，2004：61.

直接购买者为最终消费者，消费者购买的核心对象是服务本身，与物无关。

（3）分销服务。消费者为获取实物产品需要连带购买的服务。分销服务被提供给消费者，但与消费者服务不同，它与物没有完全脱离。消费者购买分销服务的同时一定购买了实物产品，消费者是为购买实物产品而购买这类服务的，不是相反。

### 4. 服务产品国际价值的决定

（1）生产者服务。首先，生产者服务直接参与实物产品使用价值的形成，其本身作为生产性劳动发挥作用，创造新价值，增加产品价值总量。如商业服务、运输服务、建筑服务等，这些服务创造的价值作为供给价值进入市场。当然，生产者服务产品国际价值的最终决定还应考虑需求价值的因素。其次，由于社会分工的不断深化，部门间的联系日益加强，生产性劳动的范围逐渐扩大。创造价值的劳动主体不仅是生产实物产品的直接劳动者，还包括实物产品生产过程中不可缺少的生产者服务部门的劳动者。发达国家产业结构调整过程中服务业所占比重上升，高新技术部门在国民经济发展中的突出地位为此佐证。最后，生产者服务部门提供的商品和实物商品一样，具有商品的二因素。这些服务既创造商品的使用价值，也创造价值。从价值形成的角度来看，与消费者服务不同的是，生产者服务主要作为中间性投入，作为生产过程中的基本要素发挥作用，其价值作为实物产品价值的一部分在市场上表现出来。

（2）消费者服务。消费者服务在服务业生产活动中占据中心地位，从使用价值的角度来看，相当于前述服务使用价值。由于这类使用价值的存在是无形的，随活的劳动消失而消失，其服务生产部门的产品价值也由供给价值和需求价值共同决定。

首先，消费者服务部门提供的使用价值都是无形的，只有在供给方和需求方并存的条件下才作为商品进入市场，这种使用价值的不可储存性决定了供给和需求必须共同参与价值的形成。

其次，消费者服务不能独立作为服务产品进入市场，其基本条件之一是交换的存在，是供给者为消费者提供的能够满足某种需要的使用价值。发生交换的前提是供给方和需求方对服务产品的价值判断，其不是双方的主观感受，而是在长期经济活动中通过市场竞争和交易形成的，即马克思所说的市场价值，在国际市场上表现为国际价值。其以货币形式表现时，就是服务产品的市场价格。受到市场因素的影响，服务产品价格上下波动，只是在不同的市场条件下具有不同的特征。封闭经济条件下，同种服务产品的市场价值最终取决于社会活劳动在该部门分配的数量及全社会对该使用价值的需要量；开放经济条件下，需要增加考虑服务产品的进出口和生产要素的流动对服务产品国际价值决定的影响。

再次，消费者服务有时可以采取物化服务的形式，使之具有实物产品的形式，表面上其价值也是由产品生产的社会必要劳动时间决定的，但消费者购买的目的不是看得见的实物形态，而是凝结其中的服务，实物只是这些服务的载体。因此，物化服务的价值决定和其他服务产品一样，都是由供给价值和需求价值共同决定的，实物部分只占商品价值构成的极小比重。

最后，不同条件下服务产品国际价值的决定存在差异。如旅游服务、自然和人文景观等服务产品的供给方处于实际的垄断地位，产品的价值决定取决于服务提供者，供给价值在其中扮演着更重要的角色。但对于教育服务，服务产品可以随着生产规模的扩大而增加，不具有明显的垄断性，与旅游服务相比教育服务的需求价值作用更大。

（3）分销服务。分销服务的供给和需求派生于对商品的直接需要。其中，"锁住型"分配服务不与商品生产的特定阶段相分离，只能作为商品生产过程或其延伸阶段的一部分，其价值或成本完全附着在有形商品之上。"自由型"分配服务也同有形商品紧密联系，但其可外化为独立的市场交易对象。一方面，分销服务的价值决定和生产者服务相似，都与实物产品密切相关。如"锁住型"分配服务就是作为生产过程在流通领域的延伸，其本身能够创造价值。另一方面，有些"自由型"分配服务与实物产品没有直接联系，服务价值的决定不同于生产者服务，并非主要取决于生产过程。

如果把服务产品分为重复型服务产品和创新型服务产品，则其国际价值量的决定具有如下特点。

第一，重复型服务产品国际价值量的决定。运输、旅游、医疗和教育服务等可以不断重复生产，其价值由生产该项产品所耗费的社会必要劳动时间决定。它们具有可重复性、不可扩散性和独享性等特征。服务产品消费者必须拥有其物质载体——服务过程，非拥有者不能分享其使用价值。市场经济条件下众多服务产品提供者提供相同类型的这类服务，而不同的服务产品提供者具有各不相同的个别劳动时间。这种差异引起市场竞争，最终形成社会必要劳动时间，从而决定服务产品的国际价值。

第二，创新型服务产品国际价值量的决定。科学发明、建筑设计等服务首次反映人类以前未曾认识的客观规律、表现形式等，具有不可重复性和创新性。创新型服务产品具有扩散性和共享性，其价值量由最先生产这种产品所耗费的个别劳动时间所决定，这时其作为社会必要劳动时间发挥作用。一般而言，创新型服务产品是在前人和许多人同时工作的基础上获得的。这些产品的价值量，不能只依据创新者本身的劳动，还要考虑同一领域和相关领域过去和现在众多劳动者的工作。正如某些稀有商品的价值，马克思指出："金刚石在地壳中是很稀少的，因而发现金刚石平均要花费很多劳动时间，很小一块金刚石就代表很多劳动。"[①]

为此，我们可以将以上分类阐释的服务产品国际价值的决定总结如下。

首先，服务产品国际价值决定是总量决定。社会必要劳动时间在既定条件下确定全社会的总需求价值，需求价值总量通过收入分配形成了消费者实际购买力，进而转化为消费者对商品的需求价值。这一转化过程是以供给价值为基础、在市场机制中完成的。两种社会必要劳动时间相互作用，表现为供给价值和需求价值共同决定服务产品国际价值的过程。

其次，服务产品国际价值由供求共同决定。这里的供求指供给价值和需求价值，而不是使用价值的供求。二者的主要区别在于前者是以价值规律为基础的，反映了按比例分配社会劳动的客观要求，具有一般性、抽象性等特点；后者则是供求规律的直接体现，从物质形态反映市场上供求力量的对比消长。供给价值和需求价值共同决定服务产品的国际价值，现实中最终表现为对使用价值的供求。两种供求之间的联系可以概括为

① 马克思，恩格斯. 马克思恩格斯全集：第 23 卷 [M]. 北京：人民出版社，1979：157.

内容和形式、抽象和具体的辩证关系。

最后，服务产品国际价值以现实市场为基础，受社会再生产过程中多种因素的制约。商品价值是在生产领域形成的，排除了多种经济因素的影响，有利于揭示价值的本质。国际价值主要解决价值量的决定问题，需要从抽象上升到具体，分析社会经济活动即商品经济条件下的市场活动对国际价值形成的影响，如社会资源的配置、国民收入的分配及市场功能等，都在一定程度上对国际价值的决定产生影响。

# 1.2 服 务 业

## 1.2.1 服务业的定义

理论界对于服务业至今尚没有一个公认的定义，但就服务业的内涵或其所包含的内容来说，人们大多认同服务业是生产或提供各种服务产品的经济部门或企业的集合。

历史上，服务业的产生与发展与第一产业、第二产业尤其是制造业的发展密不可分，并且常常与第三产业的概念相提并论。现代社会对国民经济产业结构的三次产业分类是根据20世纪30年代英国经济学家费希尔和克拉克提出的经济增长阶段论划分的。费希尔于1935年其在所著《安全与进步的冲突》一书中，提出了三次产业的分类方法。他认为，第一产业为人类提供满足其基本需求的食品；第二产业满足其他更进一步的物质需求；第三产业满足人类除物质需求以外的更高级的需求，如生活上的便利舒适、娱乐休闲等各种精神上的需要。克拉克在《经济进步的条件》一书中也提出，以初级产品生产为主的农业是第一产业，当它在国民经济中的比重最大时为农业经济社会；以初级产品加工为主的工业是第二产业，当它在国民经济中的比重最大时为工业经济社会；两者之外的其他所有产业部门都归属第三产业。服务业作为第三产业，当它在国民经济中的比重最大时就是服务经济社会。

第三产业具体包括哪些项目？根据国家统计局的界定，我国第三产业包括流通和服务两大部门，具体分为四个层次：一是流通部门，包括交通运输业、邮电通信业、商业饮食业、物资供销和仓储业；二是为生产和生活服务的部门，包括金融业、保险业、地质普查业、房地产管理业、公用事业、居民服务业、旅游业、信息咨询服务业和各类技术服务业；三是为提高科学文化水平和居民素质服务的部门，包括教育、文化、广播、电视、科学研究、卫生、体育和社会福利事业；四是国家机关、政党机关、社会团体、警察、军队等，不计入第三产业产值和国民生产总值。

服务业与第三产业有密切的联系，但并不等同，主要表现在以下几个方面。

（1）两者界定的方法不同。服务业的界定以是否提供或生产各类型的服务为标准，其产品的范围十分明确。第三产业的界定则是按照剩余法——除第一、第二产业以外的其他产业统称第三产业，范围并不十分明确。例如，对于建筑业，有的国家将其归属于第三产业，而在我国2003年颁布的行业分类中则属于第二产业。

（2）两者划分的依据不同。三次产业划分的依据是经济体系的供给分类，隐含着高层次产业的发展单向依赖低层次产业，即第二产业以第一产业的产品为原料，第三产业的发展则依赖于第一、第二产业的供给。服务业是以经济体系的需求分类为基础，从服务产品满足消费者的需求出发，强调服务产品的生产同消费的关系。所以，服务业与其他产业之间是相互依赖的关系，而不是单向依赖。

（3）两者结构的内涵不同。第三产业的经济意义主要是针对一国国内经济发展的进程和产业结构的变迁，而服务业的经济意义则是面向国内和国际两个市场，因此才出现以服务业为依托的国内服务贸易和国际服务贸易两个概念。

### 1.2.2　现代服务业的分类

一般而言，现代服务业存在两种分类：三部门分类和四部门分类。

#### 1. 三部门分类

1993 年，美国经济学家格鲁伯和沃克在其名著《服务业的增长：原因及影响》中，从服务的对象出发，将服务业分为三个部门：为个人服务的消费者服务业、为企业服务的生产者服务业和为社会服务的政府（社会）服务业。

#### 2. 四部门分类

1975 年，美国经济学家布朗宁和辛格曼在《服务社会的兴起：美国劳动力部门转换的人口与社会特征》中，根据联合国标准产业分类（SIC）把服务业分为四个部门：生产者服务业（包括商业和专业服务业、金融服务业、保险业、房地产业等）、流通型服务业（分销或分配服务业，包括批发零售业、交通运输业、通信业等）、消费者服务业（个人服务业，包括旅馆业、餐饮业、旅游业、文化娱乐业等）和社会服务业（政府部门服务业，包括医疗、健康、教育、国防等）。这种分类方法得到联合国标准产业分类的支持。

值得注意的是，迄今为止国内外国民经济核算中的服务业分类都与理论界定不完全吻合。特别是消费者服务和生产者服务的统计常常出现交叉，如餐饮消费如果是为商务人士提供的，则为生产者服务；如果是为一般人士提供的，则为消费者服务。但是，这两种划分标准很容易混淆，说明实际统计操作与概念界定很难同步。

# 1.3　服 务 贸 易

## 1.3.1　服务贸易的定义

#### 1. 传统定义

服务贸易的传统定义是服务定义的延伸，指当一国（地区）的服务提供者向另一国（地区）的服务需求者（包括自然人、法人或其他组织等）提供服务时，按照自愿有偿的原则取得外汇收入的过程，即服务的出口；一国（地区）的服务消费者购买另一国（地区）服务提供者的有效服务，即服务的进口。

传统定义从进出口的角度界定服务贸易，涉及国籍、国界、居民、非居民等问题，即人员移动与否、服务过境与否以及异国居民之间的服务交换等。

#### 2.《服务贸易总协定》的定义

在 1947 年关税及贸易总协定（General Agreement on Tariffs and Trade，GATT）成立

以后相当长的时间里，服务贸易都未作为一个单独的领域列入其管辖范围，而多被涵盖在其他贸易项下。虽然之前有关服务贸易是否可列作单独领域的问题已经在以发达国家为主的特定范围内展开讨论，但直到乌拉圭回合谈判这种情况才得到了根本改观。《服务贸易总协定》（General Agreement on Trade in Services，GATS）把服务贸易定义如下。

（1）在一成员方境内向任何其他成员方提供服务。

（2）在一成员方境内向任何其他成员方的服务消费者提供服务。

（3）一成员方的服务提供者在任何其他成员方境内以商业存在形式提供服务。

（4）一成员方的服务提供者在任何其他成员方境内以自然人的名义提供服务。

第一类，跨境交付（cross-border supply）。"跨境"的是服务，一般不涉及资金或人员的过境流动，所以服务提供者和服务消费者都不移动，如电信服务、信息咨询、卫星影视等。这种方式特别强调买方和卖方在地理上的界限，跨越国境或边界的只是服务本身。

第二类，境外消费（consumption abroad）。由于服务的内容是在服务提供者所在地产生的，需要通过服务消费者（购买者）的过境移动才能实现。如旅游服务、为外国病人提供医疗服务、为外国学生提供教育服务等。

第三类，商业存在（commercial presence）。在一成员方境内设立机构，通过提供服务取得收入，从而形成贸易活动，主要涉及市场准入和对外直接投资。服务人员可以来自母国，也可以在东道国雇用；服务对象可以是东道国的消费者，也可以是来自第三国的消费者。与第二类不同的是，它强调通过生产要素流动到服务消费者所在地提供服务。例如，在境外设立的金融服务分支机构、律师、会计师事务所、维修服务站等。

第四类，自然人移动（movement of personnel）。一成员方的自然人（服务提供者）过境移动，在其他成员方境内提供服务。这里，服务消费者往往不是所在国的消费者，如建筑设计与工程承包及所带动的服务人员输出，即通过雇用他国的服务人员，向第三国的消费者提供服务。

服务的提供有时不是一种方式能够完成的，而是由几种方式联合完成。GATS 指出，服务贸易的判别标准一般要符合以下四个方面：服务和交付的过境移动性（cross-border movement of services and payments）、目的具体性（specificity of purpose）、交易连续性（discreteness of transactions）、时间有限性（limited duration）。

### 3.《美加自由贸易协定》的定义

1989 年，美国和加拿大签署了《美加自由贸易协定》（US-Canada Free Trade Agreement）。作为世界上第一个在国家间贸易协议上正式定义服务贸易的法律文件，其基本表述为服务贸易是指由代表其他缔约方的一个人（包括自然人和法人），在其境内或进入另一缔约方境内提供所指定的一项服务。这里的"指定"包括以下几个方面。

（1）生产、分配、销售、营销及传递一项服务及其进行的采购活动。基本类型包括：农业和森林服务（agriculture and forestry services）、矿业开采服务（mining services）、建筑服务（construction services）、分销交易服务（distributive trade services）、保险和不动产服务（insurance and real estate services）、商业服务（commercial services）和其他服务（other services）。

（2）进入或利用国内的分配系统，受到缔约方境内分配制度的约束。

（3）形成或确定一个商业存在，为分配、营销、传递或促进一项服务，这里的商业存在并非是一项投资，而是综合的过程。

（4）任何为提供服务的投资及任何为提供服务的相关活动。例如，公司、分公司、代理机构、代表处和其他商业经营机构的组织、管理、保养和转让活动，各类财产的接管、使用、保护及转让，以及资金的借贷等。

**4．国际收支平衡表的定义**

国际收支平衡表（balance of payments，BOP）中，一成员方的"居民"通常被理解为在该成员方境内居住一年以上的自然人和设有营业场所并提供货物或服务的企业法人。BOP 经常项目下居民和非居民之间服务的跨境交易即国际服务贸易。

将 BOP 的定义与 GATS 的定义进行对比，后者把国际服务贸易由前者的居民和非居民之间的跨境交易延扩到作为东道国居民的外国商业存在与东道国其他居民之间的交易，即居民和居民之间的交易。

## 1.3.2　国际服务贸易的特点

国际服务贸易的特点包括以下几个方面。

**1．交易标的的无形性**

国际服务贸易的交易对象——服务产品具有无形性，这就决定了服务贸易的无形性特征。当然，服务贸易有时是以有形商品为依托提供服务的，在物化服务的条件下，服务贸易也可表现为直观的、实实在在的商品交易。

**2．生产和消费的同步性与国际性**

服务贸易具有生产和消费的不可分离性，服务贸易产品使用价值的生产、交换和消费是同时完成的。在国际市场上服务产品的提供和消费同样不可分离，服务提供的过程就是服务消费的过程。这一同步进行、无法分离的特性，使参与贸易服务产品的生产、交换与消费过程具有更加明显的国际性。

**3．保护方式的隐蔽性和灵活性**

关税具有较高的透明度，可以通过贸易双方或多方的谈判达到减少限制的目的，而服务贸易较为特殊，传统的关税壁垒不起作用，只能转而采取非关税壁垒，使得国际服务贸易的保护通常采用市场准入和国内立法的形式，具有更高的刚性和隐蔽性。非关税壁垒措施也多种多样，可以针对某种具体产品特别制定实施，如技术标准、资格认证等，同时其涉及许多部门和行业，任何一种局部调整都可能影响服务贸易的发展。

**4．管理的复杂性**

由于服务的无形性、交易的同时性，服务提供者和服务消费者之间信息的不完全与不对称，造成了服务贸易管理具有更高的复杂性：其一，国际服务贸易的对象十分繁杂，涉及的行业众多，服务产品又以无形产品为主，传统的管理方式并不适用；其二，国际服务贸易的生产者和消费者跨界移动，其影响规模、性质和范围与有形贸易不同，直接增加了管理的难度；其三，国际服务贸易往往涉及不同国家的法律法规，适应多国规则也对贸易管理提出了挑战。

## 【专栏 1-1：《服务贸易总协定》的服务贸易定义——提供方式的视角】

世界贸易组织（World Trade Organization，WTO）的《服务贸易总协定》对服务贸易的定义是基于服务贸易的四种提供方式：①跨境交付；②境外消费；③商业存在；④自然人移动。

跨境交付：在一个成员方境内向任何其他成员方提供服务。在这种方式下，服务的提供者与服务的消费者都不发生移动，分别在各自境内，只有服务本身发生了跨界移动。根据 WTO 的统计，以跨境交付方式发生的服务贸易在全球服务贸易总额中占 25%～30%，在四种提供方式中位列第二。

境外消费：在一个成员方境内向任何其他成员方的服务消费者提供服务。在这种方式下，服务消费者必须过境移动，服务发生在提供者所处的那个国家或地区。例如，A 国的服务消费者到其他国家旅游、留学（接受教育服务）或者接受医疗服务等。WTO 的研究报告表明，以境外消费方式发生的服务贸易在全球服务贸易总额中的份额为 10%～15%，在四种提供方式中位列第三。

商业存在：一个成员方在其他成员方境内设立商业实体来提供服务。例如，外资企业在 A 国设立分支机构、子公司或办事处，向服务消费者提供金融、保险、法律、建筑、维修、广告、咨询等服务，该商业实体服务的对象可以是 A 国的消费者，也可以是第三国的消费者，其雇员可以是东道国（A 国）的居民，也可以是来自其他国家（包括母国）的服务人员。WTO 的研究报告表明，以商业存在方式发生的服务贸易，占全球服务贸易总额的 55%～60%，在四种提供方式中位列第一。这类服务贸易大多伴随外商直接投资（foreign direct investment，FDI），并涉及市场准入（market access）问题。

自然人移动：一个成员方的自然人在其他成员方境内提供服务，其要求成员方允许其他成员方的自然人进入本国境内提供服务。方式 4 可以独立实现，如一个外国人作为服务的提供者，在 A 国独立提供咨询、医疗服务等。这种方式是通过服务提供者（自然人）的跨境移动实现的，而服务消费者不一定是东道国的居民，如 B 国的医生到 A 国，治疗 C 国的患者，为其提供医疗服务。方式 4 也可以和方式 3 共同实现。例如，一个外国人在 A 国（东道国）提供服务（自然人移动），而且其是某个境外服务提供商的雇员，该服务提供商以商业存在的形式（方式 3）在 A 国设立分支机构。如 B 国的某家银行在 A 国开设分行，并雇用来自 A 国的自然人。WTO 的研究报告表明，自然人移动占全球服务贸易总额的比重不到 5%，在四种服务贸易提供方式中位列最末。这与劳动力（自然人）的跨界流动壁垒有关，法律、语言、文化等多方面因素，特别是东道国的签证制度和移民制度对自然人的国际间自由流动构成了阻碍。

GATS 对服务贸易的定义基于上述四种方式。这种定义相比国际收支平衡表的定义内容更多，而且 GATS 定义的服务贸易范围要比 GATT 定义的货物贸易范围更加宽泛，因为 GATT 定义的货物贸易只包括跨境交易，而 GATS 定义的服务贸易不仅包括跨境交易（跨境交付），还包括境外消费、商业存在和自然人移动。

服务贸易四种提供方式经常被联系在一起。例如，某一外资企业以商业存在的方式到 A 国（东道国）设立分支机构，雇用来自 B 国的雇员，并向 C 国出口服务。要想严格区分上述四种服务贸易提供方式，有时相当困难。在电子传输领域（electronic transmission），很难区分某项服务是跨境交付还是境外消费。如果某软件公司在一个成员方境内向任何其他成员方提供软件服务，则可视为跨境交付。反之，如果消费者登录该软件公司的主页下载软件，则消费者通过互联网实现了境外消费。

【资料来源：Aaditya Mattoo, Robert M Stern, Gianni Zanini. A Handbook of International Trade in Services[M]. New York: Oxford University Press, 2008.】

### 【专栏 1-2：服务贸易提供方式交互影响的经验证据】

服务贸易四种提供方式之间存在相互影响，而且技术进步使得这种相互影响大大增强。在服务贸易自由化过程中，如果服务业开放（或保护）只考虑其中一种提供方式，那么政策的实施结果将是无效或不可预知的。四种提供方式交互影响的研究有助于为服务贸易政策的制定和企业市场进入策略的选择提供理论依据。

目前，美国是服务贸易数据最完备的国家，是进行该领域经验研究的最佳样本。针对 1986—2006 年美国四种服务贸易提供方式的交互影响进行实证分析，结果表明：跨境交付和商业存在同时对境外消费产生明显影响；跨境交付和商业存在的相互影响也非常明显；商业存在和自然人移动的相互影响比较微弱；跨境交付和自然人移动之间以及自然人移动与境外消费之间没有直接影响，如图 1-1 所示。

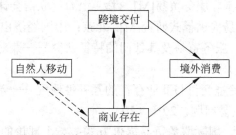

图 1　服务贸易四种提供方式的相互影响

注：箭头为存在因果关系，箭头指向是从因到果。其中，实线箭头为在 0.05 水平上显著，是强因果关系；虚线箭头为接近 0.10 水平上显著，是弱因果关系。

协整关系检验表明，服务贸易提供方式之间具有长期稳定的因果关系。采用脉冲响应、方差分解对服务贸易提供方式交互影响的变化规律和贡献率进行分析：在短期，跨境交付（或商业存在）冲击对境外消费的影响不大，但中长期商业存在对境外消费影响的贡献率逐渐上升。因此，政府制定服务贸易政策时，应关注商业存在对境外消费的影响，可以忽略跨境交付对境外消费的影响。例如，允许外国教育机构在本国设立商业存在，长期也会促进外国消费者到本国进行学习（境外消费）；如果外国禁止消费者进行远程教育（跨境交付），对外国消费者到本国学习（境外消费）的影响并不明显。另外，商业存在冲击对跨境交付产生的影响不大。例如，外国教育机构在本国设立商业存在，对外国消费者通过网络进行远程教育（跨境交付）的影响不大。在短期，跨境交付冲击对商业存在的影响不大，但长期而言，这种冲击造成的正面影响逐渐扩大。例如，外国开放网络远程教育市场，在长期将会促使本国教育机构在外国设立商业存在。

【资料来源：蒙英华，黄建忠. 服务贸易提供四模式交互影响的实证研究[J]. 财贸经济，2008（9）】

## 【重 要 概 念】

服务　服务业　第三产业　服务贸易

## 【思 考 题】

1. 服务具有怎样的特点？
2. 现代服务业包括哪些种类？
3. 服务业和第三产业可以等同吗？
4. 试举例说明不同类型服务的特定服务价值。
5. 试述《服务贸易总协定》对服务贸易的定义。
6. 试述国际服务贸易具有怎样的特点。

## 【课后阅读材料】

[1] 陈宪，程大中. 国际服务贸易[M]. 2版. 上海：立信会计出版社，2008.

[2] 蒙英华. 服务贸易提供模式研究[M]. 北京：中国经济出版社，2011.

[3] 李慧中. 服务业、服务贸易及其部门的特征研究——兼对欧盟国家的实证分析[J]. 国际金融研究，2000（3）.

[4] 黄宁，蒙英华. 跨境交付与商业存在的互补性研究——基于美国双边服务贸易出口数据的考察[J]. 国际贸易问题，2010（10）.

[5] 杨锦权，王迎新. 国际服务贸易提供方式：一个理论的研究视角[J]. 财贸经济，2007（5）.

[6] Aaditya Mattoo, Robert M. Stern and Gianni Zanini. "A Handbook of International Trade in Services". New York: Oxford University Press Inc., 2008.

## 【即 测 即 练】

# 第 2 章

# 服务贸易分类与统计

**学习目标**

1. 了解服务贸易的分类。
2. 理解国际服务贸易的 BOP 和 FATS 统计。
3. 熟悉服务贸易统计数据的来源。

## 2.1　服务贸易分类

### 2.1.1　按照 WTO 的标准分类

　　乌拉圭回合服务贸易谈判小组在征求各谈判方的提案和反馈意见后，提出了围绕服务业部门的服务贸易分类方法，将服务贸易分为 12 类，如表 2-1 所示。目前，WTO 关于服务贸易的 12 部门分类已为各成员方普遍接受，采用 GATS 的这种标准分类已成为一种惯例，加入 WTO 的新成员均按该分类作出具体的入世承诺。

表 2-1　GATS 的服务贸易 12 部门分类

| | | |
|---|---|---|
| 1. 商业服务 | 专业（包括咨询）服务 | 法律服务、工程设计服务、医疗服务等 11 个项目 |
| | 计算机及相关服务 | 与计算机有关的硬件安装咨询服务、软件开发服务、数据处理服务等 5 个项目 |
| | 研究与开发服务 | 自然科学、社会科学和交叉科学的研究与开发服务 |
| | 不动产服务 | 产权所有和租赁以及基于费用或合同的不动产服务 |
| | 设备租赁服务 | 与船舶有关的租赁服务、与飞机有关的租赁服务等 5 个服务项目 |
| | 其他服务 | 广告服务、市场调研、管理咨询和科技咨询服务等 16 个项目 |
| 2. 通信服务 | 邮政服务 | |
| | 信使服务 | |
| | 电信服务 | 声频电话服务、组合开关数据传输服务、用户电报服务、电传服务等 15 个项目 |

续表

| | | |
|---|---|---|
| 2. 通信服务 | 视听服务 | 电影放映服务、无线电与电视服务和录音服务等 6 个项目 |
| | 其他通信服务 | |
| 3. 建筑服务 | 工程建筑设计 | |
| | 工程建筑施工 | |
| | 安装与装配 | |
| | 修饰与装潢 | |
| | 其他建筑服务 | |
| 4. 销售服务 | 与销售有关的代理和中介服务 | |
| | 批发业务 | |
| | 零售服务 | |
| | 特许经营服务 | |
| | 其他销售服务 | |
| 5. 教育服务 | 初等、中等、高等及其他教育服务 | |
| 6. 环境服务 | 污染物处理服务、废物处理服务、卫生及相关服务 | |
| 7. 金融服务 | 与保险有关的服务 | 生命、事故和健康保险服务、非生命保险服务、再保险与交还和与保险有关的辅助服务 |
| | 银行及其他金融服务 | 公共存款及其可偿还资金的承兑、所有类型的贷款、金融租赁、担保与承诺等 12 个项目 |
| | 其他金融服务 | |
| 8. 健康及社会服务 | 医院服务、其他与人类健康有关的服务、社会服务及相关服务 | |
| 9. 旅游及相关服务 | 住宿餐饮服务、导游服务、旅行社及其他服务 | |
| 10. 文化、娱乐及体育服务 | 不包括广播、电影、电视在内的剧场、图书馆、博物馆及其他文化服务和体育服务 | |
| 11. 交通运输服务 | 海运服务 | 客运、货运、船舶包租和海运支持服务等 6 个项目 |
| | 内河航运 | 客运、货运、船舶包租和内河航运支持服务等 6 个项目 |
| | 空运服务 | 客运、货运和包机出租等 5 个项目 |
| | 空间服务 | |
| | 铁路运输服务 | 客运、货运和机车的推、拖等 5 个项目 |
| | 公路运输服务 | 客运、货运和包车出租等 5 个项目 |
| | 管道运输服务 | 燃料运输和其他物资运输 |
| | 运输的辅助服务 | 货物处理服务、存储与仓库服务、货运代理服务和其他辅助服务 |
| 12. 其他服务 | | |

资料来源：世界贸易组织秘书处网站。

**1. 商业服务**

针对商业活动中涉及的服务交换，服务贸易谈判小组列出六类这种服务，既包括个人消费服务，也包括企业和政府消费服务。

（1）专业（包括咨询）服务。专业（包括咨询）服务包括法律服务、工程设计服务、旅游机构提供的服务、城市规划与环保服务、公共关系服务等。

（2）计算机及相关服务。计算机及相关服务包括计算机硬件安装的咨询服务、软件开发与执行服务、数据处理服务、数据库服务及其他。

（3）研究与开发服务。研究与开发服务包括自然科学、社会科学和交叉科学中的研究与开发服务、边缘学科的研究与开发服务。

（4）不动产服务。不动产范围内的服务交换，但不包含土地的租赁服务。

（5）设备租赁服务。设备租赁服务包括交通运输设备（汽车、卡车、飞机、船舶等）和非交通运输设备（计算机、娱乐设备等）的租赁服务。但是，不包括其中可能涉及的操作人员的雇用或所需人员的培训服务。

（6）其他服务。生物工艺学服务，翻译服务，展览管理服务，广告服务，市场研究及公众观点调查服务，管理咨询服务，与人类相关的咨询服务，技术检测及分析服务，与农、林、牧、采掘业、制造业相关的服务，与能源分销相关的服务，人员的安置与提供服务，调查与保安服务，与科技相关的服务，建筑物清洁服务，摄影服务，包装服务，印刷、出版服务，会议服务和其他服务，等等。

**2. 通信服务**

通信服务指所有有关信息产品及其操作、设备储存和软件功能等服务，由公共通信部门、信息服务部门、关系密切的企业集团和私人企业进行信息转接与提供。主要包括邮政服务、信使服务、电信服务（包括电话、电报、数据传输、电传、传真等）、视听服务（包括收音机及电视广播服务）和其他通信服务。

**3. 建筑服务**

建筑服务指工程建筑从设计、选址到施工的整个服务过程，主要包括选址服务（桥梁、港口、公路等的地址选择）、建筑物的安装及装配、工程项目施工、固定建筑物的维修和其他服务。

**4. 销售服务**

销售服务指产品销售过程中发生的服务交换，主要包括商业销售（批发业务、零售服务）、与销售有关的代理和中介服务、特许经营服务和其他销售服务。

**5. 教育服务**

教育服务指各国间在高等教育、中等教育、初等教育、学前教育、继续教育、特殊教育和其他教育中发生的服务交换活动，如互派留学生、访问学者等。

**6. 环境服务**

环境服务指污染物处理服务、废物处理服务和卫生及相关服务等。

**7. 金融服务**

金融服务指银行业、保险业及相关行业发生的金融服务活动，主要包括以下两个方面。

（1）银行及相关的服务。存款服务、与金融市场运行管理有关的服务、贷款服务、与证券市场有关的服务（经纪业、股票发行和注册管理、有价证券管理等）、附属于金融中介的其他服务（贷款经纪、金融咨询、外汇兑换等）。

（2）保险服务。货物运输保险（含海运、航空运输及陆路运输中的货物运输保险等）、非货物运输保险（包括人寿保险、养老金或年金保险、伤残及医疗保险、财产保险、债务保险）、附属于保险的服务（保险经纪、保险类别咨询、保险统计和数据服务）和再保险服务。

### 8. 健康及社会服务

健康及社会服务指医疗服务、其他与人类健康相关的服务和社会服务及相关服务等。

### 9. 旅游及相关服务

旅游及相关服务指旅馆、饭店提供的住宿、餐饮服务及相关的服务，旅行社及导游服务，等等。

### 10. 文化、娱乐及体育服务

文化、娱乐及体育服务指不包括广播、电影、电视在内的一切文化、娱乐、新闻、图书馆、体育服务，如文化交流、文艺演出等。

### 11. 交通运输服务

（1）货物运输服务。如航空运输、海洋运输、铁路运输、管道运输、内河和沿海运输、公路运输。

（2）航天发射及运输服务。如卫星发射等。

（3）客运服务。

（4）船舶服务（包括船员雇用）。

（5）附属于交通运输的服务。如报关行、货物装卸、仓储、港口服务、起航前查验服务等。

### 12. 其他服务

## 2.1.2　按操作性统计分类

服务贸易的统计分类是一种操作性的应用分类，其依据是国际货币基金组织（International Monetary Fund，IMF）制定和统一使用的国际收支平衡表。国际收支平衡表的格式和项目被世界上绝大多数国家采用，是记录和衡量一国在一定时期内同其他国家经济往来规模和构成的重要工具。

服务贸易的统计分类将一国国际收支平衡表中经常项目下的服务贸易流量按其来源的不同分为两种类型：一类与国际收支平衡表的资本项目相关，即与国际间资本流动或金融资产流动相关的服务贸易流量，称作要素服务贸易（trade in factor services）；另一类与国际收支平衡表的经常项目相关，而同国际间资本流动或金融资产流动无直接关联的服务贸易流量，称作非要素服务贸易（trade in non-factor services）。

### 1. 要素服务贸易

要素服务贸易的概念来源于传统的生产力三要素理论。该理论认为，社会财富来自劳动、资本、土地（自然资源）。但是，服务贸易统计分类中的要素专指资本要素，劳动和土地属于非要素。这里，要素与非要素的划分不完全根据生产力三要素理论。因为在国际服务贸易中，由于土地缺乏流动性，无法提供跨境服务，土地要素提供的服务及其报酬一般不予考虑。劳动要素提供的服务及其报酬同国际资本流动或金融资产流动只有间接关系而无直接关系，故也排除在要素服务贸易之外。所以，要素服务贸易专指资本要素提供的服务及其报酬。

在现实国际经济体系中，国际资本流动或金融资产流动的主要方式是国际投资和国际信贷。国际投资可分为国际直接投资和国际间接投资。国际直接投资指以获取资产直接管理控制权为目的的国际投资。严格地说，国际直接投资的收益并非单纯的资本要素收益，实际上国际直接投资是经营管理技能与金融资产跨国转移相结合的国际投资方式，因此其收益包含两个部分——资本要素的报酬（利息或股息）和经营管理要素的报酬（利润）。国际间接投资，也称国际证券（股票或债券）投资，指在国际证券市场上购买外国企业发行的股票或债券，或购买外国政府发行的政府债券。国际信贷主要有三种形式：一是民间国际信贷，包括商业信贷和银行信贷。商业信贷指企业间信贷，包括进出口信贷、租赁信贷以及补偿贸易信贷等；银行信贷指商业银行贷款，包括单一银行贷款和银团贷款。二是国际金融机构信贷，包括全球性和区域性国际金融机构贷款。三是政府间信贷，一般由贷款国政府或政府机构以优惠利率向外国政府提供贷款。

**2. 非要素服务贸易**

由于非要素服务贸易涵盖内容太过庞杂，很难通过统一标准进行规范定义，所以一般根据要素服务贸易的界定范围，利用扣除法记录和衡量非要素服务贸易。

国际收支平衡表中，要素服务贸易和非要素服务贸易记在经常项目下，故二者关系可表示为

非要素服务贸易=国际服务贸易−要素服务贸易

=（经常项目−商品贸易−单方面转移支付）−要素服务贸易

鉴于服务产品的自身特点，国际服务贸易很难从实物形态上加以确定，只有借助价值流量来反映。服务贸易的操作性统计分类有利于一个国家（地区）准确、迅速地从价值流量的角度掌握其服务贸易的国际收支状况，在实践中为世界各国普遍接受。但与此同时，人们发现这种分类在经济学逻辑上是不清晰、不完备的，要素服务与非要素服务的划分不尽合理，并且模糊了服务产品的进出口与服务业本身跨国投资以及生产要素跨国流动的界限。

## 2.1.3 按照理论逻辑分类

目前最流行的服务贸易分类是理论逻辑分类，其以服务贸易与货物国际转移的关联程度为标准进行划分。这种分类的出发点是国民经济理论，特点是实际操作难度较大，但便于理论分析。按照分类依据的不同，服务贸易理论逻辑分类的基本标准有：①以是否伴随商品贸易为标准；②以服务产品和服务业为标准；③以要素密集度为标准；④以与商品的关系为标准；⑤以企业生产过程为标准。有时，几种分类标准可以彼此结合，进而从多维视角对国际服务贸易进行更加全面、深入、细致的分类。

**1. 以是否伴随商品贸易为标准**

从国际贸易的历史和现实来看，服务贸易一方面伴随国际贸易而逐步发展起来，另一方面随着社会生产力的发展和国际分工的深化，服务贸易又表现出有别于商品贸易的相对独立性。在此，按照服务贸易与商品贸易的关联程度，以是否伴随商品贸易为标准，将国际服务贸易分为国际追加服务贸易和国际核心服务贸易。

（1）国际追加服务贸易。国际追加服务贸易是与有形商品的国际贸易和国际投资直接相关的国际服务贸易。其本身并不向消费者提供直接的、独立的服务，而是作为商品核心效用的派生效用和衍生效用。所以，国际追加服务贸易市场的需求和供给都属于派生的与衍生的需求和供给。在现实经济生活中，商品的生产和消费往往伴随相应的生产性追加服务与消费性追加服务，如入住宾馆，消费者必然接受宾馆和服务员提供的服务，但是消费者购买的核心效用是住宿本身而非这些服务。当消费者和企业对追加服务越来越重视，其范围不断扩大，专门化程度不断提高，意味着追加服务的提供由"内部化"向"外部化""市场化"转变。

国际追加服务贸易通常在国际投资和国际贸易涉及跨境商品流动时才会发生。对于国际投资涉及的跨境商品流动，国际追加服务贸易主要指跨国企业在生产经营的基本环节中那些作为中间品投入的生产性服务的国际贸易。对于国际贸易涉及的跨境商品流动，国际追加服务贸易主要指运输业，包括海运、空运和陆运。除此之外，作为国际运输服务的基本要素，原属于生产性服务的保险服务、银行服务以及信息服务也越来越多地渗透到国际货物贸易中，成为国际追加服务贸易的重要组成部分。

（2）国际核心服务贸易。国际核心服务贸易指与商品贸易和国际投资无直接关联的国际服务贸易，其是消费者单独购买的、能为消费者提供核心效用的一类服务。

根据服务的提供者和消费者的接触方式，国际核心服务贸易可分为远距离型和面对面型。远距离型核心服务贸易指无须提供者和消费者实际接触，通过一定媒介实现的服务贸易。面对面型核心服务贸易则需要服务的提供者和消费者实际接触才能完成交易，接触方式可以从提供者到消费者，或是从消费者到提供者，或是提供者和消费者双向流动。如国际医疗服务、国际旅游服务以及服务的第三方贸易等均属于典型的面对面型核心服务贸易。

进一步地，国际核心服务贸易又可分为生产者服务贸易和消费者服务贸易。生产者服务贸易主要有金融服务贸易、企业管理与技能服务贸易、国际技术服务贸易以及国际人才交流与培训等。由于生产者服务涉及内容众多，如市场、交通、能源、通信、金融、投资、建筑、矿业、农业、经营等与生产有关的一切领域，同时又是知识、技术、信息、管理等要素进入社会再生产过程、转化为现实生产力的桥梁和纽带，因此其在当今国际核心服务贸易中占主导地位，生产者服务贸易的发展必然会全面提高世界各国的生产力水平。

以是否伴随商品贸易为标准的分类较好地区分了服务贸易、服务业投资以及一般投资收益，不过其实际应用性较差，这种抽象的理论逻辑分类不能切实反映当前国际服务贸易的综合特点，而且对于现阶段世界服务贸易的发展缺乏实际意义，大多有关服务贸易的研究和讨论都不以此作为实际分析工具。

### 2. 以服务产品和服务业为标准

按照服务业的部门特点，围绕服务产品和服务业各部门活动，可以将国际服务贸易分为七类。

1）银行和金融服务贸易

银行和金融服务业是服务贸易中十分重要的部门，主要包括零售银行业，如储蓄、贷款、银行咨询服务等；企业金融服务，如金融管理、财务、会计、审计、追加资本与投资管理等；与保险有关的金融服务；银行间服务，如货币市场交易、清算和结算业务等；国际金融服务，如外汇交易等。

2）保险服务贸易

保险服务是为保险持有者提供特定时期内对特定风险的防范及其相关服务，如风险分析、损害预测咨询等。保险服务贸易既包括非确定的保险者，也包括常设保险公司的跨境交易。目前，保险服务贸易的主要对象是常设保险公司提供的服务。

3）国际旅游服务贸易

国际旅游服务贸易指为国外旅行者提供旅游服务，包括对个人的旅游活动，也有对旅游企业的活动，其范围涉及旅行社和各种旅游设施及客运、餐饮供应、住宿等。其与建筑工程承包、保险和数据处理服务等有直接联系，与国际空运的联系极其密切。国际旅游服务贸易在世界服务贸易总额中所占比重较大。

4）空运与港口运输服务贸易

空运与港口运输服务是一种古老的服务贸易项目，一般货物由班轮、集装箱货轮、定程或定期租轮运输，特殊货物通过航空、邮购、陆上运输。港口服务与空运服务密不可分，其主要包括港口货物装卸及搬运服务。

5）建筑与工程服务贸易

建筑与工程服务主要指基础设施和工程项目建设、维修和运营过程的服务，其中还涉及农业工程和矿业工程的基础设施服务、专业咨询服务以及与劳动力流动有关的服务。建筑与工程服务贸易通常受到一国国内开业权的限制，并与经济波动、对外经济政策和产业政策等密切联系。政府部门是主要的服务消费者，经常涉及政府的基础设施与公共部门投资项目。

6）专业服务

专业服务发展迅速，主要指律师、医生、会计师、艺术家等自由职业的从业人员提供的服务，以及在工程、咨询和广告业中的专业技术服务。国际专业服务贸易的形式多种多样，可以由服务提供者和消费者直接面对面进行，也可以通过间接的销售渠道，或通过专业机构、联盟或海外常驻代表机构提供服务。

7）信息、计算机与电信服务贸易

（1）信息服务。如数据收集服务、建立数据库和数据接口服务、通过数据接口进行电信网络中的数据信息传输服务等。

（2）计算机服务。数据处理服务，即服务提供者使用自己的计算机设备满足用户的数据处理要求，并向服务消费者提供通用软件包和专用软件等。

（3）电信服务。基础电信服务，如电报、电话、电传等，以及综合业务数据网提供的智能化电信服务。

### 3. 以要素密集度为标准

按照国际服务贸易对资本、技术、劳动力投入的密集程度不同，将服务贸易分为以下几项。

（1）资本密集型服务。如空运、通信、工程建设服务等。

（2）技术和知识密集型服务。如银行、金融、法律、会计、审计、信息服务等。

（3）劳动密集型服务。如旅游、建筑、维修、消费服务等。

这种分类以生产要素密集度为核心，涉及产品或服务竞争中的要素投入，特别是当前高科技的发展和应用。要素密集度分类对于从生产要素的充分合理使用以及各国以生产要素为中心的竞争力出发研究国际服务贸易具有一定的实际价值。但是，现代科技的发展使商品和服务对要素密集度的区分无法严格，很难加以准确界定，更不能制定公认的统一标准。

### 4. 以与商品的关系为标准

在 GATT 乌拉圭回合谈判期间，服务贸易谈判小组依据服务在商品中的属性将服务贸易划分为四种类型。

（1）以商品或实物形式体现的服务，即以商品、物化形式存在的服务，如电影、电视、音响、书籍、计算机以及专用数据处理与传输装置等。

（2）对商品实物形态及其价值的实现具有补充、辅助功能的服务，如商品储运、财务管理、广告宣传等。

（3）对商品实物形态具有替代功能的服务，其伴随商品的移动，但不同于一般商品贸易实现了商品所有权的转移，只是向服务消费者提供服务，如技术贸易中的特许权经营、设备和金融租赁及设备维修等。

（4）具有商品属性却与其他商品无关的服务，其本身作为市场独立交易对象，并不需要其他商品才能实现，如通信、数据处理、旅游和旅馆服务等。

这种分类方法将服务与商品联系起来，从理论上承认服务与商品一样既有使用价值，也有价值。

### 5. 以企业生产过程为标准

在企业生产经营过程中，存在各类生产性服务，围绕生产过程可以将服务区分为生产前服务、生产服务和生产后服务。

（1）生产前服务。如可行性研究、市场调研、产品创意设计以及风险融资等。这类服务在企业生产之前完成，对企业的生产规模、制造过程、产品质量以及经营绩效等具有重要影响。

（2）生产服务。如质量控制与检验、设备租赁、设备保养和维修、软件开发等与有形商品融为一体的服务；财务会计、人力资源管理、情报和图书资料等的收集和应用、不动产管理、法律、保险、通信、卫生安全保障以及职工后勤供应等与有形商品平行的服务。

（3）生产后服务。如广告、包装与运输、营销、商品使用指导、退货索赔保证以及供应替换零件等一系列售后服务，其联系生产者与消费者，可以更好地满足消费者需求，以提升企业产品的市场地位。

以企业生产过程为标准划分国际服务贸易，反映了生产者服务在促进科学技术转化为生产力过程中的桥梁和纽带作用。随着国际投资、国际贸易的发展以及生产者服务专业化、市场化程度的提高，围绕企业生产过程的服务贸易在国际服务贸易中的比重将逐步提高。

## 2.2　服务贸易统计

服务贸易统计是对国际服务贸易的总体和各部门规模、国别规模及进出口流向、发展现状和趋势进行的定量描述。由于世界各国尚未形成对国际服务贸易的公认定义，加之各国原有统计制度的差异，全球统一的国际服务贸易统计体系一时难以建立。目前，国际服务贸易统计的基本原则是：总体上，遵循 GATS 对国际服务贸易的定义，确定以四种提供方式（跨境交付、境外消费、商业存在、自然人移动）作为服务贸易统计的主体范围；操作上，以居民与非居民之间的服务交易（balance of payments，BOP）和通过外国附属机构实现的服务交易（foreign affiliates trade in services，FATS）两条主线具体进行。

### 2.2.1　国际收支统计

国际服务贸易 BOP 统计的依据是国际货币基金组织的《国际收支和国际投资头寸手册（第六版）》（Balance of Payments and International Investment Position Manual，BPM6）。国际收支统计刻画了一国对外贸易和资本流动状况，具有一致性和国际可比较的特点。由于国际收支统计由来已久，方法较成熟，同时和大多数国家的统计体系相匹配，所以成为世界公认的标准化的国际贸易统计体系。国际收支统计的对象包括服务贸易和货物贸易，并且侧重于货物贸易。是否跨越国境或边界是交易是否纳入国际收支统计的基本原则。国际服务贸易 BOP 统计就是将与服务贸易有关的实际交易数据进行重新汇总、整理和记录，从而形成一套针对国际服务贸易的专项统计。

BOP 统计在各国对外服务贸易统计中发挥着不可替代的作用，但从世界服务贸易的发展来看，BOP 统计存在着明显的不足：按照国际收支统计的原则，国际服务贸易只是居民与非居民之间的服务交易，包括过境交付、境外消费及自然人移动，没有反映当前在世界服务贸易中占据主导地位的商业存在。这是因为，商业存在形式的服务交易双方均是法律意义上的同一国居民（当外国附属机构在一国设立的期限长于一年时）。BOP 统计试图描绘服务贸易的全貌，但其与 GATS 界定的服务贸易范围还存在较大差异。与 GATS 划分的服务贸易 12 大类、155 个部门相比，BOP 统计无论是在项目个数还是统计范围上都有不小的差距。

### 2.2.2　外国附属机构统计

#### 1. FATS 统计的由来

按照国际收支统计的跨境原则，商业存在无法纳入国际服务贸易的范畴，所以国际服务贸易 BOP 统计实际不能完整反映一国对外服务贸易的总体情况。如何以 GATS 为基准进行服务贸易统计，成为优化和发展国际服务贸易统计的主要方向。按照 GATS 定义的四种提供方式进行服务贸易统计，需要建立一套全新的统计体系，况且随着全球经济一体化的深入，国际直接投资迅速发展，以商业存在形式发生的国际服务贸易已经占据世界贸易总额的近 1/5。因此，明确这部分交易的发生形式和数量规模十分必要。尽管截至目前，世界上尚无一个国家能够按照 GATS 定义的四种提供方式统计服务贸易数据，但是人们的不懈努力依然取得了阶段性成果，作为 BOP 统计的补充——外国附属机构统计，即 FATS 统计应运而生了。

FATS 统计反映了外国附属机构在东道国的服务交易情况，包括与投资母国之间的交易、与东道国居民之间的交易以及与其他国家之间的交易。FATS 分为内向和外向两个方面。别国在东道国附属机构的服务交易称为内向 FATS，东道国在别国附属机构的服务交易称为外向 FATS。

#### 2. 对 FATS 统计的评价

可以认为，作为一种国际服务贸易的统计规范，FATS 统计必然会不断完善，并为越来越多的国家接受和应用。

（1）从统计范围看，FATS 统计实际包括外国附属机构的全部交易——跨境交易和非跨境交易，核心是非跨境交易，即企业的国内销售。

（2）从统计对象看，只有对方绝对控股并能控制的企业，也即外方股权比例高于50%的企业才列入 FATS 统计范围。这与直接投资的统计对象不同，后者以外资比重超过 10%为标准。原因在于，FATS 统计是投资基础上的贸易统计，不仅反映投资状况，更重要的是贸易利益，只有外国投资拥有并控制该企业，才可能决定贸易过程并获得贸易利益。

（3）从统计内容看，FATS 统计既包括投资的流量和存量，也包括企业经营状况和财务状况及其对东道国的影响，但其主要内容是企业的经营活动状况。FATS 统计的中心内容是：外国附属机构作为东道国的居民，与东道国其他居民之间进行的交易，即其在东道国进行的非跨境交易，以及这种交易对东道国经济的影响。

（4）从统计实践看，FATS 统计有狭义和广义之分。按照 WTO 的规定，外国附属机构的当地服务销售属于国际服务贸易，从而一般把对非跨境服务销售的 FATS 统计称为广义国际服务贸易统计，这被认为是对外国直接投资统计的进一步深化，也是对商品贸易统计的有效补充。因此，当 FATS 统计应用于贸易统计时，一般出现在广义国际服务贸易统计中。

（5）从统计作用看，FATS 统计弥补了商品贸易统计、跨境服务贸易统计和外国直接投资统计的不足，更为全面地反映了外资企业的生产和服务提供对贸易流动的影响以及由此产生的利益流动。

不过，FATS 统计也有其自身缺陷，如统计过程中调查反馈率低、调查覆盖面不均、统计方法创新性不足等。

### 2.2.3　BOP 统计和 FATS 统计的关系

BOP 统计中的服务贸易指居民与非居民之间的跨境服务交易，不包括作为居民的外国附属机构与居民之间的服务交易。因此，GATS 定义的商业存在难以被 BOP 统计所反映。BOP 统计和 FATS 统计互相补充，就能反映服务贸易的全貌，获得完整的服务贸易统计。但是，BOP 统计与 FATS 统计之间虽构成补充，却不能简单相加，原因在于：一方面，FATS 统计与 BOP 统计的范围、内容和记录原则不同；另一方面，FATS 统计与 BOP 统计的部分内容重叠，两者相加会造成重复统计。

如何将各服务项目与四种提供方式一一对应起来，是一个亟待解决的问题。2010 年出版的《国际服务贸易统计手册》（Manual on Statistics of International Trade in Services 2010）在此方面做过尝试，如表 2-2 所示。

表 2-2　按提供方式的服务贸易统计比较

| 提供方式 | 主要统计内容 |
| --- | --- |
| 方式 1：跨境交付 | BOP：运输服务、通信服务、保险服务、金融服务、特许使用费和许可费；组成部分：计算机和信息服务、其他商业服务以及个人文化和娱乐服务 |
| 方式 2：境外消费 | BOP：旅行（旅行者购买的货物除外）、在外国港口修理船只；运输部分：在外国港口对船只的支持和辅助服务 |
| 方式 3：商业存在 | FATS：ICFA 各类别，BOP 中的 FDI 和建筑服务 |
| 方式 4：自然人移动 | BPM6，行业组成部分：计算机和信息服务、其他商业服务、个人文化和娱乐服务以及建筑服务；FATS（补充信息）：外国人在国外分支机构中就业；BPM6（补充信息）：与劳务有关的流量 |

资料来源：《国际服务贸易统计手册》(Manual on Statistics of International Trade in Services 2010)。

表 2-2 前三种提供方式通过 BOP 统计和 FATS 统计都能得到较好的反映，而方式 4 自然人移动的统计内容目前仅通过《国际收支和国际投资头寸手册（第六版）》中与服务和劳动有关的信息获得部分反映，自然人的数量信息也只能由 FATS 统计补充。如上统计还不能提供方式 4 的精确范围与完整数据来源，也无法单独确定与方式 4 有关的组成部分。

### 2.2.4　我国的服务贸易统计

近年来，我国对外服务贸易快速增长。一方面，2016 年，我国服务进出口规模已达 6 575 亿美元，占整个贸易总额的比重为 15.14%；另一方面，我国利用外资水平不断提升并逐渐趋向服务业，我国境内 FATS 发展已粗具规模。中国正在成为服务贸易大国，进行中国服务贸易统计势在必行。但目前我国服务贸易统计只限于国际收支统计所包括的服务项目，无法提供同 GATS 对接的国际服务贸易数据，不能全面描述中国对外服务贸易的整体状况，因此需要尽快建立科学的服务贸易统计制度。

### 1. 目标和原则

中国国际服务贸易统计，旨在以 WTO 的《国际服务贸易统计手册》为基础，结合中国实际，探索形成在数据收集、加工和开发方面稳定的服务贸易统计体系，为我国政府在 WTO 框架下适应 GATS 的要求，履行入世承诺，进行国际服务贸易管理，为中国服务业发展和对外服务贸易竞争，提供可靠、及时、有效的数据信息支持。

为此，中国服务贸易统计应遵循以下原则。

（1）在内容上，要与 WTO 的 GATS 相衔接，以支持中国有效参与国际贸易与投资协议的谈判。

（2）在方法上，要以《国际服务贸易统计手册》为基础，建立与通行准则一致的统计体系。

### 2. 范围和基本组成

中国服务贸易统计涉及中国内地与港澳台地区以及同其他国家（地区）发生的服务交易。遵循《国际服务贸易统计手册》，统计范围涵盖全部四种提供方式，即跨境交付、境外消费、商业存在、自然人移动。

中国服务贸易统计包括两个主要组成部分和一个次要组成部分。从现行情况看，应着眼于两个主要组成部分。

（1）居民与非居民之间的服务交易，对应第一种和第二种提供方式，部分涉及第三种和第四种提供方式。

（2）商业存在服务贸易（FATS）统计，对应第三种提供方式。

（3）自然人移动服务贸易统计，对应第四种提供方式。从实际发生规模和数据完备性看，属于服务贸易统计的次要组成部分。

### 3. BOP 统计的基本内容

居民与非居民之间的服务贸易统计对应于国际收支平衡表中的服务项目，以服务进口总额和出口总额为基本统计指标，通过服务产品和服务业部门的分类统计，全方位反映中国国际服务贸易的规模和构成状况。基本思路是：以国家外汇管理局国际收支统计为基础，截取服务进出口数据，经过调整补充，得到当期居民与非居民之间服务进口总额和出口总额。其中，国际收支统计的服务项目数据来自国家外汇管理局；调整补充数据来自相关部门和专门调查；数据缺口信息根据相关数据资料进行估算。

根据 BOP 统计的分类标识，针对服务进出口数据进行单向分组和交叉分组，可以得到国际服务贸易分类统计数据。其中，单向分组包括服务产品分组、国别分组、国内地区分组和企业属性分组。双向分组的标识以服务产品为主，其次是国别，形成以下两两交叉分组：国内地区×服务产品、国别×服务产品、企业属性×服务产品、国内地区×国别。此外，国际组织建议进行备忘项目统计，主要反映服务贸易依附的交易流量，如保险服务贸易的保险总额和赔付总额、旅游服务贸易的旅游人数和旅游支出。

### 4. FATS 统计的基本内容

FATS 统计对象是外商直接投资企业在东道国当地的服务销售。其中，中国境内的外商投资企业在中国境内的服务销售是中国内向 FATS，即服务进口；中国对外直接投资企业在外国当地的销售是中国外向 FATS，即服务出口。

对于如何界定"受外国母公司控制",中国 FATS 统计确定的方法如下。

（1）内向 FATS 统计包括法人外商投资企业和非法人外国分支机构。法人外商投资企业与外商直接投资统计保持一致，包括所有外商持有股份高于 10% 的企业。

（2）外向 FATS 统计包括法人境外投资企业和非法人境外分支机构。与对外直接投资统计保持一致，包括所有外商持有股份高于 10% 的境外直接投资企业、全资拥有的境外分支机构。

（3）将外商投资企业和境外直接投资企业按照股权比例分为两组：股权比例 50% 以上组和股权比例 10%～50% 组，以持有股权 50% 以上企业为统计重点。

遵循《国际服务贸易统计手册》，中国 FATS 统计设定的指标分为以下三个层次：①企业服务销售额（营业额），这是 FATS 统计的基本指标，尤其是当地的服务销售额；②企业雇员人数及外（中）方雇员人数、增加值、货物和服务出口、货物和服务进口，这是反映企业当期活动的辅助指标；企业资产、负债和净值以及企业研究与开发支出，这是反映 FATS 统计背景的指标；③企业数，这是统计过程中生成的指标，反映 FATS 的普遍程度。结合中国实际，FATS 统计执行以下分类：①国别分类。内向 FATS 指投资母国国别分类，外向 FATS 指投资东道国国别分类。②行业分类。直接投资企业所属行业。③国内地区分类。

## 2.3 服务贸易数据

### 2.3.1 统计数据来源

#### 1. BOP 统计的数据来源

居民与非居民之间的服务交易数据来源多种多样，其中最具代表性的两大支柱是国际交易报告系统（International Transactions Reporting System，ITRS）和企业调查。

（1）国际交易报告系统。在国际交易报告系统这样一个典型的数据收集体系中，国内银行引导的国际支付要向国际收支平衡表汇编者报告，并随附具体服务详情。通常，国内银行充当中介机构，负责报告客户的国际结算情况。除了间接报告外，一般还有直接报告作为补充，用于覆盖在国内银行体系之外发生的交易（如居民在国外持有的账户发生的交易）或者只付净额的交易（如发生于清算系统或净支付系统的交易）[①]。

国际交易报告系统提供了广泛且及时的 BOP 统计数据，且只需要相对较少的参与人员。但是，该系统部分偏离了《国际收支和国际投资头寸手册（第六版）》的建议"应该在提供服务的时候而不是在进行支付的时候衡量交易"。对于报告人员来说，有时也很难决定服务贸易的具体种类，可能会出现分类错误。

（2）企业调查。企业调查是收集居民与非居民之间服务交易数据的有效渠道。调查报告被寄送至参与服务交易的企业，经过反馈得到代表性样本数据。有些调查报告询问

---

① 清算机构清算特定时间内产生的债权或债务，最终只支付净额。例如，航空运输公司与国际航空运输协会之间的给付。

企业的所有国际交易，有些调查报告则只要求具体的服务项目。

通过企业调查进行服务贸易统计，其获取的数据质量取决于样本选择、问卷设计和信息处理等，也受到业务登记质量的较大影响。后者需要不断更新，同时有充分备案以便于能够确认每一个被调查者。

（3）ITRS 与企业调查的结合。美国、英国等仅以企业调查为基础进行服务贸易数据收集，完全不使用 ITRS，但更多时候多数国家将二者结合起来完成 BOP 统计数据收集。这里有两种结合模式：有限地使用企业调查，进行基于 ITRS 的补充；有限地使用ITRS，进行基于企业调查的补充。例如，法国 BOP 统计数据收集使用 ITRS，同时利用"大交易商"（参与国际交易的主要企业）的直接报告进行信息补充。荷兰目前将 BOP 统计数据收集从 ITRS 调整为以企业调查为基础，其中基于简化银行报告系统的 ITRS 被部分保留。

值得一提的是，ITRS 通常是由一国中央银行负责，企业调查通常是由一国统计机构操作，两者及其负责机构需要紧密配合。

（4）其他数据来源。其他数据来源是 ITRS 和（或）企业调查的补充，可以更全面、准确地完成服务贸易统计。国际收支平衡表中，使用增补数据的一个典型例子就是旅游服务项目。很多国家还利用移民和旅游统计数据得到有关旅游者（境外旅游者或出国旅游者）开支的额外信息。其他来源，如家庭开支调查也可提供居民国外开支的有用数据。

服务贸易数据有时可以从官方（政府和货币当局）获得。在有些国家和地区，与政府机构的有效合作让国际收支平衡表的汇编者能够得到关于服务交易的一系列统计数据。而且，政府的交易信息不仅作为政府服务项目纳入统计，与其相关的服务活动也应被考虑，如对非居民（旅游）收取的机场建设费、当局收取的降落费和卸吊费（交通）。

### 2. FATS 统计的数据来源

外国附属机构直接从事服务交易属于内部 FATS，而外国企业通过国内企业进行服务交易属于外部 FATS。内外部 FATS 统计的数据来源比较多样，多数都与外国直接投资具有联系。获得 FATS 统计数据的两大方法如下。

（1）通过问卷调查收集 FATS 运营数据的方法。问卷设计要么使用有关 FATS 的新问卷，要么在现有 FDI（外商直接投资）问卷的基础上增加关键的 FATS 变量。普遍认为，单独的 FATS 问卷会更好，能够减少被调查者回答问题的负担，并且 FDI 调查通常是每季度进行一次，要求问卷快速回收。无论何种选择，针对 FATS 的问卷调查都应尽最大可能获取关键 FATS 变量的数据信息。

（2）只适用于内部 FATS 统计的方法。即确认那些拥有过半所有权的外国附属机构现有的统计数据。这种方法的主要挑战是统计数据的界定和收集可能需要整合运用专业知识和分散在不同机构的权责，如中央银行、国家统计局和多个政府部门。所以和 BOP统计类似，不同机构之间的密切合作对于 FATS 统计数据的获取十分必要。

### 3. 统计数据的可信度

各种数据收集方法和来源都有优点与缺点，它们都在无限接近现实反映的过程中逐步完善着服务贸易统计。

（1）BOP 统计的不对称性。在双边贸易统计中，一国从贸易伙伴国的进口应该等于对方的出口。但现实情况是，双方各自进出口统计存在一定差异，即双边贸易不对称。为了解决不对称问题，一些区域或双边经济组织正在寻求统计数据的调和。在"自下而上"的标准程序中，少数国家负责审查不对称并找到其来源，采取适当措施加以解决。例如，加拿大、美国等经常使用各自双边进出口流量数据替代原先编制的数据。欧盟则尝试通过"自上而下"的程序建立数学模型，在其各个成员国提供的资料的基础上消除内部数据的不对称。

（2）IMF 提高数据质量的方法。为了准确评估数据质量，国际货币基金组织推出了两个方案，特殊数据发布标准（Special Data Dissemination Standard，SDDS）和通用数据发布系统（General Data Dissemination System，GDDS）。

特殊数据发布标准提出了评价经济和金融数据有效性的四个标准：数据覆盖范围，频率和及时性，公众能否获取数据，完整性和数据质量。通用数据发布系统向所有国际货币基金组织的成员开放，其在数据质量方面的措施与 SDDS 相似，但辅助说明更少，注重从长期提高数据质量。

### 2.3.2　统计数据发布

衡量国际收支统计和外国附属机构统计数据质量的一个重要标准是公众对数据的可获得性。国际和地区组织接受报告与主动收集由各个国家提供的服务贸易统计数据，使得公众能够迅速接触有效信息和具有国际竞争力的服务贸易数据。

#### 1. 依据 BPM6 的数据报告

按照《国际收支和国际投资头寸手册（第六版）》的原则和框架，国际收支平衡表应能提供相对完善和被普遍接受的服务进出口数据。

#### 2. BOP 统计数据的发布

表 2-3 概述了国际收支统计数据的发布信息，欧盟统计局、国际经合组织、国际货币基金组织和联合国按照服务产品与服务业分类，为其各个成员收集和传播服务贸易的国际收支统计数据（欧盟统计局的数据统计范围涵盖欧盟候选国）。

表 2-3　有关机构发布服务贸易统计数据信息汇总

| 数据来源 | 涉及国家 | 分类标准 |
| --- | --- | --- |
| IMF 国际收支平衡表数据库（书和光盘）；美国国际贸易委员会 | 国际货币基金组织成员 | BPM6 和 EBOPS[①] |
| 欧盟统计局 New Cronos 数据库（在线数据和光盘） | 欧盟成员国、欧元区国家、欧盟候选国 | EBOPS |
| 国际经合组织服务贸易统计"第 1 卷　按细目分类"，"第 2 卷　按贸易伙伴国分类"（书、在线数据和光盘） | 国际经合组织成员 | EBOPS |
| 联合国 Comtrade 数据库（在线数据） | 190 个经济体 | EBOPS |
| WTO 国际贸易统计数据库（书、在线数据和光盘） | 所有经济体 | EBOPS |

资料来源：根据国际货币基金组织、欧盟统计局、国际经合组织、联合国统计署和世界贸易组织相关数据信息整理。

---

① EBOPS 是 Extended Balance of Payments Services Classification 的简称，即扩展后的服务贸易国际收支统计分类。

### 3. FATS 统计数据的可得性

目前，FATS 统计正处于发展的初级阶段。不过，鉴于这一领域的交易活动迅速增加，欧盟统计局、国际经合组织和联合国对 FATS 统计的重视程度日渐提高。国际和地区组织已经尝试合作进行数据的收集、整理和开发，提高数据一致性，避免重复工作和减轻各国的报告负担。

欧盟统计局和国际经合组织按照投资行为及其母国、东道国进行分类，使用 FATS 统计问卷获取成员的服务进出口信息。

总体上，外国直接投资数据的收集和传播者是欧盟统计局、国际货币基金组织、国际经合组织以及联合国。欧盟统计局和国际经合组织使用常见的问卷调查方法收集按投资母国与东道国划分的资本流入和流出数据。国际货币基金组织收集外国直接投资的地理分布数据，但尚未按国别细分数据。获取以上统计数据的来源是欧盟统计局 New Cronos 数据库、国际经合组织国际直接投资统计、国际货币基金组织国际收支平衡表、联合国贸易与发展会议数据库。

### 【专栏：自然人移动服务贸易统计中的一些问题】

对于服务贸易提供方式 1、2 和 3 来说，在《国际服务贸易统计手册》框架下各国和国家间已经形成十分成熟的统计方法，但提供方式 4 却是一个例外。当前，关于自然人移动服务贸易的统计依然停留在未有定论的状态。这种交易模式涉及一成员方以自然人形式在另一成员方境内提供服务，其核心特征是"暂时性"。自然人移动的"暂时性"问题在提供方式 4 的度量中非常关键。《服务贸易总协定》没有明确界定什么是自然人的"暂时性"或非永久性，而仅仅排除了有关公民、移民、居住以及永久性就业等。因此在实际操作上，各国均根据各自法律惯例理解所谓的"暂时性"。相应地，在各国 GATS 承诺减让表中，与提供方式 4 有关的逗留时间短至商务访问 3 个月，长到公司内调动 2~5 年不等。其实，许多统计标准都与自然人移动有关，但又没有哪一项与之完全吻合。现阶段，通常采用 BOP 统计和移民统计来估算提供方式 4 的服务贸易。

### 1. BOP 统计

人们经常使用国际收支统计中的"雇员报酬"和"工人汇款"来衡量自然人移动的价值。这些指标的优点是：一方面，对于许多国家来说具有可获得性；另一方面，国家之间能够保证一定水平的可比性。但是，两项指标也都具有明显缺陷。边境工人和受雇于任何经济部门的临时性工人均属于"雇员报酬"的统计范围，这导致对自然人移动服务贸易的高估。"雇员报酬"包含在国外逗留时间少于 1 年的工人，而自然人移动却包含长达 5 年的就业，又引起对自然人移动服务贸易的低估。"工人汇款"至少存在四个方面的问题：①该指标并非仅指服务活动，还包含在一国任何经济部门就业的所有外国工人；②该指标仅涉及永久性移民，他们已经成为外国居民；③该指标仅涉及被储蓄起来并汇回母国的那部分移民收入；④有相当一部分汇款没有通过正式渠道汇回母国，难以记录和报告。其中，②和③引起对自然人移动服务贸易的低估，①和④则具有高估的作用。尽管"雇员报酬"似乎比"工人汇款"更适合度量，却很可能严重低估服务贸易的实际水平。在双边层次上，两个指标都存在难以获取数据的缺点。

**2．移民统计**

利用移民统计解决自然人移动服务贸易的数据问题获得了越来越多的关注。由于自然人移动数据必须在个人基础上汇编，典型的企业采集数据的手段并非总是可行的。同时，服务贸易相关统计与移民/劳工统计在概念、界定、分类等方面存在广泛差异。移民统计常常可以方便地获取，但其总体上远远大于提供方式 4 所指的范围。度量自然人移动的主要问题在于，从相关统计指标中识别出应该测度的服务和工人的子集。

**3．统计标准的协调**

利用不同的数据来源度量自然人移动服务贸易必须面对一个问题，即构成这些数据来源基础的概念有多大程度的可比性。显然，GATS 带有一定程度的灵活性，其允许各国在符合自身惯例和法律的前提下进行谈判。尽管自然人移动统计数据在一组固定概念上加以定义保证了国际可比性，但这些概念的范围未必总是与各国在谈判中意指的范围相同。同时，移民统计可能寻求在固定概念和定义上提供数据，但数据的实际可得性经常取决于各国的法律法规，比如"暂时性"这样的问题。为"暂时性"逗留发放的签证可能包括不同的时间长度。"外国"的定义也因国家而异，有时反映出生国，有时反映国籍。解决问题的关键是做好不同统计标准的协调、统计要求和贸易谈判的协调、国别灵活性和国际统一性的协调等。

【资料来源：孔令强，蒙英华. 服务贸易中自然人流动的一些统计问题[J]. 商业研究，2008（3）.】

# 【重 要 概 念】

要素服务贸易；非要素服务贸易；国际追加服务贸易；国际核心服务贸易；BOP 统计；FATS 统计

# 【思 考 题】

1. 列举世界贸易组织的服务贸易分类。
2. 简述服务贸易的主要分类标准。
3. 国际服务贸易统计的基本原则是什么？
4. 简述中国服务贸易统计的基本内容。
5. 国际服务贸易的统计方法有哪些？
6. 国际服务贸易统计数据的来源有哪些？
7. 请依次指出以下贸易活动对应的国际服务贸易提供方式，并讨论如何分别对其进行服务贸易统计。

（1）宜康爱生雅（上海）健康管理有限公司由瑞士知名的跨国卫生用品企业和新加坡知名的医疗护理企业共同投资设立，是国内第一家外资居家养老企业，专门为老人提供上门健康护理服务。

（2）美国电视连续剧《外包服务》中，Mid-America Novelties，这家专门生产新、奇、特产品的全资美国公司，把 Call Center 业务外包给了印度。

（3）据教育部国际合作与交流司来华留学生教育管理系统统计，浙江省来华留学生总体规模由 2008 年的 7 394 人扩大到 2011 年的 13 004 人，约增长 76%，留学生来源国国别数由 139 个扩大到 161 个。

（4）北京首佳口腔有限责任公司聘请国外知名的口腔专家，并经常派遣医生赴国外进修和参加国际口腔学术交流活动。

# 【课后阅读材料】

[1] 中国国际服务贸易统计研究课题组. 中国国际服务贸易统计建设的背景与基本框架[J]. 统计研究，2007（3）.

[2] 贾怀勤. 服务贸易四种提供方式与服务贸易统计二元构架的协调方案[J]. 统计研究，2003（3）.

[3] 贾怀勤. 服务贸易统计制度和方法研究的回顾与思考[J]. 国际贸易问题，2005（7）.

[4] 王晓东，贾怀勤. 运输服务贸易统计数据的正向调整[J]. 统计研究，2012（12）.

[5] 王亚菲. 国际服务贸易统计研究中的有关问题：基于 GATS 的观点[J]. 统计研究，2006（5）.

[6] 杨丽琳. 对《国际服务贸易统计制度》中服务贸易统计框架的分析与评价[J]. 统计研究，2012（3）.

[7] Stern, R.M. and B.M. Hoekman. "Issues and data needs for GATT negotiations on services"，*The World Economy*, 1987(10): 39-60.

# 【即 测 即 练】

# 第二部分

## 国际服务贸易的理论和政策

# 服务贸易的基本理论

1. 了解绝对优势理论在服务贸易领域的演化。
2. 掌握比较优势理论对服务贸易的适用性。
3. 应用要素禀赋理论解释服务贸易。
4. 了解规模经济和不完全竞争条件下的国际服务贸易。
5. 理解克鲁格曼模型在服务贸易中的拓展。
6. 应用产业内贸易理论和方法分析服务贸易。

## 3.1　绝对优势理论与国际服务贸易

### 3.1.1　绝对优势理论的基本内容

亚当·斯密在其《国民财富的性质和原因的研究》中提出了绝对优势理论，用以解释国际贸易的动因。

绝对优势，是指在某一商品的生产上，一国的劳动生产率（生产 1 单位商品耗费的时间）高于另一国，该国在这种商品的生产上具有绝对优势。绝对优势理论的基本内容是：每个国家都拥有生产某种商品的绝对优势，如果它们都按照自己的绝对优势专业化分工和生产，然后进行交换，则对所有国家都是有利的。

假定世界上仅有两个国家：A 国和 B 国，两国均生产小麦和布匹。在未发生贸易时，两国都要生产这两种产品以满足国内需要，如表 3-1 所示。

表 3-1　分工前的两国生产

| 国别 | 小麦 | | 布匹 | |
| --- | --- | --- | --- | --- |
| | 劳动小时数 | 产量/吨 | 劳动小时数 | 产量/匹 |
| A 国 | 100 | 120 | 100 | 100 |
| B 国 | 150 | 120 | 50 | 100 |

从表 3-1 可以看出，A 国在小麦生产上拥有绝对优势，B 国在布匹生产上拥有绝对优势。按照绝对优势理论，A 国专门生产小麦，B 国专门生产布匹，如表 3-2 所示。

表 3-2　分工后的两国生产

| 国别 | 小麦 | | 布匹 | |
|---|---|---|---|---|
| | 劳动小时数 | 产量/吨 | 劳动小时数 | 产量/匹 |
| A 国 | 200 | 240 | 0 | 0 |
| B 国 | 0 | 0 | 200 | 400 |

进行表 3-2 所示的分工生产后，两国交换小麦和布匹，用以满足各自国内对两种商品的需要。A 国以 120 吨小麦与 B 国的 200 匹布交换，双方都能获得额外的好处。国际贸易和专业化分工为整体带来了收益增加。

绝对优势理论，第一次从劳动价值论的视角阐述了国际贸易发生的基础和动因，指明了贸易双方通过分工和交换达到双赢的理论依据。但是，绝对优势理论存在一定局限，该理论成立的前提在于各国都应至少在一种商品上占据绝对优势。不过，经济发展水平相差巨大的两个国家之间，很可能其中一国的所有商品都占据绝对优势。这种情形下，按照绝对优势理论，不会发生贸易。尽管如此，亚当·斯密看到了贸易双方能够通过分工和交换获得最终资源配置的帕累托改进，这无疑是对国际贸易行为理解上的巨大进步。

## 3.1.2　绝对优势理论在服务贸易领域的演化

绝对优势理论在服务贸易领域的发展演化过程中，并没有扮演显著的角色。究其原因，如上绝对优势理论的局限性使得大卫·李嘉图提出比较优势理论以后，人们便较少单独应用其解释国际贸易发生的动因。但是，这并不意味着绝对优势理论与国际服务贸易没有关系。斯密认为，贸易双方各自至少存在某种绝对优势，这种观点符合服务贸易的许多现实情形。特别是 20 世纪 80 年代以后，以杨小凯等为代表的新兴古典经济学者，利用超边际分析方法，将亚当·斯密的分工理论与科斯的交易费用理论结合起来，阐述了分工在国际贸易乃至整个经济发展过程中的关键作用，肯定了亚当·斯密绝对优势理论的合理性。这些工作无疑使绝对优势理论重获新生，也当然影响到服务贸易理论的创建和发展。

假定世界上仅有两个国家：X 国和 Y 国，两国都提供教育和医疗两种服务。未发生贸易时，两国必须提供这两种服务以满足国内需要。以服务提供者人数衡量服务量，如表 3-3 所示。

表 3-3　分工前的两国服务提供

| 项目<br>国别 | 教育 | | 医疗 | |
|---|---|---|---|---|
| | 劳动小时数 | 服务量/人 | 劳动小时数 | 服务量/人 |
| X 国 | 100 | 200 000 | 100 | 300 000 |
| Y 国 | 150 | 200 000 | 50 | 300 000 |

X 国在提供教育服务方面拥有绝对优势，Y 国在提供医疗服务方面拥有绝对优势。运用绝对优势理论解释服务贸易，两国形成国际分工：X 国专门提供教育服务，Y 国专门提供医疗服务，如表 3-4 所示。

表 3-4 分工后的两国服务提供

| 项目<br>国别 | 教育 | | 医疗 | |
|---|---|---|---|---|
| | 劳动小时数 | 服务量/人 | 劳动小时数 | 服务量/人 |
| X 国 | 200 | 400 000 | 0 | 0 |
| Y 国 | 0 | 0 | 200 | 1 200 000 |

分工提供两种服务后,两国交换教育和医疗服务,用以满足国内需要。X 国向 Y 国提供能够满足 200 000 人需要的教育服务,与之交换的是 Y 国能够提供满足 600 000 人需要的医疗服务,双方都得到了好处。所以,服务产品的分工和交换也为整体带来了收益增加。

以上情形相对于货物贸易的实例而言更缺乏事实基础,服务的跨国流动存在许多隐性成本,并非简单的产品交换就能达成,这也是服务贸易理论不能照搬传统贸易理论的重要原因之一。但是,从这个简单例子可以看出,绝对优势理论的思想和逻辑内核,对于解释两国各有一种服务提供占优的情形,仍然存在合理性。

# 3.2 比较优势理论与国际服务贸易

18 世纪末 19 世纪初,英国人口急剧增加,工业迅速发展,随之产生对粮食的强烈需求,英国从粮食出口国转变为进口国。英法战争期间,拿破仑对英国的封锁一度造成英国粮食进口中断,引起其国内的极大恐慌。1815 年战争刚刚结束,英国政府便颁布《谷物法》,规定国内小麦价格必须高于一定水平时才允许进口,意图保护国内农业发展、保障粮食安全。《谷物法》实施后不久,英国粮食价格高涨,地租猛增,地主贵族成为主要受益者,工厂企业主却损失惨重。于是,围绕《谷物法》存废问题的激烈辩论随即展开。大卫·李嘉图参与了这场辩论,其比较优势理论也在此过程中渐渐形成。

1815 年,大卫·李嘉图发表《论低价谷物对资本利润的影响》一文,指出《谷物法》限制了谷物的自由进口,导致了谷物价格上涨,压缩工业企业的利润空间,影响国民经济持续发展。应该采取自由贸易政策,平抑谷价,确保工业利润增长和国家繁荣。1817 年在其代表作《政治经济学及赋税原理》一书中,大卫·李嘉图进一步阐述了实行自由贸易的好处,提出了比较优势理论。

## 3.2.1 比较优势理论的基本内容

比较优势理论的基本内容可以概括为"两优相权取其重,两劣相权取其轻"。处于完全绝对优势的国家应集中力量生产优势较大的产品,处于完全绝对劣势的国家应集中力量生产劣势较小的产品,然后通过交换各自获得好处。

假定世界上仅有两个国家:M 国和 N 国;两种商品:服装和饮料;一种投入要素:劳动,这些构成一个典型的 2×2×1 模型分析框架。进一步地,M 国有 1 000 个工人,生产 1 套服装需要两个工人,生产 1 箱饮料需要 5 个工人;N 国有 200 个工人,生产 1 套服装需要 1 个工人,生产 1 箱饮料需要 0.5 个工人。由此,M 国和 N 国的劳动生产率如

表 3-5 所示。

表 3-5　M 国和 N 国的劳动生产率

| 商品 | M 国 | N 国 |
|------|------|------|
| 服装（套/人） | 1/2 | 1 |
| 饮料（箱/人） | 1/5 | 0.5 |

可以看出，N 国在两种产品的生产上都占据绝对优势，M 国在两种产品的生产上都占据绝对劣势。那么，国际贸易是否还会给 M、N 两国带来好处呢？

比较优势理论认为，即使在以上情形下，M、N 两国专业化生产各自占据比较优势的产品，然后通过交换仍然能够获得贸易利益。自由贸易条件下，M 国专业化生产 500 套服装，以 1 套服装=0.8 箱饮料的国际价格和 N 国交换所需饮料。此时，M 国利用 250 套服装换取 200 箱饮料，相比于未进行贸易时的 250 套服装和 100 箱饮料，M 国的福利明显增进了。同样，N 国专业化生产 400 箱饮料，以 200 箱饮料换取 M 国 250 套服装，相比于未进行贸易时的 100 套服装和 200 箱饮料，N 国的福利也明显增进了。专业化分工和交换为双方和整体带来了收益增加。

比较优势理论表明，即使在所有产品生产上都处于绝对劣势，也可以进行国际贸易获得福利增进，条件是绝对劣势并非在所有产品生产上的程度都相同。比较优势理论把国际贸易的研究从流通领域延伸到生产领域，指明了贸易理论分析的前进方向，其重要贡献使之成为传统贸易理论的核心和新贸易理论的起点。

### 3.2.2　比较优势理论在服务贸易领域的演化

如前所述，对于比较优势理论是否适用国际服务贸易，至今仍有许多争论。在诸多针对比较优势思想普适性的理论和实证分析中，学者们发展出基于比较优势理论的服务贸易模型，比较优势思想开始伴随国际服务贸易理论的进展而不断演化。

#### 1. 迪尔道夫模型

迪尔道夫（1985）构建出传统 2×2×2（两个国家、两种要素、一种货物、一种服务）模型，考察比较优势理论是否能够用于解释国际服务贸易。迪尔道夫在模型中将服务贸易分为作为货物贸易补充的服务贸易、有关要素流动的服务贸易和含有稀缺要素的服务贸易三类，分别讨论了各类服务贸易中比较优势理论的发展演化。

（1）作为货物贸易补充的服务贸易。通过比较封闭经济、自由贸易和半封闭经济条件下最大化利润时的市场均衡状态，比较优势理论同样适用于服务贸易。

（2）有关要素流动的服务贸易。由于要素流动本身符合比较优势理论的描述，这类服务贸易自然可以通过比较优势理论加以解释。

（3）含有稀缺要素的服务贸易。如管理、研究开发等人力资源要素一旦进入对外贸易，则类似公共物品便无法定价，且具有非竞争性[①]，难以适用比较优势理论。

---

① 纯公共物品同时具有非排他性和非竞争性。非排他性指物品的使用不排除他人使用的权利，非竞争性指别人使用该物品不会降低自己使用这种物品的效用。

迪尔道夫模型一经提出便受到质疑。梅尔文（1987）认为迪尔道夫"没有认真区分服务贸易与用一种进口服务作为投入的国内生产之间的差异"。迪尔道夫的主要观点均是从适合商品贸易的标准模型（两个国家、两种要素、两种商品）出发的，同时这些要素服务能和服务交换，先验地把比较优势思想的内核植入服务贸易。此外，在资本密集型商品可贸易且资本成为流动要素的情况下，资本丰裕国家出口大量资本服务换取资本密集型产品进口，本身有利于世界资源的合理配置，仅以收益最大化就可证明贸易的结构和形式，这显然不能说明比较优势理论适于解释服务贸易的发展规律。

### 2. 德杰克与凯茨考斯基模型

德杰克与凯茨考斯基（1989）提出了按要素密集度划分的服务分类，他们通过两国模型验证了比较优势理论在服务贸易领域的适用性。

德杰克与凯茨考斯基考察了三种不同要素密集度的情形：情形 1 为服务要素密集度高于劳动密集型产品，且劳动密集型产品的要素密集度高于资本密集型产品；情形 2 为资本密集型产品的要素密集度高于服务，且服务要素密集度高于劳动密集型产品；情形 3 为服务要素密集度高于资本密集型产品，且资本密集型产品的要素密集度高于劳动密集型产品。三种情形下，资本丰裕国家的贸易结构虽然与比较优势理论描述的不完全相同，但如果结合三种情形对应的要素密集度可以发现，国际贸易仍然按照各国的要素优势进行。例如，进行服务贸易时，情形 1 和情形 3 完全遵循比较优势理论，情形 2 表面上违背了比较优势理论，但由于服务的要素密集度介于资本密集型产品和劳动密集型产品之间，选择出口服务本质上也是遵循比较优势理论出口占优产品，如表 3-6 所示。德杰克与凯茨考斯基已经间接地用模型证明，经过简单的修正，比较优势理论同样适用于服务贸易。

表 3-6　两国贸易的情形

| 两国模型 | 情形 1 | 情形 2 | 情形 3 |
|---|---|---|---|
| 只允许货物贸易时，资本丰裕国家的贸易结构 | 出口 N<br>进口 D | 出口 D<br>进口 N | 出口 D<br>进口 N |
| 当允许服务贸易时，资本丰裕国家的贸易结构 | 出口 N<br>进口 D<br>进口 F | 出口 D<br>出口 F<br>进口 N | 出口 N<br>进口 D<br>进口 F |

注：D 代表劳动密集型产品，N 代表资本密集型产品，F 代表服务。

在德杰克与凯茨考斯基的研究中，假定服务和商品一样能够明确界定要素密集度，显然存在不合理性。无形服务有时很难用对待商品的方法去衡量它们属于哪种要素密集型产品。不过，该模型从严格的数理逻辑角度，提出了服务贸易类似于商品贸易的交易机制，这为进一步研究比较优势理论对服务贸易的适用性提供了新的思路。

### 3. 服务价格国际差异模型

利用比较优势理论，探讨服务贸易中服务的价格如何决定，是比较优势理论在服务贸易领域发展演化的典型代表。传统贸易理论中，由于贸易双方的优势要么体现在劳动生产率上（如绝对优势理论和比较优势理论），要么体现在国家的要素禀赋上（如要素禀赋理论），作为研究对象的商品，贸易价格比较容易确定。如果比较优势理论确实能够很好地解释服务贸易，必然存在基于比较优势的服务价格决定机制。

克拉维斯（1984）的研究指出，一个典型穷国比富国的服务价格显得更低。各国贸易品行业的工资因生产率的差别而不尽相同，由于各国贸易品行业的工资率决定非贸易品（主要是服务）的工资率，而且服务行业的国际生产率相对较小，所以穷国的低生产率贸易品行业的低工资，运用于生产率相对于富国并不低的服务和其他非贸易品行业，结果导致低收入国家或地区的服务和其他非贸易品的低价格。克拉维斯有关各国非贸易品行业生产率相等的理论假设是其服务价格差异决定模型的严重缺陷，巴格瓦蒂（1984）正是认识到这一点，巧妙地绕开了生产率差异的问题，提出了新的理论模型。他假定富国和穷国行业之间不存在生产率上的差异，具有相同的生产函数。在两者具有相同的工资租金比、穷国的劳动力资源相对较为丰裕的基础上，与克拉维斯的结论相同，穷国的工资率是低于富国的。其实，虽然巴格瓦蒂的研究较之以往的确更进了一步，但与现代服务业由资本、技术要素主导的现实情况相比，仍存在一定脱节。重新假定服务生产存在于资本、技术要素密集型行业，运用同样的论证方法，可以毫不费力地解释富国资本密集型服务价格较低的原因。综合来看，经过修正的巴格瓦蒂的服务价格国际差异模型，可以成为较好的服务贸易比较优势的基本理论框架。

### 4. 生产区段和服务链理论

对服务产品生产过程的剖析，对于发展服务贸易理论具有重要意义。随着科技进步和分工的深化，服务产品的生产过程经常分散在不同地点，导致对服务链需求的增加。琼斯和凯茨考斯基（1986）分析企业产出水平提高、收益增加和要素分工的关系，研究促使企业转向通过服务链联结各个分散生产区段的新型生产方式。他们指出，一系列协调、管理、运输和金融服务组成服务链，当对国际服务链的需求明显上升的时候，国际服务贸易将会发生。

如果假定世界市场上交换的都是最终产品，那么即使一国在某种商品上具有总体比较优势，也可能并非在国内每个生产区段和服务链上的成本都比较低。为了追求效率，企业将在国内和国际分散生产。这里必须涉及对服务产品生产区段的讨论。在此，可以遵循两种不同的路径：一是比较优势理论，二是要素禀赋理论。以比较优势理论为基础，假定本国建立两个生产区段，国内边际劳动投入系数为 $a_{L1}$，国外投入系数为 $a^*_{L1}$，两个区段的产品按照 $1:1$ 的比例组装成最终产品，在所有环节中生产的固定成本相同。没有中间品贸易的情况下，本国在固定成本上拥有生产该产品的比较优势，以 $w$ 和 $w^*$ 表示两国工资率，则

$$\frac{a^*_{L1} + a^*_{L2}}{a_{L1} + a_{L2}} > \frac{w}{w^*} \tag{3-1}$$

如果本国的比较优势在第一个生产区段，外国在第二个生产区段，式（3-1）可写为

$$\frac{a^*_{L1}}{a_{L1}} > \frac{w}{w^*} > \frac{a^*_{L2}}{a_{L2}} \tag{3-2}$$

外国在第二个区段生产，将降低边际成本并因此获益。如果实施这种生产的合理配置，需要扩大生产规模，使得降低的可变成本小于利用国际服务链额外增加的成本。

### 5. 技术比较优势模型

诺德斯（2010）利用 OECD（经济合作与发展组织）国家的投入产出表，研究货物与服务在生产和贸易方面的内在联系。在其构建的技术比较优势模型中，通过使用投入产出数据，计算产品生产和贸易过程中，服务作为直接投入和间接投入的比重，确定货物与服务之间的投入产出关系。他指出，知识和技能的差异引起货物与服务的比较优势，从而促进贸易。而当各国提供服务的技术和产业组织技能存在差距的时候，服务贸易中的技术比较优势就此形成。

诺德斯建立了两个国家、一种生产要素、多个生产部门和多个服务中间品的数理模型，分别从服务中间品与生产要素互补和替代两种假设出发，描述国家间存在技术差异条件下，如何进行货物贸易和服务贸易。第一，如果贸易一方在组织技能方面具有明显优势，将在服务密集型和技术密集型产品生产上拥有比较优势，且获得比在自由贸易条件下更大的贸易利益；第二，如果服务市场关闭，大国或拥有更高生产率的服务行业所在国家将在服务密集型产品方面拥有比较优势，不过全球自由贸易后，这种比较优势会因别国赶超而逐渐消失。

技术比较优势模型认为，具有更先进组织技能的国家，容易在货物贸易和服务贸易上获得比较优势，但这种基于技术技能的比较优势会随着贸易自由化的发展而丧失。技术比较优势模型从投入产出数据出发，检验了技术技能对比较优势的决定作用，论证了技术差异和组织技能差异是服务贸易比较优势的源泉，使比较优势理论对服务贸易的适用性研究有了现实数据基础。

### 6. 时区差异模型

菊赤彻和岩佐（2010）通过经典的两国贸易模型，分析基于时区差异的比较优势，以及由时区差异决定的贸易格局。

服务贸易的时区差异模型，基本假设前提是两国厂商面临垄断竞争的服务市场，其将运输成本引入比较优势理论框架，考察比较优势产生的地理原因及其对服务贸易的影响。时区差异模型的主要贡献在于从运输成本的角度揭示了服务产品生产的比较优势，指出服务比较优势源于时区差异带来的服务传递方面的优势差异。比较优势理论适用于服务贸易以往受到的主要质疑之一就是如何明确服务比较优势产生的基础，时区差异模型作出了有力回应，即运输成本差异可以作为服务比较优势产生的基础。

### 7. 其他学者的研究

雷伊（1991）对发展中国家对外服务贸易进行历史数据的实证分析，指出发展中国家应专业化提供劳动密集型和低技术水平的服务，而后与发达国家展开服务交易，这种模式最有利于世界服务贸易的发展。雷伊的研究结论暗指比较优势思想在理论和现实中完全适用于服务贸易。

巴格瓦蒂（1989）在针对多边贸易谈判中的服务贸易研究中提出，乌拉圭回合发达国家和发展中国家的分歧，较为集中的是有关服务进出口管制的问题。发展中国家在某些服务业部门拥有比较优势，或者相比货物贸易其在服务贸易方面的劣势较小。发展中国家可以通过在比较优势服务业部门的谈判退让换取发达国家在货物贸易部门的政策优惠，从而达到帕累托改进。

巴格瓦蒂还借此提出，比较优势理论固然能够解释贸易的动因，但对一国而言比较优势并非一成不变。长期来看，比较优势的变迁依赖于国家内生经济发展和结构变化。短期内，经济学家和发展中国家更关心是否存在外生的方法迅速改变比较优势。巴格瓦蒂认为，比较优势可由适当的贸易政策加以改善。例如，发展中国家通过在比较优势服务业部门的贸易自由化换取发达国家在货物贸易部门的政策优惠，就相当于增强发展中国家的货物贸易比较优势。这种政策变动相对经济发展和结构优化显然更加立竿见影。

弗雷德和温赫尔德（2002）探讨国际服务贸易与互联网之间的关系，实证检验了互联网的广泛使用对美国服务出口的推动作用。他们指出，贸易的动因在于贸易利得，贸易双方当然选择最具"生产力"的产品和服务进行交换，国际服务贸易中仍然处处体现比较优势理论所阐述的规律。

克里斯托（2003）在其服务贸易自由化研究中强调，遵循比较优势的服务贸易最易获得贸易自由化的效果，不仅服务贸易的运动规律可以运用比较优势理论进行分析，而且传统贸易理论也应成为研究服务贸易自由化问题的工具。

李、莫什里安和西姆（2003）讨论了保险服务业中的产业内贸易决定因素，明确指出保险服务业中的产业内贸易依然遵循基于比较优势的产业内贸易理论。相比克里斯托，他们更注重经验分析方法，实证检验了比较优势理论对保险服务贸易的适用性。

综上所述，对比较优势理论适用于服务贸易的研究，归根到底是探索服务贸易比较优势的形成和作用。传统贸易理论之所以对货物贸易具有较强的解释能力，关键在于通过生产要素分析明确比较优势以及商品之间的差异。比较优势理论适用于服务贸易，须首要解决服务比较优势的决定问题。现有研究基本沿着两条不同路径展开：第一，考察服务的微观属性和厂商行为，将服务和货物商品的比较优势统一起来，如迪尔道夫模型和德杰克与凯茨考斯基模型；第二，摒弃衡量货物商品比较优势的标准，从服务的特性出发，利用差异化方法揭示服务商品生产的各自比较优势，如技术比较优势模型和时区差异模型。

的确，要找到与货物商品统一的衡量服务比较优势的理论和方法并不容易。更多坚持传统贸易理论适用于服务贸易的学者转而把目光投向要素禀赋理论，因为该理论是基于产品生产的要素特征，其对于货物和服务没有本质区别。

## 3.3  要素禀赋理论与国际服务贸易

### 3.3.1  要素禀赋理论的基本内容

要素禀赋理论既包括标准的赫克歇尔—俄林模型（H-O 模型），也包括一系列在 H-O 模型基础上建立发展的扩展模型。

#### 1. 标准 H-O 模型

在两个国家、两种商品和两种要素，即 2×2×2 模型框架下，假定世界上仅有两个国家：中国和美国；两种商品：服装和饮料；两种要素：劳动和资本。长期而言，生产要素可以在不同生产部门之间自由流动。生产两种商品需要同时投入两种要素，但两种商品对两种要素的使用程度不同。$K_X$ 和 $L_X$ 分别表示生产服装使用的资本与劳动，$K_Y$ 和 $L_Y$

分别表示生产饮料使用的资本与劳动。

假定 1：$K_X/L_X<K_Y/L_Y$，服装为劳动密集型商品，饮料为资本密集型商品。

假定 2：$K_{CH}/L_{CH}<K_{US}/L_{US}$，中国为劳动要素丰裕国家，美国为资本要素丰裕国家。

如果中国和美国自由贸易，劳动力丰裕的中国服装生产量多于消费量，多余的部分出口到美国；资本丰裕的美国饮料生产量多于消费量，多余的部分出口到中国。换句话说，劳动力丰裕的中国出口劳动密集型的服装，资本丰裕的美国出口资本密集型的饮料。

H-O 定理：国家间要素禀赋是不同的。在自由贸易背景下，一国会出口密集使用其丰裕要素的商品，进口密集使用其稀缺要素的商品。国家贸易使双方都获得好处。

### 2. 对 H-O 模型的扩展

（1）斯托尔伯—萨缪尔森定理（S-S 定理）。在 H-O 模型基础上，斯托尔伯和萨缪尔森（1941）进一步分析了关税对国内生产要素价格的影响，并将研究成果扩大到国际贸易对国内收入分配的影响。

S-S 定理：一种商品的相对价格上升，将导致该商品密集使用的生产要素实际报酬或实际价格提高，而另一种生产要素的实际报酬或实际价格下降。

按照 S-S 定理，关税提高受保护商品的相对价格，会增加该商品密集使用的要素的收入。如果关税保护的是劳动密集型商品，则劳动要素的收入趋于增加；如果关税保护的是资本密集型商品，则资本要素的收入趋于增加。这表明，国际贸易虽然能提高整个国家的福利水平，但并非对每个人都有利，一部分人收入增加的同时，另一部分人受损了。国际贸易会对一国收入分配格局产生实质性影响，这也是为什么有人反对自由贸易的原因。

（2）罗布津斯基定理。H-O 模型建立在一国拥有的要素总量固定不变的基础上，罗布津斯基（1955）探讨了在商品相对价格不变的条件下，一国要素数量的变化对生产的影响，即商品价格不变时，一种要素供给的增加将导致密集使用该要素的商品更大比例地增加产出，同时减少其他商品的产出。

罗布津斯基定理：在商品相对价格不变的条件下，一种要素禀赋的增加会导致密集使用该要素的商品部门生产扩张，而密集使用另一种要素的商品部门生产下降。

（3）赫克歇尔—俄林—萨缪尔森定理（H-O-S 定理）。萨缪尔森（1948）在 H-O 模型的基础上考察了国际贸易对商品相对价格和生产要素价格的影响，论证了自由贸易引起国家间要素价格的均等化。他认为，在完全竞争和技术不变时，商品价格等于其边际成本，由要素投入的数量和价格决定。国际贸易改变了商品相对价格，也将改变要素的相对价格，自由贸易最终带来同质要素相对和绝对价格的均等。赫克歇尔—俄林—萨缪尔森定理也被称为要素价格均等化定理。

## 3.3.2　要素禀赋理论在服务贸易领域的演化

本质上，要素禀赋理论的核心是把比较优势从大卫·李嘉图的劳动小时数衡量法转化为 H-O 模型的要素禀赋衡量法，更加接近于商品的内涵。要素禀赋理论中的比较优势就是国家间在生产要素方面的供给差异，只要一国要素禀赋不发生逆转，其贸易结构和模式就能确定且不会改变。传统贸易理论中，基于要素禀赋理论的服务贸易理论研究最为丰富，学者们从各自角度对要素禀赋理论进行了修正和扩展，借以解释服务贸易的基础和动因。

### 1. 萨格瑞模型

根据赫克歇尔—俄林—萨缪尔森定理，在要素价格均等化和各国投入产出模型相同时，要素禀赋与国际贸易的关系可以表示为

$$T_j = A^{-1}(E_j - EW_j) \tag{3-3}$$

式中：$T_j$ 为 $j$ 国商品的净出口向量；$A$ 为投入矩阵；$E_j$ 为 $j$ 国要素禀赋向量；$E = \Sigma_j E_j$；$W_j = (Y_j - B_j)Y$，$Y_j$ 为 $j$ 国的 GDP（国内生产总值），$B_j$ 为 $j$ 国商品进出口差额，$Y = \Sigma_j Y_j$。

萨格瑞（1992）将技术差异引入要素禀赋理论，用以分析国际金融服务贸易比较优势的来源。他将式（3-3）中的 $T_j$ 和 $B_j$ 重新定义，$T_j$ 为 $j$ 国商品和服务净出口向量，$B_j$ 为 $j$ 国商品和服务的国际收支，则有

$$T_j = (A^{-1} - QW/Y)\, E_j + B_j Q/Y \tag{3-4}$$

式中：$Q$ 为世界商品和服务产量；$W$ 为生产要素的世界价格；$(A^{-1} - QW/Y)\, E_j$ 为要素禀赋；$B_j Q/Y$ 反映收支平衡对进出口的影响。

如果在式（3-4）中引入金融服务贸易，可作如下表示：

$$TF_j = \Sigma_n b_n E_{nj} + b_{n+1} B_j \tag{3-5}$$

式中：$b_n$ 为对应于服务 $(A^{-1} - QW/Y)\, E_j$ 矩阵的第 $n$ 列；$b_{n+1}$ 为世界产出与收入之比。在要素价格均等化情形下，不同国家的 $b_n$ 相等，但 $b_{n+1}$ 不同。所以，国家间技术差异不仅存在，而且日益成为服务贸易的主要内容。如果放松不同国家技术相近的假设，技术差异将导致所有投入要素成比例地节约。上述模型间的差异在于要素禀赋及其跨国流动需根据各国技术发展阶段作相应调整。

总之，萨格瑞将技术差异导入 H-O-S 框架，借以分析国际服务贸易，在一定程度上克服了该理论假定技术要素无差别且相对不变带来的局限性，使修正后的模型更加符合国际服务贸易的现实特征。

### 2. 梅尔文模型

梅尔文（1989）构建了两个国家，两种要素和一种商品、一种资本密集型服务的 2×2×2 模型框架，并指出属于不同范畴的货物和服务未必需要不同的理论模型。他首先界定了服务贸易究竟交易什么，为此，考察以下四种情形。

给定生产函数 $Y = F(X_1, X_2)$，对 $Y$、$X_1$、$X_2$ 分别赋予如表 3-7 所示的各种含义。比较前两种贸易情形。情形 1：美国投入资本，在加拿大利用当地的劳动生产汽车，这是典型的投资而非贸易行为，当然更不是服务贸易；情形 2：将美国投入资本替换为美国提供管理服务，美国出口服务而非投资；情形 3：美国的理发师在加拿大提供理发服务，美国出口理发服务；情形 4：日本汽车通过加拿大的经销商在加拿大出售，加拿大进口了日本商品，某些价值增值依靠加拿大经销商在加拿大完成。

四种情形的贸易模式几乎相同，都基于 $Y = F(X_1, X_2)$ 生产函数，且投入要素中一种本国要素，一种外国要素，但最终贸易结果却有完全不同的含义，其在仅有商品生产要素

表 3-7　现实情形中的服务贸易

| 情形 | $Y$ | $X_1$ | $X_2$ |
|------|------|------|------|
| 情形 1 | 在加拿大生产汽车 | 美国的资本 | 加拿大的劳动 |
| 情形 2 | 在加拿大出售汽车 | 美国的管理服务 | 加拿大的劳动 |
| 情形 3 | 在加拿大提供理发服务 | 美国的理发师 | 加拿大的理发店 |
| 情形 4 | 在加拿大出售日本汽车 | 日本的汽车 | 加拿大的经销商 |

投入的货物交易中不可能出现。梅尔文指出，将货物贸易的要素禀赋理论用于解释服务贸易，必须重新界定服务贸易的生产要素。

接下来，在 2×2×2 模型中资本密集型服务既是商品的投入要素，也是独立的可贸易对象。假定劳动不能在国际间流动，资本密集型服务可以自由流动，梅尔文证明了这种包含服务要素的贸易均衡与传统的货物贸易均衡相同。更进一步，如果可贸易的商品是密集使用服务要素的，那么资本密集型服务丰裕的国家，会进口密集使用资本服务要素的商品。当可贸易的商品密集使用劳动要素时，贸易模式遵循传统 H-O 模型；如果可贸易的商品密集使用服务要素，贸易模式与 H-O 模型相反，则会出现列昂惕夫悖论。

梅尔文还讨论了两种商品都可贸易的情形。仍然假定两种要素，资本密集型服务可以自由流动，这时一国可能出口两种货物商品中的任何一种，但资本密集型服务丰裕的国家必然出口资本服务。换句话说，即使将模型扩展到两种可贸易的货物商品，对服务而言依然遵循 H-O 模型。只要尽可能多地开放各领域贸易，服务贸易就将遵循要素禀赋理论，即服务要素丰裕的国家，出口密集使用服务要素的商品和服务本身；服务要素稀缺的国家，进口密集使用服务要素的商品和服务本身。梅尔文模型成功检验了开放在要素禀赋理论适用服务贸易中起到的关键作用。贸易自由化程度越高，服务越能像货物那样进行国际贸易。

### 3. 伯格斯模型

伯格斯（1990）认为，经过修正的 H-O 模型能够适用于服务贸易，进而揭示不同国家服务提供的技术差异如何形成和决定服务比较优势与贸易模式。

厂商选择合约经营，还是自身提供服务，取决于服务的市场价格与要素价格孰高孰低。若前者较高，厂商就较少依赖服务部门，用于服务的支出将因要素间替代程度的不同而升降。考虑到作为各部门中间投入的服务需求，若两个部门的要素密集度与两种商品的要素密集度相反，且各国仅在服务提供技术上存在差异，那么具有技术优势的国家将获得相对昂贵的服务而非相反。另外，技术优势反映在较高的要素报酬上，这种投入成本的较高损失可能超过技术优势带来的收益，即使提供服务的技术相对低廉，也可能不会给密集使用服务的部门带来比较优势。

（1）如果技术符合列昂惕夫条件，即投入产出系数不受投入价格的影响，无论哪种商品密集使用服务，服务部门的中性技术进步都将导致劳动密集型商品的增加和资本密集型商品的减少。

（2）如果技术符合柯布—道格拉斯生产函数，即各部门要素分配与投入价格无关，则相对其他部门，密集使用服务的部门产出将会增加。

梅尔文模型与伯格斯模型第一次将传统的 H-O 模型对应地扩展为服务贸易理论模型，而不仅仅是在 H-O 模型基础上进行改良。他们的研究成果表明，要素禀赋理论在思想内核上能够解释国际服务贸易的运行规律和逻辑。

**4. 其他学者的研究**

朗海默（1991）利用欧盟统计局的数据，实证分析服务贸易自由化的进口渗透效应，指出服务相比货物更难进入进口国市场。他认为，基于传统贸易理论的贸易结构和模式仍然符合服务贸易，但相对货物贸易，要素禀赋理论对服务贸易的适用性更不明显。

李茂和维纳伯（1999）在针对不发达地区服务贸易发展的研究时，沿用 H-O 模型阐述了这些国家服务贸易发展落后的原因在于较低的技术水平无法提供高质量的服务，而技术本身可视为一种特殊的要素禀赋。技术占优的国家显然技术要素禀赋丰裕，从而技术密集型服务的提供占据优势。他们把服务提供的技术水平作为与劳动、资本等同的投入要素，故可以直接将要素禀赋理论应用于服务贸易领域。

阿德朗（2010）提出了与如上学者不同的观点，认为医疗服务和保险服务的贸易自由化不能增进各国的福利水平。传统贸易理论似乎无法用于描述服务贸易的发展规律，无论是发达国家还是发展中国家，都应制定合理政策适当保护本国服务业和服务贸易，提升各自的比较优势。

和比较优势理论不同，论证要素禀赋理论对服务贸易的适用性，不用寻找统一的差异衡量方法，因为要素特征对于服务和货物而言是一致的。需要解决的核心问题是，如何衡量服务的要素密集度。梅尔文模型分别考察了资本密集型服务和劳动密集型服务的贸易规律，指出开放越多的贸易领域，服务贸易就越符合要素禀赋理论，而可贸易的商品和服务究竟是资本密集型还是劳动密集型，将最终影响不同要素禀赋国家间的贸易格局。伯格斯模型提出了技术密集型服务的概念，以技术差异作为衡量服务要素密集度的标准。界定服务的要素特征，在此基础上修正传统贸易理论，已经成为当今国际贸易学界研究服务贸易理论的重要思路。

# 3.4　规模经济和不完全竞争下的服务贸易

传统贸易理论以其一脉相承的内容体系和完美的形式逻辑统治了国际贸易理论发展数百年，但日益复杂和鲜活的国际贸易新现象使得传统贸易理论受到质疑。例如，全球贸易的 2/3 以上发生在要素禀赋相似的发达国家之间，产业内贸易在国际贸易中占据了很大比重等，在解释这些现象面前传统贸易理论一筹莫展。20 世纪 70 年代末，以保罗·克鲁格曼为代表的学者们发现，国家之间即使没有比较成本差异，规模经济也会引发贸易，而且每个人都可以从享受产品多样化和由成本降低带来的低价格中获得好处。他们在以往研究的基础上，随即创建了一系列建立在不完全竞争市场结构中的贸易模型，被称为新贸易理论，以区别于以比较优势为核心的传统贸易理论。

## 3.4.1　规模经济和不完全竞争下的国际贸易

假定世界上仅有两个国家：A 国和 B 国，都只生产一种商品：汽车。在每个国家中有人喜欢红色汽车,有人喜欢蓝色汽车。两种汽车除了颜色以外没有任何差别,生产成本相同。假定两个国家的技术水平完全相同,要素禀赋也完全相同。按照传统贸易理论,A 国和 B 国不会发生贸易,因为不存在比较优势和劣势。如果每个国家有 1 000 人,每人购买 1 辆汽车,A 国和 B 国会各自制造 500 辆红色汽车和 500 辆蓝色汽车。传统贸易理论的关键假设是完全竞争市场中规模报酬不变,即无论产量高低,每辆车的成本(要素报酬)不变。如果规模报酬可变,那么生产规模的大小会决定生产成本的高低,意味着大企业和小企业在竞争力上的不平等,市场不再完全竞争。图 3-1 所示为规模报酬不变的情况,生产 500 辆汽车和生产 1 000 辆汽车的平均成本相同。

图 3-1　规模报酬不变

这里出现两个概念:边际收益递减和规模报酬不变。边际收益递减指其他生产要素数量不变时,由于某种要素投入的增加所产生的收益增加逐渐下降。规模报酬不变指在所有生产要素数量同比例增加时,收益也同比例增加,从而生产要素的平均收益不随生产成本的增加而增加。在图 3-1 中,汽车的平均成本,也就是生产要素的平均收益,不随汽车产量的变化而变化。

完全竞争市场的规模报酬不变,这个传统贸易理论的假定合乎现实吗?只要看一看许多行业中大企业的成本优势,答案就不言自明了。现代生产技术的特征是规模报酬递增,而不是不变的。所谓规模报酬递增指平均成本随生产规模的扩大而下降,增加 1 单位的要素投入所产生的价值增加逐渐提高。图 3-2 显示,当生产规模为 500 辆汽车时,每辆汽车的生产成本为 1 单位的要素投入。当生产规模扩大为 1 000 辆汽车时,每辆汽车的生产成本减少为 0.4 单位的要素投入。规模报酬递增又称规模经济,随着生产规模

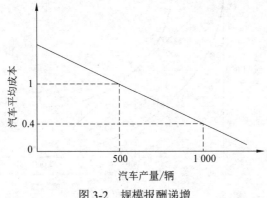

图 3-2　规模报酬递增

的扩大，生产要素可以进一步专业化以提高效率，这是规模经济的主要原因。

　　假定生产汽车具有规模报酬递增的属性。当 A 国的 1 000 个工人一半生产红车，一半生产蓝车时，产量是 500 辆红车和 500 辆蓝车，表示生产可能性边界的图 3-3 中的 M 点。如果 A 国的 1 000 个工人都生产红车，规模报酬不变时产量会是 1 000 辆，而存在规模经济的条件下产量则多于 1 000 辆。假定所有工人都生产红车，产量为 2 000 辆，图 3-3 中的 C 点表示这种可能性。把这些生产可能性点连接起来，得到 A 国的生产可能性边界 CD 线，由于 B 国和 A 国完全相同，CD 线也是 B 国的生产可能性边界。

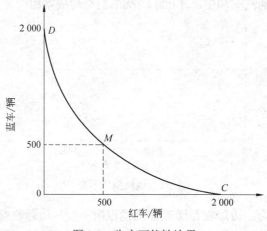

图 3-3　生产可能性边界

　　封闭经济情况下，M 点是均衡点。如前假定，在每个国家中有人喜欢红车，有人喜欢蓝车，消费者的无差异曲线和生产可能性边界相切于 M 点，在 M 点上每个国家生产 500 辆红车和 500 辆蓝车，每个人购买 1 辆汽车，红车和蓝车的比价为 1。A 国和 B 国会发生贸易吗？设想 A 国只生产红车，产量为 2 000 辆；B 国只生产蓝车，产量为 2 000 辆。贸易使得 A 国的蓝车消费者用 1 000 辆红车从 B 国换取 1 000 辆蓝车，同时 B 国的红车消费者也从中得到 1 000 辆红车。和封闭经济时每人只能购买 1 辆汽车相比，这时每人能购买 2 辆汽车。增加的汽车消费量就是贸易收益。如图 3-4 所示，连接 CD 的直

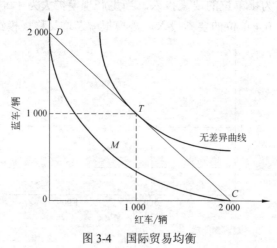

图 3-4　国际贸易均衡

线是贸易条件下的消费可能线，和 *CD* 直线相切的无差异曲线表示国际贸易均衡中每个国家消费者所获得的效用水平。显然，国际贸易提高了每个国家消费者的效用，带来了贸易收益。

为什么技术水平完全相同，要素禀赋也完全相同的两个国家还会发生贸易，而且产生贸易收益呢？根本原因在于存在规模经济。新贸易理论告诉我们：国际贸易不仅来源于比较优势，而且还来源于规模经济。

## 3.4.2　规模经济与不完全竞争下的服务贸易

在探讨规模经济条件下服务贸易发生的基础和动因的相关文献中，代表性研究是琼斯和凯茨考斯基（1986）的生产区段和服务链理论。另外，马库森（1984）和弗兰科斯（1990）分别从服务业内部专业化和外部专业化的角度，论证了琼斯和凯茨考斯基的服务贸易规模经济理论。

### 1. 生产区段和服务链理论

埃塞尔（1979，1982）提出，贸易国规模报酬递增体现在生产要素与产出相联系的线性生产函数中，这些生产函数通常被解释为固定成本和可变成本的组合关系。琼斯和凯茨考斯基采用这种思路分析各生产区段规模报酬递增的影响，认为生产规模的扩大受到来自国内和国外需求增长的驱动，进而提高了生产分散化水平，服务贸易或服务链正是起到促进生产区段国内外分散化的作用。

（1）服务活动的分散化。图 3-5 所示为生产过程的分散化。假设某个生产过程在同一地点完成，投入服务的作用在这一阶段并不明显，仅参与生产区段的内部协调以及连接厂商和消费者的活动，如图 3-5（a）所示；假设生产区段内的技术具有规模报酬递增效应，且边际成本不变，那么图 3-6 中线 *aa'* 表示总成本随生产规模的扩大而增加，其斜率为边际成本，截距 *Oa* 表示厂商和其他生产区段有关的固定成本。

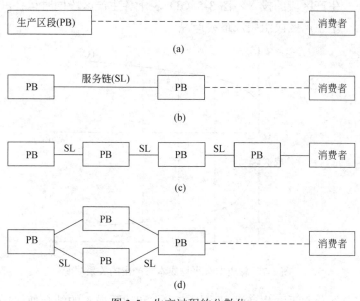

图 3-5　生产过程的分散化

　　生产的扩张使得社会分工和专业化日益加深，加速了生产过程的分散，表现如图 3-5(b)所示。假设生产分散化改变了固定成本和可变成本的比例，且生产区段之间增加投入的大量固定成本可以获得较低的边际成本，生产分散化后的总成本与产出的关系如图 3-6 中的实线 $bb'$。在该阶段，两个生产区段可以通过服务来连接，产生服务链成本。例如，生产区段的地理位置不同，服务链成本就应包括运输服务的成本，对两个生产过程的速度、产量和质量作出协调的服务成本等。由于生产分散化导致总成本中增加了连接生产区段的服务链成本，这时新的成本产出线应为虚线 $bb'$。服务链成本与生产规模无关，即使服务链成本随生产规模的扩大而增加，也只会出现虚线 $bb'$ 稍陡峭于实线 $bb'$，因为含有服务链成本的边际成本低于相对集中生产的边际成本（$aa'$），否则厂商不会采用分散化生产方式。

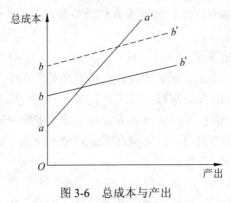

图 3-6　总成本与产出

　　重复图 3-6 所示过程，生产区段和服务链的数量不断增加，总成本、平均成本与产出的关系演变为图 3-7 所示情形。事实上，工业化进程正在加深劳动分工和专业化，造成生产分散化水平的提高和生产者服务贸易的增加。图 3-5（c）表示前一生产区段的产品可能作为下一生产区段的投入，图 3-5（d）表示各生产区段同时运行，每一生产区段的产品在最后一个生产区段组装成最终产品。

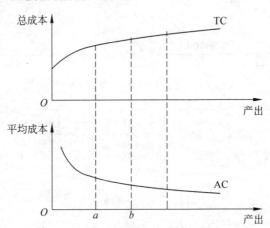

图 3-7　总成本、平均成本与产出的关系演变

　　对于任何分散化水平，生产区段内固定成本和边际成本的结合使得平均成本随产量

的增加而下降。而且，当一项新的生产分散化的技术导致更高的分散化水平时，平均成本的下降速度更快。图 3-8 表明，随着生产规模的扩张，边际成本对产量的依赖刺激了厂商采用分散化水平更高的生产技术，边际成本阶段性下降，产量阶段性上升。边际收益曲线或相应需求曲线越富有弹性，产量的阶梯状变化越明显。

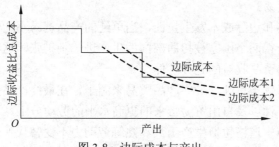

图 3-8　边际成本与产出

（2）国际贸易中的服务链。如果只交易最终产品而非中间产品和服务，一国将生产并出口集中反映本国比较优势的产品，规模报酬递增加剧了对集中生产的重视，最终产品贸易带来的专业化分工能够改善贸易国的福利。但是，任何一国不可能同时拥有在每一个生产区段和服务链上的成本优势，厂商为追求更高效率，将生产分布至全球，引入外国服务链。图 3-9 表明引入外国服务链对成本的影响，即在同一分散水平上一条服务链连接的两个生产区段的比较优势结构。$aa'$ 代表两个生产区段都在国内时的固定成本和可变成本，$bb'$ 代表服务链成本的增加。如果国内外各有一个生产区段成本较低，假定固定成本仍与 $aa'$ 相同，那么 $aa''$ 则表示国内外组合生产时的成本线。由于连接国内外生产区段的服务链成本大于两个区段都在国内时的成本，即 $ac > ab$，用于连接跨国生产区段的服务链成本将最优成本产出曲线从 $beb'$ 折成 $bec'$，即当产量大于 $h$ 时，可以进行国内外相结合的分散化生产。

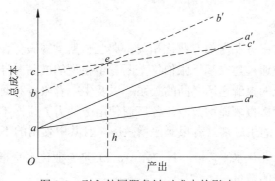

图 3-9　引入外国服务链对成本的影响

以通信、金融服务业为代表的现代服务业技术进步，已经卓有成效地降低了国际服务链成本，使得跨国生产所需的最小规模越来越小，即图 3-9 中 $h$ 逐渐左移，这样便极大地刺激了厂商利用国际服务链进行高效率跨国分散化生产的积极性，国际服务贸易特别是生产者服务贸易获得巨大推动力而迅速发展。

### 2. 马库森理论

在埃塞尔研究的基础上，马库森发展出差异化中间要素贸易模型。在埃塞尔模型中，两个国家分别具有竞争性生产部门和需要使用中间要素或服务的生产部门，后者显示出规模报酬递增效应和生产互补性。结果表明，有两个原因使含有生产要素的贸易优于单纯的最终产品贸易。

第一，由于价格和边际成本发生扭曲，当单纯的产品贸易不能保证帕累托改进时，允许生产要素贸易使得两个国家被扭曲部门的生产进一步扩张，这种扩张被作为当价格超过边际成本时获得贸易收益的充分条件。

第二，要素贸易优于单纯的最终产品贸易来源于，在最终产品生产中国内与国外专业生产要素间的互补性以及自由贸易带来的更高水平的劳动分工。

马库森结合柯布—道格拉斯生产函数和熟练劳动力不变替代弹性函数，研究指出生产企业和专业化服务的规模报酬不变，而服务业与其提供的服务呈规模报酬递增。他认为，服务业产出虽然处于竞争性均衡，但未达到帕累托最优，因为没有考虑规模经济效应。服务业也存在先入者优势，报酬递增使率先进入服务市场的厂商从较低成本扩张规模，阻碍其他服务厂商提供同样的服务，从而降低后来者提供服务的竞争力。同样地，这也使小国规模报酬递增效应受到限制而降低其福利水平。马库森主张进行适当补贴以使福利最大化，补贴包括生产补贴和由政府无偿提供的公共投入。

在马库森模型及其假定情形的讨论中，规模报酬递增是资本密集型中间产品和知识密集型生产者服务的共同特征，而许多中间产品又呈现出差异化或与国内要素互补的特征。在含有高度熟练劳动的生产者服务贸易中，相对于初始固定成本，实际提供服务的边际成本比较低，使得服务贸易具有和传统 H-O 模型不同的成本特征，这在相当程度上引起专业化程度的加深和国际分工的发展。所以，马库森模型的主要结论是，生产者服务贸易优于单纯的最终产品贸易，但其核心不是服务和商品的区别，而是中间投入品与最终产品的区别。

### 3. 弗兰科斯理论

与马库森强调的服务业内部专业化相反，弗兰科斯重视服务在连接各专业化中间生产过程中的作用。他通过建立基于张伯伦垄断竞争模型的产品差异化模型，讨论了生产者服务与专业化导致的报酬递增之间的关系，以及生产者服务对商品生产的影响。

模型假定存在规模报酬递增效应，各厂商使用劳动力 $L$ 生产不同种类的差异化产品 $X$。任意种类产品 $x_j$ 的生产都具有报酬递增效应，且其中使用的不同生产技术 $V$ 在生产过程中具有不同的专业化水平，$v$（$=1$，$2$，$\cdots$，$n$）是专业化水平指数，也可视为生产被分成不同过程或阶段的数量。

$$x_j = \beta_v \prod_{i=1}^{v} D_{ij}^{a_{iv}} \tag{3-6}$$

其中，$\beta_v = V^{\delta}$，$\delta > 1$，$a_{iv} = \dfrac{1}{v}$。$D_{ij}$ 为种类为 $j$ 的产品生产过程中使用的劳动。在既定专业化水平上，劳动投入被均等地配置在所有生产活动中，生产 $j$ 产品对劳动的需求为

$$D_j = \sum_{i=1}^{v} D_{ij} = V^{1-\delta} x_j \qquad (3\text{-}7)$$

厂商管理和协调服务活动的人员、工程师和其他技术人员所产生的间接成本为

$$S_j = \gamma_0 v + \gamma_1 x_j \qquad (3\text{-}8)$$

由此，总成本函数可表示为

$$C(x_j) = v^{1-\delta} x_j + \gamma_0 v + \gamma_1 x_j \qquad (3\text{-}9)$$

取 $v=0$ 时对式（3-9）的偏导数，求解 $v$ 有

$$v = \left\{ \left( \frac{\delta-1}{\gamma_0} \right) x_j \right\}^{\frac{1}{\delta}} \qquad (3\text{-}10)$$

因此，专业化水平是 $x_j$ 的增函数，是间接成本参数 $\gamma_0$ 的减函数。当生产规模扩张时，专业化水平提高，生产者服务的相对重要性也得到提升。

弗兰科斯的理论分析认为，服务业的专业化导致规模经济的出现，专业化应用于生产过程的程度依赖于每个厂商的生产规模，而生产规模又受到市场规模的限制。服务贸易自由化增加了服务产品种类，扩大了生产规模，使服务进口国的专业化水平不断提高，服务出口国或向专业化或向非专业化方向发展，并使与要素报酬相联系的产品价格下降，随着本国厂商数量的减少，外国厂商数量增加，但最终存于市场的本国厂商的规模较贸易自由化前增大。

## 3.5　克鲁格曼模型在服务贸易中的拓展

如上所述，新贸易理论是在国际贸易日新月异发展的大背景下，当传统贸易理论在解释产业内贸易等国际贸易新现象上无能为力时，基于规模经济和不完全竞争市场这样更加贴近现实的崭新环境，重新阐释国际贸易的基础和动因。那么，作为第二次世界大战以来世界经济发展的一个显著特征，服务贸易的迅速崛起集中了当前国际贸易领域诸多因素的新变化，完全不同于过去货物贸易的内容、形式和模式，当然也对以其为对象构建和发展的古典贸易理论与新古典贸易理论提出了质疑和挑战。所以，能否应用新贸易理论解释服务贸易的理论和政策问题是其是否具备取代传统贸易理论资格的重要考验。

### 3.5.1　简化的克鲁格曼模型

克鲁格曼模型力图说明贸易产生的原因并不是国家间要素禀赋或技术方面的差异，而是规模经济条件下的要素报酬递增。但是与以往完全竞争市场的假定不同，克鲁格曼模型在张伯伦垄断竞争市场环境中，借鉴和修正迪克西特—斯蒂格利茨（1977）模型，将其具体描述如下。

假设一国经济中只存在一种生产要素——劳动，并且该国可以生产任何数量的 $i$ 产品。设定实际生产的数量从 1 到 $n$（$n$ 趋于无穷）。居民的效用函数为

$$U = \sum_{i=1}^{n} v(c_i), \quad v' > 0, \quad v'' < 0 \qquad (3\text{-}11)$$

其中，$c_i$ 为第 $i$ 种产品。如果存在

$$\varepsilon_i = -\frac{v'}{v''c_i} \tag{3-12}$$

当 $\partial \varepsilon_i / \partial c_i < 0$，$\varepsilon_i$ 为生产者面对的弹性。假设所有产品的生产成本相同，每种产品生产中劳动是产量的如下函数

$$l_i = \alpha + \beta x_i, \quad \alpha, \beta > 0 \tag{3-13}$$

其中，$l_i$ 为耗费的劳动；$x_i$ 为 $i$ 产品的产量；$\alpha$ 为固定成本，故平均成本下降，边际成本不变。由于一种产品的产量等于个别消费量的总和，产量应等于劳动在固定时间内的耗费：

$$x_i = Lc_i \tag{3-14}$$

接下来，假定以相同的数量和价格生产，则有

$$p_i = p$$
$$x_i = x \tag{3-15}$$

为得到产品需求曲线，须考虑代表性个人的市场行为。在有限收入条件下，由效用函数最大化推导一阶条件为

$$v'(c_i) = \lambda p_i, \quad i = 1, 2, \cdots, n \tag{3-16}$$

其中，$\lambda$ 为影子价格，也就是收入的边际效用。将式（3-14）代入式（3-16）得到

$$p_i = \lambda^{-1} v'\left(\frac{x_i}{L}\right) \tag{3-17}$$

由利润最大化确定产品价格，求解

$$\prod\nolimits_i = p_i x_i - (\alpha + \beta x_i)w \tag{3-18}$$

此时，价格取决于边际成本和需求弹性

$$p_i = \frac{\varepsilon}{\varepsilon - 1}\beta w \tag{3-19}$$

式（3-19）中的 $\varepsilon$ 和产量有关，所以尚不能就此确定均衡价格。结合零利润假设，通过成本和效用函数求解代表性企业的价格与产量，如图 3-10 所示。

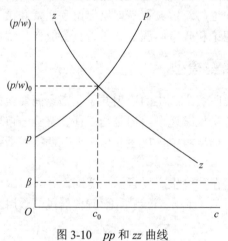

图 3-10　$pp$ 和 $zz$ 曲线

图 3-10 中横坐标表示产品的人均消费量，纵坐标表示用单位工资衡量的价格。从式（3-19）得到 $c$ 与 $p/w$ 的关系（$pp$ 曲线），由图 3-10 可知该曲线始终处在边际成本之上，并随 $c$ 上升，而根据假设需求弹性随 $c$ 下降。另外，依据零利润假设可得

$$0 = px - (\alpha + \beta x)w \tag{3-20}$$

$$\frac{p}{w} = \beta + \frac{\alpha}{x} = \beta + \frac{\alpha}{Lc} \tag{3-21}$$

式（3-21）表示的曲线位于 $p/w = \beta$ 之上（$zz$ 曲线）。$pp$ 与 $zz$ 的交点代表个人消费量和产品的均衡价格。通过 $x = Lc$ 可从产品消费量中得出产量，而已经生产的数量为

$$n = \frac{L}{\alpha + \beta x} \tag{3-22}$$

至此，在利用如上分析框架考察国际贸易之前，我们讨论封闭经济中劳动增加会对模型产生怎样的影响，如图 3-11 所示。

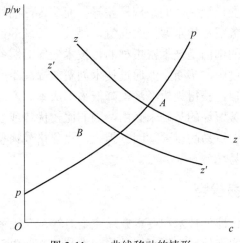

图 3-11　$zz$ 曲线移动的情形

劳动投入增长前，均衡点位于图 3-11 的 $A$ 点，检验式（3-19）和式（3-20）可以看出 $L$ 的增加对 $pp$ 没有影响，却使 $zz$ 向左移动，在 $B$ 点达到均衡。虽然此时 $c$ 和 $p/w$ 均下降，但由于 $n = \dfrac{L}{\alpha + \beta Lc}$，$L$ 的增加和 $c$ 的下降都会使 $n$ 有所增加。所以，由 $x = \dfrac{\alpha}{p/w - \beta}$，无论产量还是已生产数量都在上升。

现在，讨论在 $pp$—$zz$ 模型中引入两国贸易的情形。假定存在和前述模型相同的两个国家，其具有相同的技术水平、要素禀赋等。按照传统贸易理论，这样两个国家当然不会发生贸易。如果两个国家中出现劳动力增加，就像在封闭经济中那样，生产规模进一步扩大，可供消费的产品数量和种类增多，个人和整体福利获得提升。当实际工资 $w/p$ 提高，产品种类趋于多样化，个人收益最大化可通过下式表示：

$$U = \sum_{i=1}^{n} v(c_i) + \sum_{i=n+1}^{n+n^*} v(c_i) \tag{3-23}$$

式（3-23）中 $1, 2, \cdots, n$ 个产品在本国生产，$n+1, \cdots, n+n^*$ 个产品在国外生产。生

产的数量和耗费的劳动有如下关系：

$$n = \frac{L}{\alpha + \beta x}, \quad n^* = \frac{L^*}{\alpha + \beta x} \tag{3-24}$$

显然，国内消费量中进口产品的份额是 $L^*/(L+L^*)$，则其进口值为国民收入乘以进口份额，即

$$M = \frac{wLL^*}{L + L^*} = M^* \tag{3-25}$$

综上，当国家间不存在偏好、技术或要素禀赋等方面的差异时，规模经济较好解释了贸易产生的原因以及得自贸易的利益。

克鲁格曼模型克服了传统贸易理论所遇到的困境，提高了贸易理论对现实世界的解释能力。但是，克鲁格曼模型没有考虑企业的异质性，对开展贸易后企业之间的竞争淘汰和规模变化缺乏很好的解释，所以无法回答为什么有的企业规模会扩大，有的企业会被淘汰。另外，克鲁格曼模型关注的是规模差异，而非各国的技术水平和要素禀赋。但是，技术已成为当前服务贸易的重要内生变量，科技、管理等都是现代服务业的主要因素。服务业中越来越多的部门是技术密集型的，技术创新对服务业的发展具有举足轻重的作用。在这些行业部门中，垄断企业通过技术创新或提高生产率，利用国际贸易扩大消费市场、增加消费人口，获得规模经济，降低平均成本和产品价格，从而使企业和消费者均有福利改进。服务贸易的基础未必由两国的比较优势或要素禀赋决定，技术进步和规模经济也是国际服务贸易的重要动因。因此，克鲁格曼模型需要经过一定的修正，才能适用于国际服务贸易。

### 3.5.2　异质产品贸易模型

根据克鲁格曼模型，即使技术和要素禀赋完全对等，一国依然有动力从事跨国产品交换，企业规模经济的实现使原来不可贸易的同类产品产业内部也变为贸易竞争的重要领域。企业努力依靠产品异质达到产业内产品的差异化，从而获得竞争优势参与分工和贸易。必须看到，服务产品由于自身特性，消费品的差异化需求尤其突出，产业内异质产品的竞争在服务贸易领域更加活跃。不过，当试图把规模经济和不完全竞争下的新贸易理论应用于服务贸易时，需要克服诸多分析上的困难。为扫清障碍，有必要引入异质产品贸易模型，该模型在服务贸易中的演化有助于解决克鲁格曼模型在服务贸易领域中的应用问题。

假定一国代表性效用函数为

$$U = \sum_i c_i^\theta, \quad 0 < \theta < 1 \tag{3-26}$$

其中，$c_i$ 为第 $i$ 种产品的消费量，实际产量 $n$ 趋于无穷大。只有一种要素投入——劳动，且所有产品的成本函数相同。

$$l_i = \alpha + \beta x_i, \quad \alpha, \beta > 0, \quad i = 1, 2, \cdots, n \tag{3-27}$$

式中：$l_i$ 为第 $i$ 种产品的劳动投入；$x_i$ 为该产品的产量。基于相同的假设，有

$$x_i = Lc_i, \quad i = 1, 2, \cdots, n \tag{3-28}$$

如果全部劳动被生产过程吸纳，则

$$L = \sum_{i=1}^{n} (\alpha + \beta x_i) \tag{3-29}$$

封闭经济下，假设两个企业不会生产相同的产品，且企业间相互影响可以忽略。与前述模型相同，考察收入约束下个人效用最大化，其一阶条件为

$$\theta c_i^{\theta-1} = \lambda p_i, \quad i = 1, 2, \cdots, n \tag{3-30}$$

式中：$p_i$ 为第 $i$ 种产品的价格；$\lambda$ 为影子价格，可看作收入的边际效用。改写式（3-30）可得第 $i$ 种产品的需求曲线

$$p_i = \theta \lambda^{-1} \left( \frac{x_i}{L} \right)^{\theta-1} i, \quad i = 1, 2, \cdots, n \tag{3-31}$$

此时，需求弹性为 $1/(1-\theta)$，利润最大化的价格为

$$p_i = \theta^{-1} \beta w, \quad i = 1, 2, \cdots, n \tag{3-32}$$

其中，$w$ 为工资率。因为企业利润可表示为

$$\pi_i = p x_i - \{\alpha + \beta x_i\} w, \quad i = 1, 2, \cdots, n \tag{3-33}$$

均衡状态下遵循零利润假设，意味着

$$x_i = \frac{\alpha}{p/w - \beta} = \frac{\alpha \theta}{\beta(1-\theta)}, \quad i = 1, 2, \cdots, n \tag{3-34}$$

应用式（3-29）和式（3-34）得到产品数量

$$n = \frac{L}{\alpha + \beta x} = \frac{L(1-\theta)}{\alpha} \tag{3-35}$$

到此，虽然国家间要素禀赋、生产技术等完全相同，依传统理论贸易无法产生，但不完全竞争市场中，规模经济使得国际贸易顺利进行。正如前述讨论，基于报酬递增的分工和产品交换伴随异质产品的国别生产，广泛的市场消费选择更增加了参与国得自贸易的收益。

### 3.5.3　克鲁格曼模型对服务贸易动因的解释

世界贸易组织《服务贸易总协定》明确了服务产品的贸易方式，四种提供方式涵盖了与货物贸易类似的交易特征。其中，人们对于生产要素或最终产品跨国流动两种服务贸易方式的认同有助于货物贸易理论延伸至服务贸易领域，而服务产品的可贸易性，以及服务的生产和交换更加符合规模经济与垄断竞争等生产和市场条件，让以克鲁格曼模型为代表的新贸易理论在服务贸易的理论与政策研究中获得了一席之地。

分析国际服务贸易的动因，同样假设服务提供在垄断竞争市场中呈现报酬递增。从直觉出发，服务在一国生产和消费领域的地位受到其自身专业化程度和发展规模的极大制约。从服务消费角度看，人们对于服务产品差异性的敏感度远远高于货物产品。消费者当然偏好那些同类产品中能够最大满足其需求的差异化产品，即所谓的"理想种类"，如果受到距离等其他条件的约束，消费者也要选择最接近理想的那种产品。而且，一旦"理想种类"的提供价格成为最低价时，消费者会倾其所有加以购买。从服务生产角度看，如克鲁格曼模型所示，国内服务的提供者寻求规模经济向国际市场扩张，专业化水

平、服务种类和价格必将随之发生变化。同时，服务生产的专业化带来的报酬递增也因此出现。反观消费者，和贸易前相比，消费者可以在国内消费服务，也可以选择出国购买国外服务产品。在充分选择基础上，国内服务提供者的数量必将下降，剩余提供者成为市场的主宰，它们较贸易前的规模更大，竞争力更强。这些服务部门或者通过合并扩大规模，或者进行更高水平的专业化分工，从而在国际竞争中获取更大利益。结果不仅会使贸易机会增加，而且会促进市场规模的扩大，服务部门得以扩张。

总体而言，一方面，服务产品的生产及其专业化水平的提高和报酬递增之间互相促进；另一方面，服务部门的专业化促使加快形成规模经济，而专业化生产的应用程度又依赖于服务提供的规模。所以，当其规模受到市场限制时，服务市场的扩大或者国际扩张成为必然。当然，国际服务贸易自由化同时也会带来服务产品的种类增多，可提供的产品数量增加，原来的服务提供者较贸易前更具专业化水平等诸多好处。

### 【专栏 3-1：中国服务贸易的未来竞争优势——基于比较优势动态的分析】

发挥制度高效灵活与政策创新优势，逐步形成与我国服务贸易发展相适应的体制机制与政策优势。

一是体制机制。服务业作为三大产业中最大的产业，其在经济增长、就业中的贡献最大，也是决定中国参与国际竞争与合作地位的关键。建议强化服务业综合统筹协调机制，如建立国家服务业委员会或服务业和服务贸易发展协调机制，在此机制下，制订服务业和服务贸易年度推进计划，解决制约服务业和服务贸易发展的体制机制、发展规划和其他重大政策问题。

二是财税政策。我国财税政策是按照制造业的模式来设计的，相关财税优惠政策也主要是针对制造业和货物贸易的。出口退税、对出口的财政政策支持等也主要是针对货物贸易来设计的，而对于服务贸易出口，还没有统一的财税支持政策。下一步应逐步将制造业时代的财税政策过渡到服务经济时代的财税政策，逐步建立一套适应服务业和服务贸易的财税政策体系。

三是金融体制。与财税政策类似，我国的金融财政也主要是针对制造业和货物贸易而设计的。然而，服务业由于轻实物资产，没有像制造业那样的大型厂房、机器设备、不动产等可以抵押，因此，服务业的融资更难。对于针对服务贸易出口的信用保险、贸易融资等政策也不完善，支持力度远不及货物贸易。因此，建议加大针对服务业和服务贸易特点的金融产品，利用无形资产和公共融资平台等方式加大对服务业与服务贸易的金融支持。

四是招商引资政策。货物贸易发展的经验之一就是特别重视招商引资，尤其是充分利用外资的外向化程度高的优势，把招商引资作为促进各地经济增长和促进出口的重要途径。目前，我国各地的招商引资仍然更青睐制造业项目，对于服务业和服务贸易项目的招商引资力度较小。应像过去抓制造业招商引资那样来抓服务业和服务贸易领域的招商引资工作，制订相关的招商规划、投入足够的招商资源、制订相应的招商激励措施等，这是将国家鼓励服务业和服务贸易发展落地的关键举措。

五是服务贸易方式政策。发展一般服务贸易、离岸服务外包、边境服务贸易和境外分支机构服务销售，不断创新我国服务贸易发展方式。在继续建立和完善一般服务贸易、离岸服务贸易和境外分支机构服务销售政策的同时，重点加大创新边境服务贸易政策力度。边境地区适合自然人流动，也有利于境外消费服务贸易提供模式的发展，应针对边境地区毗邻相关国家和地区的优势，大力发展两头在外的服务贸易，利用边境特殊经济区，在旅游、分销、医疗保健、娱乐等领域发展"飞地型"服务贸易，在服务市场准入、人员出入境管理、服务提供人员资质互认等方面建立和完善与边境服务贸易相配套的服务贸易自由化、便利化的政策体系。

六是统计制度。服务业和服务贸易的统计制度极不完善，存在大量的漏统、统计不准确等情况，低估了我国服务经济发展的程度，这直接导致国家和地方政府对服务业与服务贸易发展资源投入不足。服务业统计应改变按社会管理来分类的模式，引入国际通行的服务业分类标准，细化服务业分类，增加对近年来新兴的服务产业的统计分类。对于服务贸易统计，一方面，要进一步完善 BOP 统计，将教育、医疗等服务贸易从旅游项下剥离出来，增加环境等服务贸易分类，细化旅游、咨询、商务服务等服务贸易分类，增加国别双边服务贸易统计以及企业所有制性质的服务贸易统计方式；另一方面，推进实施境外分支机构销售统计，并择机发布相关数据，完善行业管理部门的服务贸易业务统计。

【资料来源：李钢，李俊. 中国服务贸易的未来竞争优势——基于比较优势动态的分析[J]. 人民论坛·学术前沿，2015（10）.】

## 【专栏 3-2：我国服务贸易品的技术含量提高了吗？】

技术进步对国际服务贸易的影响正在不断深化，其不仅改变了服务贸易的方式和结构，更是扩大贸易领域和提升贸易竞争力的主要途径。我国服务贸易技术水平和贸易品的技术结构如何，与欧美发达国家相比是否存在差距？改革开放以来服务贸易品的技术含量提高了吗？遵循货物贸易的研究思路，可以构建服务贸易技术含量和技术结构指数，对中国服务贸易技术结构的变动进行相应测度。

如图 3-12 所示，1995—2007 年我国各类服务贸易品技术含量的变化态势大致趋同，整体随时间不断提升，并且可以分为两个阶段：第一阶段是 1995—2001 年，主要特征是服务贸易品技术含量变化明显，而 STC（短期总成本）值的上升趋势不显著，在几乎无增长的通道内小幅波动；第二阶段是 2001—2007 年，各类服务贸易品的技术含量提升较快，增长率明显不同于第一阶段。可以看出，金融、专利权使用费和特许费以及保险服务的技术含量最高，金融服务技术含量峰值约为 2007 年的 54 710。保险服务技术含量在 1995—2000 年处于中等水平，但自 2001 年其 STC 值增长迅速，增长率略高于金融服务，2007 年技术含量提升至第 2 位。相对于金融和保险服务，专利权使用费和特许费服务的技术含量提升相对缓慢，不过 1995—2002 年其技术含量与金融、保险服务基本持平。但 2002 年以后，技术含量增速不及金融和保险服务，从 2006 年起 STC 值下降到第 3 位。运输、旅游服务作为传统服务贸易，技术含量指标始终处于较低水平。其中，旅游服务 STC 值近 10 年一直最低，而运输服务贸易 STC 值稳中有升。通信、建筑、计算机及信息、其他商业服务、个人文化与娱乐以及政府服务的技术含量变化态势趋同。

除计算机及信息服务外，各类服务贸易的 STC 值变化态势较为稳定。其中，计算机及信息服务 2007 年 STC 值首次超过专利权使用费和特许费，仅次于金融和保险服务。不过，属于技术、资本密集型服务的计算机及信息服务，STC 值在各类服务贸易中优势并不明显，仅处于中等偏上水平。

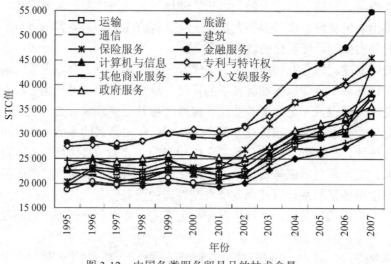

图 3-12　中国各类服务贸易品的技术含量

【资料来源：董直庆，夏小迪. 我国服务贸易技术结构优化了吗？[J]. 财贸经济，2010（10）.】

### 【专栏 3-3：企业异质性模型在服务贸易理论中的拓展】

从事货物进出口的企业一般表现出规模更大、生产率更高的特点，它们利用资本更加密集的生产技术，雇用更高水平的熟练劳动力。货物贸易企业在整个行业中所占的比重很低，大部分出口企业只供应很少的外国市场且一般集中在本国销售。这些发现催生了大量解释异质性企业行为的理论研究，代表了国际贸易理论发展的新阶段（Melitz，2003；Bernard et al.，2003；Eaton, Kortun 和 Kramarz，2008；Bernard, Redding 和 Schott，2009）。

很明显，对于服务贸易企业异质性行为的研究相对较少，现有的企业异质性模型是否适用于服务贸易企业还有待检验。这首先依赖于企业层面服务贸易典型化事实的发现，如果服务贸易企业表现出与货物贸易企业相同的异质性，那么企业异质性理论在服务贸易领域的应用便有了现实依据。对此，Holger 和 Criscuoloz（2011）针对英国服务贸易企业数据进行的实证分析发现，服务贸易企业的行为特征和货物贸易企业典型化事实具有很强的相似性，异质性企业贸易模型可能也适用于解释企业层面的服务贸易。Holger 和 Criscuoloz 的分析对象是英国生产者服务企业，因为这些企业的服务贸易占英国服务出口的 46% 和进口的 31%。他们的研究得出了 11 个关于服务贸易企业的典型化事实。

事实 1：只有很少一部分企业参与服务贸易，英国 8.1%（表 3-8）的企业参与出口或进口服务。

表 3-8　2005 年英国企业的服务进出口　　　　　　　　　　　　　　%

| 企业类型 | （1）企业比重 | | | | （2）贸易比重 | | | |
|---|---|---|---|---|---|---|---|---|
| | Notrade | EnoI | InoE | EandI | 出口 | | 进口 | |
| | | | | | EnoI | EandI | InoE | EandI |
| 总计 | 91.9 | 4.2 | 1.9 | 2.0 | 20.2 | 79.8 | 13.7 | 86.4 |
| 采矿业 | 77.0 | 10.7 | 3.8 | 8.5 | 36.5 | 63.5 | 15.1 | 84.9 |
| 中低技术制造业 | 90.0 | 3.4 | 2.1 | 3.7 | 27.0 | 73.0 | 25.5 | 74.5 |
| 高技术制造业 | 80.3 | 9.6 | 4.0 | 6.1 | 26.5 | 73.5 | 20.8 | 79.1 |
| 建筑及公用事业 | 98.1 | 0.5 | 1.1 | 0.3 | 43.6 | 56.4 | 79.8 | 20.2 |
| 批发零售业 | 94.0 | 2.3 | 2.3 | 1.4 | 37.9 | 62.1 | 26.4 | 73.6 |
| 其他商业 | 94.8 | 2.9 | 1.2 | 1.1 | 8.0 | 92.0 | 11.6 | 88.4 |
| 计算机与科研 | 85.4 | 8.5 | 2.6 | 3.5 | 23.5 | 76.5 | 8.6 | 91.4 |

| 企业类型 | （3）贸易强度 | | | | （4）部门占总体比重 | | | |
|---|---|---|---|---|---|---|---|---|
| | 出口 | | 进口 | | 就业 | 营业额 | 出口 | 进口 |
| | EnoI | IandE | EnoI | IandE | | | | |
| 总计 | 30.7 | 27.2 | 9.0 | 12.5 | 100 | 100 | 100 | 100 |
| 采矿业 | 63.3 | 23.4 | 1.4 | 5.5 | 0.5 | 0.8 | 0.5 | 0.4 |
| 中低技术制造业 | 14.2 | 16.6 | 7.8 | 17.3 | 15.3 | 8.2 | 2.6 | 2.8 |
| 高技术制造业 | 25.0 | 22.1 | 6.4 | 10.6 | 7.7 | 6.8 | 9.6 | 9.3 |
| 建筑及公用事业 | 12.5 | 7.2 | 5.5 | 4.7 | 8.5 | 6.5 | 0.1 | 0.4 |
| 批发零售业 | 28.4 | 19.1 | 13.7 | 20.8 | 27.1 | 37.6 | 7.6 | 7.5 |
| 其他商业 | 24.0 | 29.5 | 10.5 | 10.9 | 25.8 | 25.0 | 31.2 | 35.5 |
| 计算机与科研 | 35.5 | 31.8 | 6.3 | 10.3 | 15.2 | 15.1 | 48.4 | 44.1 |

| 企业类型 | （5）就业比重 | | | | （6）增加值比重 | | | |
|---|---|---|---|---|---|---|---|---|
| | Notrade | EnoI | InoE | EandI | Notrade | EnoI | InoE | EandI |
| 总计 | 77.6 | 5.6 | 10.1 | 6.8 | 70.4 | 6.4 | 9.8 | 13.4 |
| 采矿业 | 64.5 | 8.9 | 12.5 | 14.1 | 34.4 | 3.6 | 30.9 | 31.2 |
| 中低技术制造业 | 81.3 | 4.2 | 8.8 | 5.7 | 78.1 | 5.0 | 9.5 | 7.5 |
| 高技术制造业 | 58.1 | 8.6 | 12.4 | 21.0 | 51.6 | 9.2 | 12.6 | 26.6 |
| 建筑及公用事业 | 93.4 | 1.5 | 3.0 | 2.1 | 86.6 | 1.3 | 5.7 | 6.4 |
| 批发零售业 | 83.1 | 7.4 | 7.1 | 2.5 | 81.1 | 7.5 | 6.8 | 4.5 |
| 其他商业 | | | | | | | | |
| 计算机与科研 | | | | | | | | |

注：Notrade 指不参与服务进出口的企业；EnoI 指参与服务出口但不参与进口的企业；InoE 指参与服务进口但不参与出口的企业；EandI 指既参与服务出口又参与服务进口的企业。

细分来看，只有 6.2% 的企业参与出口，3.9% 的企业参与进口，2% 的企业同时参与进出口，但是企业贸易额占服务出口额的 80%，进口额的 86%，大约 2% 的企业占英国服务进出口的绝大部分。对于少数参与服务贸易的企业来说，出口和进口价值相对于它们的平均营业额是很小的。英国 8 个生产者服务部门都存在服务出口商和进口商，但参与贸易的企业在行业中所占的比重有很大差异，有的企业低至2%，有的企业高至20%。

事实2：服务出口商和进口商在就业量、营业额和增加值上大于非贸易企业，并且生产率更高、资本更加密集、工资水平更高，是外资或跨国公司一部分的可能性更大。

事实3：出口但不进口服务的企业比只进口不出口的企业规模更小，生产率更高，技术也更加密集。

事实4：只出口服务不出口货物的企业比只出口货物的企业规模更小，生产率略高，技术也更加密集。

事实5：服务贸易企业之间在进出口额、服务交易数量以及每个国家和每种服务的平均进出口额上存在较大差异。

事实6：服务的出口和进口高度集中在少数与多个国家贸易且具有多个贸易种类的少数企业。

事实7：企业的服务贸易是高度集中的，第1位出口目标国、进口来源国和第1位服务类型平均占企业总贸易量的70%以上。

事实8：企业间进出口的差异主要可由集约边际（intensive margin）的不同来解释，即各个国家和各种服务类型的贸易。

事实9：生产率更高、规模更大的企业与更多的国家贸易，且交易更多类型的服务，在每个国家和每种服务上进出口得更多。集约边际一方面解释了企业生产率与规模间的相关性，另一方面解释了生产率与企业水平贸易额之间的相关性。

事实10：英国与其他国家总进出口的差异主要是由外延边际驱动的，即贸易国的数量以及每个国家交易产品的种类。

事实11：外延边际一方面解释了双边距离和贸易伙伴国GDP之间的全部相关性，另一方面解释了和总贸易额之间的相关性。距离更远、GDP更高的国家吸引了更多的英国企业，英国也进出口更多种类的服务。

服务贸易表现出很大程度的企业水平异质性。出口和进口地位与企业规模、生产率等水平变量之间存在诸多差异，企业贸易地位与行为特征之间的关系具有重要启示，为把企业异质性融入服务贸易理论提供了很强的例证，暗示了现有异质性企业贸易模型可为此提供一个良好的起点。

【资料来源：Breinlichy, H. and Criscuoloz, C. "International Trade in Services: A Portrait of Importers and Exporters", *Journal of International Economics,* 2011, 84(2)：188-206.】

# 【重 要 概 念】

绝对优势；比较优势；S-S定理；罗布津斯基定理；H-O-S定理；新贸易理论；规模经济；产业内贸易；产业内贸易指数

# 【思 考 题】

1. 试分析比较优势在服务贸易中的适用性、特殊性和局限性。

2．分别应用绝对优势理论和比较优势理论，各举一例说明两国间服务产品的专业化分工和交换。

3．为什么说服务价格国际差异模型是基于传统贸易理论对服务贸易理论研究的典范模型？

4．简述梅尔文（1989）模型的基本内容和主要学术贡献。

5．服务产品的生产能实现规模经济吗？请举例说明。

6．试阐述克鲁格曼模型在服务贸易领域的应用前景。

7．请以中国与主要贸易伙伴的双边服务贸易为对象，利用产业内贸易指标评价体系，计算和综合评价我国对外服务业产业内贸易的发展水平。

## 【课后阅读材料】

[1] 沈大勇，金孝柏. 国际服务贸易：研究文献综述[M]. 北京：人民出版社，2010.

[2] 张慧，黄建忠. 服务贸易的货物贸易条件效应研究——基于伯格斯模型的分析与扩展[J]. 财经研究，2012（5）.

[3] 胡超，张捷. 制度环境与服务贸易比较优势的形成：基于跨国截面数据的实证研究[J]. 南方经济，2011（2）.

[4] 赵春明，蔡宏波. "比较优势模型"对国际教育服务贸易的适用性研究[J]. 经济经纬，2010（6）.

[5] 许和连，成丽红. 动态比较优势理论适用于中国服务贸易出口结构转型吗——基于要素结构视角下的中国省际面板数据分析[J]. 国际贸易问题，2015（1）.

[6] 殷凤. 中国服务贸易比较优势测度及其稳定性分析[J]. 财贸经济，2010（6）.

[7] 李慧中，许卫权. 国际服务贸易动因及开放市场影响的经济学分析[J]. 世界经济文汇，2001（2）.

[8] Melvin, J.R. "Trade in Producer Services: A Heckscher-Ohlin Approach", *Journal of Political Economy,* 1989(97)：1180-1196.

[9] Van Marrewijk et al. "Producer Services, Comparative Advantage, and International Trade Pattens", *Journal of International Economics,* 1997(42)：195-220.

[10] Makusen, J.R. "Trade in Producer Services and in Other Specialized Intermediate Inputs", *American Economic Review,* 1989(79)：85-95.

## 【即 测 即 练】

# 第 **4** 章

# 服务贸易自由化与竞争力

**学习目标**

1. 了解服务业开放和服务贸易自由化的政策取向。
2. 理解服务贸易竞争力的内涵。

## 4.1 服务贸易自由化

当今世界，任何一个国家的经济发展都离不开其他国家，经济全球化的趋势不可阻挡。其中，世界经济一体化的最主要途径便是贸易自由化：各国通过多边或双边谈判降低和约束关税，取消或削减多种形式的贸易壁垒，扩大和提高本国市场准入的范围与程度。服务贸易自由化是贸易自由化在国际服务贸易领域的具体体现。一般而言，自由贸易政策允许货物和生产要素在国际间自由流动，而服务产品的特定属性决定了服务贸易自由化的特殊性，尤其表现为不同于货物贸易的各种贸易壁垒和国内服务业管制。

### 4.1.1 服务贸易自由化的理论分析

20 世纪下半叶，世界服务贸易的迅猛发展吸引了学者们的目光，人们在试图建立服务贸易理论或是检验国际贸易理论对服务贸易的适用性时，都大量涉及有关服务贸易自由化和服务业开放的讨论。特别是，20 世纪 90 年代中期以来，《服务贸易总协定》的签署使该领域的研究重心从服务贸易定义和模型逐渐转向服务贸易自由化，集中于服务贸易自由化的福利效应、服务贸易壁垒的测量，以及 WTO 框架下服务贸易自由化对发达成员和发展中成员的不同影响。

萨皮尔（1985）分析服务贸易自由化对发展中国家的影响后指出，发展中国家通常缺少和未加重视国民经济中的许多关键服务，并较多地利用国内政策设置服务贸易壁垒。巴格瓦蒂（1985）阐述了发展中国家和发达国家之所以对服务贸易谈判采取不同态度的原因：服务贸易自由化的好处绝大部分由发达国家获得、服务贸易谈判对货物贸易构成影响以及服务业市场准入关系国家安全和利益。赫克曼和布兰格（1997）在为世界银行所作的研究报告中提出，服务贸易的快速增长会使服务贸易自由化成为一项被高度关注的政策问题，为了更好地估计自由化的福利损益，需要对服务贸易壁垒进行量化。总结更多学者的研究成果可以发现，服务贸易自由化的理论研究着重验证贸易自由化对服务贸易量、技术进步和生产率增长等的影响。人们似乎更关心服务贸易自由化是否能为参与贸易的各方都带来好处，同时急欲找到理论佐证。

**1. 贸易自由化促进竞争**

（1）消除贸易壁垒使厂商被迫直接与对手进行市场竞争，迫使其更为积极地提高劳动生产率。

（2）贸易自由化为厂商参与国际市场竞争提供了更多机会，如果规模报酬递增且厂商或行业产出增长，那么平均成本下降，劳动生产率得以提高。

**2. 贸易自由化促进创新**

贸易自由化改变了厂商面临的市场条件，如可得技术和 R&D（研究与发展）投入的动机等，而技术创新和变革反过来又对厂商出口或进口竞争形成更大的激励。

**3. 有关服务贸易的启示**

尽管如上理论尝试建立生产率增长与贸易自由化之间的联系，但的确无一令人信服。另外，极少数发展中国家的部分贸易自由化实践与现行理论相互冲突。多数理论结论只是在某些情况下符合这一联系，况且以往研究大多针对制造业而非服务业，相比之下有关服务贸易自由化效应的讨论略显不足。然而有理由相信，服务业开放和服务贸易自由化不仅可以提高分配效率，同时有助于提升劳动生产率，因为相当数量的服务投入便利了技术创新和吸收。更为重要的是，国际服务贸易通常涉及生产要素而非产品的移动，更可能体现生产率增长的跨境外溢效应。所以，服务贸易自由化对提升劳动生产率和技术进步的积极作用，可能比没有要素移动的货物贸易自由化更大。

## 4.1.2　服务贸易自由化的政策取向

**1. 发达国家服务贸易自由化政策**

发达国家要求发展中国家开放服务业市场是以货物换服务，即发展中国家以开放本国市场为条件要求发达国家货物自由贸易，而对于其他国家或地区，则对等相互开放，即所谓的"服务贸易补偿论"。另外，发达国家还以维护国家安全和竞争优势为借口，强调有必要对本国服务出口采取管制政策。需要指出的是，发达国家迫使其他国家开放服务市场，同时限制本国所谓"敏感性"服务产品的出口，都是只作自身利益最大化考虑的结果。

**2. 发展中国家服务贸易自由化政策**

显然，服务贸易自由化是否符合发展中国家的利益，我们尚无法简单定论。但在服务贸易自由化的趋势下，发展中国家能否从中获利，很大程度上取决于自身的政策取向。

发展中国家出于自身政治经济安全和独立性的考虑，对外国服务进出口实施各种限制乃至完全禁止的做法屡见不鲜。但如果开放本国服务业市场，不仅不利于尚不具有竞争力的大量服务部门培育优势、迅速成长，而且使整体处于较低发展水平的国内服务业过早地面临过大竞争压力。这种情况下，渐进自由化的服务贸易发展战略成为发展中国家的首选。发展中国家在服务贸易自由化进程中，应注意两点：一是服务业对外开放的基本步骤和次序；二是开放进程的各个阶段涉及哪些服务部门或领域，它们对服务业开放和服务贸易自由化的影响如何。

### 4.1.3　服务贸易自由化与竞争力

众所周知,发展中国家在服务业发展水平和服务贸易竞争力上显著落后于发达国家,这使得服务贸易自由化对发达国家和发展中国家的损益形成明显差异。发达国家相对于发展中国家从服务贸易自由化中得到了更多的利益,而发展中国家则往往处于被动地位。因此,作为最大的发展中国家,我国对外服务贸易自由化的深入发展需要服务贸易竞争力的持续提升作为支撑。这不仅需要考虑本国对外服务贸易的比较优势,还有潜在竞争优势,而且意图在服务贸易自由化中占据有利地位,就必须加速培育服务贸易的动态比较优势。

在全球服务贸易自由化背景下,面对世界服务贸易的快速增长和自由化趋势的渐强,要尽快把竞争优势、比较优势和服务贸易自由化三者结合起来:竞争优势奠定了服务贸易比较优势的基础,比较优势会继而形成服务贸易自由化的动力。随着时间的推移,一个国家要保持长期比较优势,必须把原先的比较优势转化成竞争优势,在服务贸易自由化进程中,培育服务贸易的动态比较优势,实现该国服务贸易竞争力的长期可持续发展,如图 4-1 所示。

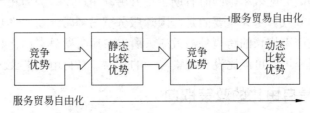

图 4-1　服务贸易竞争力的动态发展

## 4.2　服务贸易竞争力

### 4.2.1　服务贸易竞争力的界定

20 世纪下半叶以来,竞争力的理论和实证研究逐渐兴起并受到越来越多的关注。以下我们将从国家层面对服务贸易竞争力进行界定,所以首先简要介绍若干主要国家竞争力的定义。

国际经合组织(OECD)认为,"面对国际竞争,支持企业、产业、地区和国家在可持续发展的基础上进行相对较高要素投入的生产和较高要素利用的能力"。世界经济论坛在其《国际竞争力报告》中指出,"一国或者一个公司在世界市场上均衡地生产出比其竞争对手更多财富的能力"。瑞士洛桑国际管理发展学院在《世界竞争力年鉴》中提出,"一国企业或企业家设计、生产和销售产品和劳务的能力,其价格和非价格特性比竞争对手更具有市场吸引力"。金碚(1997)对国际竞争力作如下描述:"在自由贸易条件下(排除贸易壁垒因素),一国特定产业的产出所具有的开拓市场、占据市场并以此获得利润的能力。"薛荣久和刘东生(2005)认为,"国家竞争力是一个国家参与国际竞争所表现出来的整体竞争能力，它是一个国家参与国际竞争的所有资源与要素组合效率以及在国际市场上表现出来的竞争能力"。

以上对竞争力的认识分别从企业和产业的角度对国家竞争力进行了提炼与总结。在此，服务贸易竞争力与国家竞争力既有联系又有区别。首先，服务贸易竞争力是国家竞争力的组成部分，代表一个国家在国际服务贸易领域的竞争能力。其次，服务贸易竞争力建立在国内服务业发展的基础上，具体反映在国际收支平衡表的经常项目中。结合以往研究文献，我们把服务贸易竞争力定义为在贸易自由化进程中，一个国家服务贸易反映出的该国服务业对外进行国际竞争的能力和通过国际交换持续获得贸易利益的能力。由此，把服务贸易竞争力划分成两个层次：一是服务产品的出口能力，这是一国服务贸易竞争优势的直接体现，出口的数量越多，表明该国在此项服务上竞争力越强；二是获得贸易利益的能力，这是在贸易自由化背景下综合考虑服务产品进口的影响，获利能力反映一国服务贸易的国际竞争地位。

## 4.2.2　服务贸易竞争力理论

在前述有关比较优势理论对服务贸易适用性的探讨中，部分学者认同国际服务贸易依然基于比较优势理论，并指出服务贸易的基础在于价格差异，即服务本身价格差异和服务要素价格差异。但是，如何决定价格差异？学者们各自提出了不同的观点，主要集中于自然资源、人力资本、实物资本以及技术水平等方面。另外，关于比较优势的动态发展，以及提升服务业部门的比较优势和进一步培育特定部门比较优势都尚无定论。根据比较优势理论对服务贸易的适用性研究，同时结合服务贸易竞争力定义，应用比较优势原理能够较好地阐释服务产品出口所指向的服务贸易竞争力，但对考虑服务产品进口时服务贸易的获利能力及其如何持续解释力不足。

### 1. 迈克尔·波特的国家竞争优势理论

竞争理论最早可以追溯到古典经济学派，是在古典学派同重商主义学说论战中出现和逐渐发展的。当时，亚当·斯密提出的自由竞争概念等成为后来竞争理论发展演化的起始。马克思在《资本论》中重点考察了竞争的两种基本形式：同一部门内部的竞争和不同部门之间的竞争。他首次明确了竞争在价值形成和实现过程中以及在剩余价值生产与分配过程中所起的作用，在承认竞争推动资本主义经济发展的同时，也揭示出竞争加剧了资本主义基本矛盾。19 世纪晚期至 20 世纪中叶，相继出现和发展起的竞争理论包括均衡竞争理论、博弈竞争理论和创新竞争理论等。20 世纪 80 年代至今，迈克尔·波特的国家竞争优势理论占据了竞争理论的主导地位。他在《国家竞争优势》一书中指出，"1980 年《竞争战略》（*Competitive Strategy*）主要提及产业结构调整，以及产业间争夺最有力的竞争地位"，"1985 年《竞争优势》（*Competitive Advantage*）剖析了企业竞争优势的来源，提出如何提升企业的竞争优势"，"1990 年《国家竞争优势》（*The Competitive Advantage of Nations*）力图解释在现代经济条件下，一国经济持续发展的源泉"。

波特首先对比较优势理论提出疑问，认为基于生产要素的比较优势理论不能解释当今世界丰富多样的贸易形态。比较优势理论在 18、19 世纪和 20 世纪上半叶之所以流行，与当时的产业结构、生产形态以及产品要素投入类型密切相关。但是，伴随着技术变迁、资源利用的全球化和经济一体化，比较优势理论的局限性凸显。波特以廉价劳动力为例指出，"以生产要素界定比较优势的不足在于，更低成本的生产环境会不断变化，今天具有廉价劳动力的国家，明天可能就被新的廉价劳动力国家所代替"。他主张用国家竞争优势取代比较优势，同时将国家竞争优势理论用于解释竞争力。国家竞争优势理论著名的钻石模型（diamond model）由四大主力要素和两个辅助要素组成。

四大主力要素：生产要素（一国在特定产业竞争中有关生产方面的表现）、需求条件（国内市场对该项产业所提供产品或者服务的需求如何）、相关产业和支持产业的表现以及企业的战略、结构和竞争对手（企业的组织和管理形态以及国内市场竞争对手的表现）。四大主力要素正像一个钻石的四个基本面，构建出竞争环境的整体框架。

两个辅助要素：机遇角色和政府角色。

波特把国家竞争优势分成四个导向阶段：生产要素导向阶段、投资导向阶段、创新导向阶段和富裕导向阶段。前三个阶段是国家竞争优势发展的主要力量，第四个阶段则代表经济发展的转折点。

波特在《国家竞争优势》中特别论述了服务业与国家竞争优势的关系。他在钻石模型框架下提出国际服务竞争的六大驱动力，并借此分析服务贸易和服务业国家竞争优势之所在。波特认为，国家竞争优势理论无疑适用于服务贸易，该理论从动态视角解释了竞争优势的建立、发展和转化，强调钻石模型中各要素对服务贸易竞争优势的影响。

### 2. 比较优势理论和竞争优势理论的比较

总体而言，在对服务贸易竞争力的解释方面，比较优势理论和竞争优势理论各有利弊。

首先，比较优势理论是从静态视角把一国产业优势的来源归结为某一方面，而钻石模型中的要素分析框架涉及自然资源、劳动力、技术水平、市场需求以及规模经济等多种因素。同时，竞争优势理论不但重视比较优势的先天性和静态性，还强调竞争优势的后天性和动态性，其特别指出先天比较优势不能长久保持，需要通过后天创造和培育保持。

其次，目前尚不存在波特在其书中提到的所谓"比较优势的退位"，比较优势理论有其强大和合理的逻辑内核。比较优势深刻反映了各国不同产业之间的内在联系，体现为服务产品出口能力的大小，即前述服务贸易竞争力的第一个层次。竞争优势刻画了各国同一产业的联系，主要阐述国家之间产业冲突和产业替代的关系，其体现为服务贸易的获利能力，即服务贸易竞争力的第二个层次。

最后，比较优势理论的基本指向是自由贸易使得各国都能从中获利，反映为合作共赢的发展趋向。竞争优势理论侧重在贸易自由化过程中，本国如何获得更多的贸易利益，强调在国际竞争中确立自身优势地位。竞争优势可以形成比较优势，比较优势也可以形成竞争优势。在一国服务贸易长期发展中，比较优势和竞争优势实现良性互动，进而形成动态比较优势。将服务贸易竞争力划分为两个层次，就是在综合考虑短期和长期、静态和动态以及单边与双方的情况下，兼顾出口能力的提高和贸易利益的持续获取。图 4-2 所示为比较优势、竞争优势和服务贸易竞争力的关系。

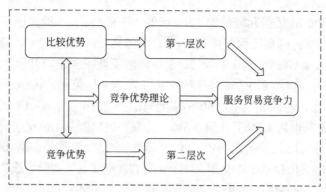

图 4-2  比较优势、竞争优势和服务贸易竞争力的关系

# 4.3  "金砖国家"服务贸易竞争力分析

## 4.3.1  "金砖国家"服务贸易发展现状

进入 21 世纪以来，世界服务出口总额由 2000 年的 14 813 亿美元增长至 2016 年的 48 793 亿美元，同期货物出口总额由 62 201 亿美元增长至 159 550 亿美元。不过，两个近似比例的增长在不同国家和地区却表现出极大的差异，主要体现为发达国家服务贸易顺差与货物贸易逆差逐渐扩大，而以中国为代表的发展中国家货物贸易顺差和服务贸易逆差同时增加。"金砖国家"服务出口和进口总额分别如表 4-1 和表 4-2 所示。

表 4-1  "金砖国家"服务出口总额                                          亿美元

| 年份<br>国别 | 2000 | 2005 | 2007 | 2008 | 2014 | 2015 | 2016 |
|---|---|---|---|---|---|---|---|
| 巴西 | 90 | 149 | 226 | 288 | 392 | 338 | 333 |
| 俄罗斯 | 96 | 247 | 391 | 507 | 649 | 517 | 505 |
| 印度 | 160 | 522 | 875 | 1 026 | 1 556 | 1 563 | 1 618 |
| 中国 | 301 | 739 | 1 217 | 1 464 | 2 325 | 2 176 | 2 083 |
| 世界 | 14 813 | 24 803 | 33 724 | 37 779 | 49 396 | 48 620 | 48 793 |

资料来源：国家统计局及世界贸易组织历年《国际贸易统计》。

表 4-2  "金砖国家"服务进口总额                                          亿美元

| 年份<br>国别 | 2000 | 2005 | 2007 | 2008 | 2014 | 2015 | 2016 |
|---|---|---|---|---|---|---|---|
| 巴西 | 156 | 224 | 347 | 444 | 858 | 707 | 638 |
| 俄罗斯 | 162 | 378 | 577 | 746 | 1 189 | 886 | 744 |
| 印度 | 189 | 470 | 707 | 836 | 1 469 | 1 236 | 1 337 |
| 中国 | 359 | 832 | 1 293 | 1 580 | 3 816 | 4 358 | 4 492 |
| 世界 | 14 542 | 23 523 | 31 139 | 34 892 | 47 824 | 47 584 | 47 974 |

资料来源：国家统计局及世界贸易组织历年《国际贸易统计》。

不难看出，10 多年来"金砖国家"服务贸易发展迅速。根据 WTO 的统计，巴西服务出口从 2000 年的 90 亿美元增长到 2016 年的 333 亿美元,占世界服务出口总额的比重从 0.6%上升至 0.7%;同期巴西服务进口从 156 亿美元上升到 638 亿美元,占世界服务进口总额的比重从 1.1%提高到 1.3%。2016 年,俄罗斯服务出口升至 505 亿美元,占世界服务出口总额的比重达到 1.0%,而服务进口为 744 亿美元,占世界服务进口总额的 1.6%。印度服务出口从 2000 年的 160 亿美元发展至 2016 年的 1 618 亿美元,其占世界服务出口总额的比重也从 1.1%上升到 3.3%,其服务进口则从 189 亿美元增长到 1 337 亿美元,占世界服务进口总额的比重得从 1.3%增加到 2.8%。作为新兴市场国家代表的中国,过去 14 年间服务出口从 301 亿美元上升到 2 083 亿美元,占世界服务出口总额的比重由 2.0%升至 4.3%,服务进口从 359 亿美元提高到 4 492 亿美元,占世界服务进口的比重从较低的 2.5%上升至 9.4%。

尤其近些年来,"金砖国家"服务贸易均保持较快增长,中国服务贸易总额一直处于首位,印度和俄罗斯次之,巴西相对落后。从增长速度来看,中国名列首位,其次是印度和巴西,俄罗斯服务贸易增长相对缓慢。

### 4.3.2 "金砖国家"服务贸易竞争力

#### 1. 基于 TC 指数的竞争力分析

贸易竞争力指数(trade special coefficient,TC)是指一国(地区)某个行业出口和进口的差额与该行业进出口总额的比率,它主要反映该国(地区)该行业对外贸易的比较优势状况,是衡量一国(地区)行业国际竞争力的重要指标。

$$TC = (E_i - I_i)/(E_i + I_i)$$

其中,$E_i$ 为行业 $i$ 的出口;$I_i$ 为行业 $i$ 的进口;TC 的取值范围为[-1,1]。如果 TC 大于零,表明该行业具有较强的国际竞争力,越接近于 1,竞争力越强;如果 TC 小于零,表明该行业国际竞争力较弱,越接近于-1,竞争力越弱;如果 TC 等于零,表明该行业竞争力与国际水平相当。

图 4-3 所示为 2002—2016 年"金砖国家"服务贸易 TC 指数。

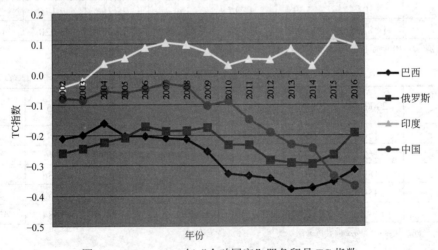

图 4-3　2002—2016 年"金砖国家"服务贸易 TC 指数

从国别来看，自 2004 年印度服务贸易从净进口国转变为净出口国，且 TC 指数上升迅速，2004—2007 年增速达到 97.85%，甚至 2007 年比 2006 年增长了 225%，显示出印度服务贸易竞争力的强劲增长。中国除 1994 年 TC 指数为正外，考察期间的其余年份均为负，说明中国一直是服务贸易的净进口国，服务出口竞争力较弱。从长期趋势来看，中国服务贸易竞争力变化平稳，2008 年以来稍有下降。俄罗斯和巴西考察期间的 TC 指数均为负，表明两国长期以来也是服务贸易的净进口国，出口竞争力较中国更弱。俄罗斯总体水平强于巴西，2002—2009 年 TC 指数缓慢增长，2009 年以后竞争力开始减弱，TC 指数下降，到 2014 年接近 0.3。巴西服务业缺口较大，长期处于深度服务贸易净进口状态，在考察期间 TC 指数不断下降，2010 年以后下降到接近 0.4。

总体上，四国服务贸易竞争力都不强，TC 指数均值低于世界平均水平，除印度外，均处于服务贸易净进口地位。相对而言，四国中印度最强，其次为中国和俄罗斯，巴西最弱。

### 2. 基于 RCA 指数的竞争力分析

显性比较优势指数（Revealed Comparative Advantage，RCA）由巴拉萨于 1965 年提出，通过某一产业在该国（地区）出口中所占的份额与该产业世界贸易额占世界贸易总额的份额之比来表示，剔除了国家总量波动和世界总量波动的影响，可以较好地反映一个国家（地区）某一产业的出口与世界平均出口水平的相对优势。

$$\mathrm{RCA}_{ij} = \frac{X_{ij} / X_{it}}{X_{wj} / X_{wt}}$$

其中，$\mathrm{RCA}_{ij}$ 为 $i$ 国（地区）第 $j$ 种服务的显性比较优势指数，$X_{ij}$ 为 $i$ 国（地区）第 $j$ 种服务的出口额；$X_{it}$ 为 $i$ 国（地区）服务出口总额；$X_{wj}$ 为世界第 $j$ 种服务的出口额；$X_{wt}$ 为世界服务出口总额。一般认为，当 RCA≥2.5 时，表明该国（地区）服务贸易具有极强的比较优势；当 1.25≤RCA＜2.5 时，表明该国（地区）服务贸易具有较强的比较优势；当 0.8≤RCA＜1.25 时，表明该国（地区）服务贸易具有微弱的比较优势；当 0.4≤RCA＜0.8 时，表明该国（地区）服务贸易具有微弱的比较劣势；当 0＜RCA＜0.4 时，表明该国（地区）服务贸易具有较强的比较劣势。

图 4-4 所示为 2002—2016 年"金砖国家"服务贸易 RCA 指数。

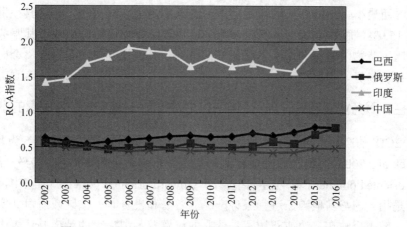

图 4-4　2002—2016 年"金砖国家"服务贸易 RCA 指数

由图 4-4 可知，只有印度显示出较强的竞争力，其余三国竞争力均较弱。在考察期内，印度自 2002 年起 RCA 指数呈明显上升态势，自 2006 年开始稍有回落，而至 2014 年又呈现出上涨态势。巴西的显性比较优势强于中国和俄罗斯，但于 2016 年与俄罗斯持平。这与 TC 指数的情况有所差异，因为 RCA 指数仅描述出口相对世界平均水平的状况，而 2016 年，巴西和俄罗斯服务出口占其贸易出口总额的比重均为 15.1%，高于中国的 9.0%。印度之所以遥遥领先，在于其该比重达到了 37.9%。

**3. 基于 MSI 指数的竞争力分析**

国际市场占有率指数（market share index，MSI），即一国某一产业或产品的出口额占世界出口总额的比重，在考虑该国整体规模的基础上，可以简明表示该产业或产品的对外竞争力。

$$MSI = X_{ij} / X_{wj}$$

其中，$X_{ij}$ 为 $i$ 国 $j$ 产业的出口额；$X_{wj}$ 为世界 $j$ 产业的出口总额，图 4-5 所示为 2002—2016 年"金砖国家"服务贸易 MSI 指数。

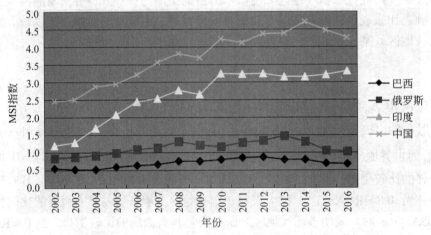

图 4-5  2002—2016 年"金砖国家"服务贸易 MSI 指数

从各国服务贸易在世界服务贸易总额中的占比来看，中国规模最大，其次是印度和俄罗斯，巴西最小。2016 年，四国服务贸易总额不足全球的 10%，相比其在世界货物贸易中占比 15.9%，服务贸易明显偏弱。其中，除印度货物贸易份额低于其服务贸易份额外，其余国家货物贸易份额均高于服务贸易份额，一定程度上表明目前"金砖国家"中印度的服务贸易竞争力比较突出。

**【专栏：服务业管制对服务贸易自由化的影响——来自 OECD 国家的证据】**

以 OECD 的产品市场管制指数（product market regulations，PMR）为基础（Paul Conway, et al., 2005），结合服务业管制的特点，把服务业管制政策分为外导向型管制（outward oriented policies）和内导向型管制（inward oriented policies）。其中，外导向型管制政策是指一国与其他国家进行服务产品的贸易和投资时，该国政府对此实施的各种管制措施，较多反映在多边或双边贸易谈判的议题及各国提交的承诺减让表中；内导向型管制政策是指一国对境内服务业的运营情况进行管理的诸多措施，如对服务产品价格和商业运作的调控、竞争政策等，其甚少出现在多边或双边贸易谈判中。

从 1998—2003 年 PMR 指数的变化来看，OECD 国家在产品市场管制政策上的差异变得越来越小，即以往对产品市场进行较大限制的国家比那些更为开放的国家取得了更大进步。其中，外导向型管制政策上的同质性变得更加显著，这主要是因为超国家机构（或协议）对其成员强加有关贸易与投资开放的高标准，而不顾这些成员原先的国内管制水平如何。另外，OECD 国家的外导向型管制政策和内导向型管制政策存在明显的相关性（图 4-6），即相对开放的经济体通常会实施相对宽松和自由的国内管制政策，这意味着在贸易投资上越开放的国家越容易受到国内政策改革的压力。

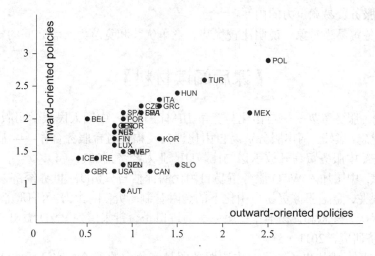

图 4-6　OECD 国家外导向型管制政策与内导向型管制政策的相关性

利用引力模型计量检验不同因素对服务进出口的影响时，就管制政策变量而言，服务进口国无论实施外导向型管制还是内导向型管制都直接降低了服务进口额，而且两种政策所起的抑制作用基本相同。值得注意的是，服务进口国实施两种管制政策时，服务出口国的人均 GDP 回归系数从外导向型管制时的 0.699 增加到内导向型管制时的 1.02，这说明虽然 OECD 服务进口国可能实施了过度的、低效率的内导向型管制政策，从而抑制了服务进口，但同时也产生了规范服务市场的间接效应，释放了部分服务出口国规模经济促进双边服务贸易的积极效应。服务出口国实施内导向型管制政策不会对本国服务出口产生任何影响，但当服务出口国实施外导向型管制政策时，却降低了本国服务出口的竞争力水平。如果双边服务贸易的两个国家都是欧盟成员，会增加服务进出口 1.75%～2.01%。这表明，随着欧盟在政策上更深层次的融合，包括统一服务市场管制政策，会形成与服务市场管制对服务贸易的抑制效应相反的结果，进而促进双边服务贸易。

【资料来源：蒙英华，黄建忠. 服务业内、外导向型管制政策与服务贸易自由化[J]. 服务贸易评论，2009（1）.】

# 【重 要 概 念】

服务贸易自由化；竞争优势；服务贸易竞争力；贸易竞争力指数；显性比较优势指数

# 【思 考 题】

1. 试比较发达国家和发展中国家服务贸易政策取向的异同，并说明形成原因。
2. 阐述服务贸易竞争力的内涵。
3. 以服务贸易为对象，说明比较优势、竞争优势和竞争力三者之间的转化关系。

# 【课后阅读材料】

[1] 王粤. 服务贸易——自由化与竞争力[M]. 北京：中国人民大学出版社，2002.

[2] 黄建忠，袁姗. 两岸服务贸易自由化评估及福建对台服务合作——基于两岸加入WTO与ECFA中服务贸易开放承诺的比较[J]. 亚太经济，2011（4）.

[3] 盛斌. 中国加入WTO服务贸易自由化的评估与分析[J]. 世界经济，2002（8）.

[4] 郭根龙. 金融服务贸易自由化下的金融管制研究[J]. 上海经济研究，2006（3）.

[5] 唐保庆，陈志和，杨继军. 服务贸易进口是否带来国外R&D溢出效应[J]. 数量经济技术经济研究，2011（5）.

[6] 夏杰长，姚战琪，齐飞. 中国服务贸易竞争力的理论与实证研究[J]. 中国社会科学院研究生院学报，2014（3）.

[7] 屠新泉，莫慧萍. 服务贸易自由化的新选项：TISA谈判的现状及其与中国的关系[J]. 国际贸易，2014（4）.

[8] 王迎新. 法国服务贸易自由化与监管及其启示[J]. 国际贸易，2016（2）.

[9] 陶明，邓竞魁. 新兴市场服务贸易比较研究——以"金砖四国"为研究对象[J]. 国际贸易问题，2010（3）.

[10] 吴贤彬，陈进，华迎. 基于SRCA和Lafay指数的"金砖五国"服务贸易结构竞争力分析[J]. 宏观经济研究，2012（2）.

# 【即 测 即 练】

# 第 5 章

# 服务贸易政策工具

**学习目标**

1. 了解服务贸易壁垒、货物贸易壁垒和国内服务业管制的异同。
2. 熟悉不同标准下的服务贸易壁垒分类。
3. 掌握度量服务贸易壁垒的几种工具。
4. 了解衡量服务贸易壁垒影响的主要方法。

## 5.1 服务贸易政策工具的识别

随着服务贸易占国际贸易的比重逐渐提高，服务贸易政策也成为各国对外贸易政策的重要组成部分。严格来看，服务贸易政策是指一国对服务交易活动在宏观方面作出的原则性规定。它明确了政府在一定时期进行服务贸易管理的工作方针和目标，并通过相关法律程序加以贯彻实施。在不同发展阶段，各国对外服务贸易政策往往具有较大差异，其伴随经济发展水平和战略的变化以及服务贸易的发展目标而相应调整。

一般而言，服务贸易政策有自由贸易政策和保护贸易政策之分。服务贸易自由化更多地体现于贸易促进措施与法规，服务贸易保护则主要依靠政府各种贸易和行政管理措施付诸实施。由于服务贸易与国民经济发展联系密切，如与其相关的就业政策、外汇政策、国际收支政策、幼稚产业保护政策、国内产业政策、国家安全政策和环保政策等，无论是发达国家还是发展中国家，在追求服务贸易自由化的同时，都或多或少采取了针对服务贸易的限制措施，因此保护贸易政策成为服务贸易政策的主流。

### 5.1.1 服务贸易政策工具和货物贸易政策工具

由于服务贸易项目繁多、部门多样、形式各异，与其对应的管理政策和法规层出不穷，加之实施管理的各国经济发展水平和具体情况千差万别，所以多数情形下人们预计服务贸易在保护政策的制定和实施方面复杂性与难度都远远大于货物贸易。

#### 1. 管理对象不同

货物贸易保护只针对产品本身，与产品提供者无关。只要不违背非歧视原则（最惠国待遇原则和国民待遇原则），进口国政府可能对进口产品采取关税和非关税限制。其中，只要外国产品达到进口国标准，产品提供者就保有管理生产过程的权利，即便当某种产品不符合进口标准时，进口国政府也只能将产品拒于本国关境之外，而无法干预产品生产。但对于国际服务贸易，很多时候需要将服务提供者与消费者联系起来，有时消费者需要进入提供者所在地（如旅游、医疗服务等）；有时提供者需要进入消费者所在地（如财政、电信服务）。由于服务提供者与消费者这种距离上的"亲密关系"，服务的生产与消费几乎同时进行，而调整服务贸易政策往往既要考虑服务提供者又要考虑服务消费者。

**2. 管理形式不同**

在货物贸易领域，政府通常利用征收关税实施贸易保护。关税政策是有关货物贸易保护最古老、最传统的政策工具，也是多边货物协定约束的重要内容之一。但是，关税形式的贸易保护，尤其是从价税对服务贸易几乎无能为力。相当一部分服务贸易在生产并消费后才能确认价值和数量，贸易额难以反映于海关统计，我们所能观测的仅是服务提供者或消费者的移动，而非服务产品本身。因此，服务贸易政策工具主要以进口国法规和行政管理的形式存在，这也显示了服务贸易政策工具非关税化的趋势。

**3. 管理位置不同**

货物贸易政策的具体措施往往设置在关境上，针对最终产品的出入施加管制，而服务贸易政策工具拥有超边界性。服务的生产与消费几乎同时进行，一般不存在服务贸易的边界限制。由于难以观察服务产品的过境，海关只能干预服务提供者进出关境的行为，无法影响服务产品的进出口。在这种情况下，政府能够直接影响的领域极其有限，如涉及服务进口的外汇买卖、对人（自然人、法人及其他经济组织）的资格或活动方面的限制。

**4. 透明度不同**

现实中大量的服务贸易政策工具都隐含在进口国国内繁杂的政策法规中，缺乏应有的透明度，令外国服务企业及其产品无所适从。尽管 GATS 规定，成员的保护贸易政策要依据透明度原则及时向其他成员公布，但服务贸易政策工具以国内政策为主，多数由国内不同部门掌握制定，庞杂繁复、不够统一。所以，不少歧视性待遇并不见诸公开发布的政策法规，而体现于具体政策实施过程，这使得外国服务企业更难把握和适应。

总之，服务贸易政策工具与货物贸易政策工具相比更具灵活性、隐蔽性，保护力度更强，更难监督、管理和规避，这决定了服务贸易自由化与货物贸易自由化相比具有更大的艰巨性和复杂性。

## 5.1.2　服务贸易壁垒与国内服务业管制

作为国内产业政策的一种，国内服务业管制在服务贸易保护中具有客观合理性，透明、公开、有效的国内服务业管制对服务贸易自由化具有积极作用，主要表现在以下两个方面。

一方面，针对服务业的天然垄断性和竞争不完全性，提高服务业市场的竞争程度。具体而言，国内服务业管制能够保证服务业市场的新进入者获得提供服务的关键设施的公平使用权，由于服务交易更注重提供者与消费者双方的互动，如果对外国服务提供者使用本国分销网络和基础设施采取一定程度的限制，将有效降低它们的竞争力，降低顾客的满意度。即便不通过增加服务提供者数量引入竞争，国内服务业管制也可以迫使具有垄断地位的服务提供者的行为更具有竞争性。

另一方面，通过缓解或纠正信息不对称和外溢性造成的市场不完全，提高服务业市场的效率。例如，国内服务业管制对服务提供者进行资格评估与审核，间接控制服务质量，有利于减少因信息不对称问题可能使服务消费者蒙受的损失。

服务贸易壁垒是一国政府对外国服务提供者提供和销售服务所设置的有障碍作用的政策措施，其直接或间接使外国服务提供者增加提供和销售成本。服务贸易壁垒的目标有时与国内服务业管制互相交叉，甚至服务贸易壁垒只是国内服务业管制的副产品，所以在服务贸易壁垒与国内服务业管制之间很难划出明确界线。其实，并非所有对服务产品进口起抑制作用的管制措施都属于服务贸易壁垒，许多措施是基于合法合理的目的，如保护健康、避免欺诈和其他不诚实行为等。如果这些措施是以非歧视性方式出现的，就不应被视为服务贸易壁垒，即使其可能使外国服务产品价格增加而减少服务产品出口。例如，由于在外国注册的保险公司的财务难以审计，为了保护保险服务消费者的利益，政府规定对这类保险公司的财务状况进行定期审计，同时要求这类保险公司必须在当地银行具有一定数额的存款。这时，政府对外国和本国服务提供者采取不同的管制措施，目的不是造成歧视性待遇，而是达到国内经济发展目标。

综上，服务贸易壁垒与国内服务业管制密不可分，这样不可避免地使服务贸易壁垒难以辨别，服务贸易壁垒和国内服务业管制之间存在许多"灰色区域"，服务贸易自由化目标的实现远比货物贸易更加复杂和困难。服务贸易自由化并不排斥国内服务业管制，而是对国内服务业管制提出了更高的标准和要求，缺乏透明、公开、有效的国内服务业管制反而可能构成服务贸易壁垒，阻碍国际服务贸易发展。

## 5.2 服务贸易政策工具的分类

20 世纪下半叶，发达国家和发展中国家均对服务产品的进出口作出了种类繁多的限制，在此出现的非关税壁垒虽表现形式各不相同，但都可以达到阻碍外国服务产品和要素进入本国市场的目的。总体来看，服务贸易壁垒的分类标准大致有三：壁垒的限制对象、壁垒的实施方式和 WTO《服务贸易总协定》的具体承诺。

### 5.2.1 按照壁垒的限制对象对服务贸易壁垒分类

按照壁垒的限制对象可将服务贸易壁垒划分为四类：产品移动壁垒、资本移动壁垒、人员移动壁垒和开业权壁垒。这是目前应用较为普遍和流行的分类标准，它把服务贸易提供方式与影响服务产品提供和消费结合了起来。

**1. 产品移动壁垒**

产品移动壁垒表现为限制服务产品移动的各种措施，通常包括数量限制、补贴、政府采购、歧视性的技术标准以及知识产权保护等。

（1）数量限制。采用数量配额、垄断或专营方式，或要求测定经济需求的方式，限制外国服务提供者的数量，限制服务交易的数量或限制雇用外国自然人的数量，限制外商股权参与的比例等。数量限制是目前最有效和直接的服务贸易壁垒。

（2）补贴。国内服务业较常见的非关税措施之一，即国家通过直接拨款或税收优惠等手段，针对本国特定服务业实施补贴，达到提升国际竞争力和出口促进的目的。不论是发达国家还是发展中国家，补贴都被广泛应用在运输、通信、医疗和教育等服务业部门。

（3）政府采购。规定只向本国厂商购买公共领域的服务，或政府以亏本出售方式进行市场垄断，从而直接或间接地排斥外国竞争者。这在数据处理、保险、工程建筑和运输服务业上表现尤为明显。

（4）歧视性的技术标准。通过要求外国服务提供者经过某一认证机构批准的方式设置贸易壁垒。特别是发达国家，往往利用较高的技术标准和语言、文化差异实施国内服务业保护。过高或歧视性的国内环境标准，也可以大大降低诸如运输、旅游等服务业部门的外国服务提供者跨境提供服务的可能性，这往往是发展中国家发展对外服务贸易遭遇的最大技术壁垒。

（5）知识产权保护。服务贸易领域出现的大量知识产权保护问题，如计算机软件保护等已引起世界范围内的极大关注。缺乏有效的知识产权保护措施，直接损害了他国服务提供者的利益，也在一定程度上阻碍了国际服务贸易的发展。

**2. 资本移动壁垒**

资本移动壁垒主要表现为外汇管制、浮动汇率和投资收益汇出的限制等。外汇管制是指政府对外汇在本国境内的持有、流通和兑换，以及外汇的出入境采取各种限制措施。浮动汇率会对除外汇交易以外的几乎所有外向型经济领域造成影响，不利的汇率将严重削弱服务竞争优势，它不仅会增加厂商经营成本，而且会削弱消费者的购买力。对投资者投资收益汇回母国的限制，如限制外国服务提供者将利润、版税、管理费汇回母国，或限制外国资本抽调回国，或限制汇回利润的额度，等等，也在相当程度上限制了国际服务贸易的发展。

**3. 人员移动壁垒**

人员移动壁垒包括移民限制和烦琐的出入境手续，其中移民限制仅指外国服务提供者进入本国服务业市场遇到的限制措施。人员是服务贸易最重要的生产要素，国际服务贸易的顺利进行一般离不开人员的跨界移动，尤其对于商业存在、境外消费和自然人移动来说，服务提供者或消费者的跨界移动更是实现交易不可或缺的条件。各种形式的人员移动壁垒对国际服务贸易造成严重影响，直接或间接割裂了服务产品的跨境生产和消费过程。例如，对人员移动的任何阻碍都可能影响到外国服务提供者聘用工作人员；消费者本国的护照申请管理和外国签证管制均有可能耗费大量物力财力，导致境外消费的需求减弱。

**4. 开业权壁垒**

针对跨国投资形式的服务提供，即商业存在的服务贸易壁垒被称为开业权壁垒。这些投资限制既可归于服务贸易壁垒，也可视为投资壁垒。联合国贸易与发展会议（1996）把对外直接投资壁垒划分为三大类。

（1）市场准入限制。例如，禁止或限制外国企业投资特定部门、审批核准要求、对外国服务提供者采取特定法律形式、最低资本要求、续资要求、地域范围限制和征收准入税。

（2）所有权和控制措施。例如，强制与国内投资者合资、限制董事会中外国人数、政府指派董事、特定决策须由政府批准、限制外国股东权力、强制特定时期内作出权利当地转让。

（3）经营限制。例如，效益要求、当地成分要求、劳动力与资本及原材料进口限制、经营许可、特许权使用费上限、资本和利润汇回限制等。澳大利亚曾禁止外国银行设立分支机构，加拿大规定外国银行在加拿大开业银行中不得超过一定比例。

## 5.2.2　按照壁垒的实施方式对服务贸易壁垒分类

赫克曼和布雷加（1997）曾根据贸易限制措施的实施方式对服务贸易壁垒进行了分类。

### 1. 配额、当地成分及禁止措施

例如，对服务业企业的数量限制，对发出的签证数目实施配额，在数据产品服务（电视频道、收音频道、电影院等）的引入上采取数量限制，在特定服务业部门（运输、电信服务业等）禁止外国服务提供者进入。

### 2. 价格措施

例如，签证费、进入或存续税、歧视性着陆费和港口税等。这些税收可能是包含服务的商品或用于生产服务的商品遇到的最大壁垒。特定服务业部门的定价须经政府批准或受其监控，有些则须接受政府补贴。

### 3. 资格标准、许可和政府采购

对于某些专业服务，政府通过专家资格认证、技术鉴定等手段控制外国服务提供者的服务供给，如会计、法律等。另外，政府也可能偏好于购买本国服务产品而对外国服务提供者形成歧视。

### 4. 当地网络

相当数量的发展中国家政府歧视外国服务提供者进入本国电信、航空运输、广告、保险服务业的营销网络。

## 5.2.3　按照 WTO《服务贸易总协定》的具体承诺对服务贸易壁垒分类

按照 WTO《服务贸易总协定》的具体承诺可以将服务贸易壁垒归纳为两大类：影响市场准入的措施和影响国民待遇的措施。

影响市场准入的措施是指各成员利用数量配额等手段，对进入本国服务业市场采取管制的限制措施。影响国民待遇的措施是指通过制定和实施相对歧视外国服务与服务提供者的差别待遇，创造有利于国内服务产品和服务提供者环境的措施。后者的作用路径或者是通过增加外国服务提供者进入市场的成本，或者是直接和间接为国内提供者作出支持，加强国内服务产品和服务提供者的竞争优势，相对削弱外国服务和服务提供者的竞争优势，达到保护和发展本国服务业及对外服务贸易的目的。例如，拒绝外国航空公司使用本国航班订票系统或收取昂贵的使用费。

政府通过灵活运用如上限制措施，或者对服务贸易的发生进行直接干预，或者增加外国服务提供者进入的固定成本和经营过程中的可变成本，保护国内服务业市场、提升本国服务贸易竞争力和最终实现社会经济发展的综合目标。

# 5.3　服务贸易壁垒的度量

度量服务贸易壁垒的目的是明确一国及其特定服务部门贸易限制的水平或程度。不像货物贸易壁垒那样具有关税、配额等定量工具，服务贸易壁垒一般表现为国内服务业管制的政策法规，度量服务贸易壁垒需要将有关的定性信息转化为可比较的定量信息，这种度量方法称为直接度量法。另外，根据壁垒造成的结果间接推断服务贸易壁垒的程度，称为间接度量法。其中，结果可以是价格成本差，也可以是消费者价格，或者是服务贸易量。一般而言，限制越大，服务企业的价格成本差越大，消费者价格也越高，服务贸易量越小，可据此度量服务贸易壁垒的水平。

直接度量法和间接度量法各有利弊：前者对象明确、简便可行，并将定性信息转化为定量数值，同时直接度量法也有主观判断之嫌，且只能选择那些现实中可明确的贸易限制；后者能够从数量上确定壁垒的影响，但须事先约定基准或参照值，高于基准的部分被认定为贸易壁垒所致，超过部分越高，壁垒程度越强。但是，确定基准非常困难，需要剔除影响价格的诸多因素，如市场结构、消费者需求和商业周期等。

## 5.3.1　服务贸易壁垒的度量指标

对于服务贸易壁垒的度量指标，有学者主张将货物贸易壁垒的度量指标适用于服务贸易，也有学者认为应根据服务贸易壁垒的特点创建独立的服务贸易壁垒度量方法。

**1. 借鉴货物贸易壁垒的度量指标**

借鉴货物贸易壁垒的度量指标有名义保护率、有效保护率和生产者补贴等值。

（1）名义保护率（nominal rate of protection，NRP）。名义保护率是衡量贸易保护程度最普遍使用的指标。世界银行将名义保护率定义为，由于保护引起的国内市场价格超过国际市场价格的部分与国际市场价格的比值：

$$\text{NRP} = \frac{\text{国内市场价格} - \text{国际市场价格}}{\text{国际市场价格}} \times 100\%$$

名义保护率在服务贸易领域的适用性有较大的局限，因为服务贸易壁垒主要表现为限制性的政策法规，只能对物化部分的服务贸易采取传统的关税和过境监管方式。

（2）有效保护率（effective rate of protection，ERP）。所谓"有效保护"最初由澳大利亚经济学家科登和加拿大经济学家约翰逊提出。一国的关税政策是否有效，不仅要看其最终产品受到保护的程度，还要看受保护产业的中间产品进口是否也受到了保护，从而使得该产业的实际保护为正。

$$\text{ERP} = \frac{\text{最终产品名义保护率} - \text{中间产品价格／最终产品价格} \times \text{中间品名义保护率}}{1 - \text{中间品价格／最终产品价格}} \times 100\%$$

计算服务贸易的有效保护率，需要获取有关服务业的投入产出系数等数据信息，但其往往难以获得，这限制了有效保护率作为服务贸易保护政策数量分析工具的作用。

（3）生产者补贴等值（producer subsidy equivalent，PSE）。生产者补贴等值或生产者补贴等值系数最早被 OECD 用于对其成员农业政策和农产品贸易的分析。随着这一指标在许多成员的运用中被改进提高，尤其在乌拉圭回合中被决策者们广泛接受之后，该指标日益受到重视，并被不断完善。生产者补贴等值是测算关税和非关税壁垒，以及其他政策变量保护程度的指标。以关税壁垒为例，生产者补贴等值的关税影响体现在关税产品（$P_t-P_f$）和生产数量（$Q_s^t$）两个方面。

$$PSE = \frac{(P_t - P_f)Q_s^t}{P_t Q_s^t} = \frac{P_t - P_f}{P_t}$$

其中，$P_t$ 为征收关税后的国内市场价格；$P_f$ 为国际市场价格；$Q_s^t$ 为生产数量。由此可知，生产者补贴等值实际衡量的是政策给予生产者的价值转移或政策对生产者收益的影响。

**2. 服务贸易壁垒度量的工具方法**

服务贸易壁垒度量的工具方法有频度工具法、数量工具法和价格工具法。

（1）频度工具法。频度工具法是以所观察到的特定国家、部门或某类贸易的非关税壁垒为基础，计算各类壁垒发生的频率，以及壁垒在部门、贸易或生产中的覆盖率，以此衡量贸易限制的程度。

① 赫克曼指数。最先构造服务贸易壁垒频度指数的是赫克曼（1995）。他对 GATS 划分的 155 个服务部门、四种提供方式分别赋予不同的分值。如果某一服务部门的某种提供方式没有限制（自由进入），则赋予权数 1，部分限制的赋予权数 0.5，没有承诺（不准进入）的赋予权数 0。赫克曼把这些分值称为"开放/限制因子"。由此，每个成员共有 155×4=620 个开放/限制因子。根据这些因子，赫克曼计算得到三种部门覆盖率指数，或称为赫克曼指数：第一种指数，一国在 GATS 中所作承诺数除以最大可能值 620；第二种指数，也称平均覆盖率，经开放/限制因子加权的部门/模式占最大可能值的比重；第三种指数，没有承诺的部门在成员全部承诺中或 155 个部门中所占的比重。赫克曼认为，覆盖率越接近于 1，意味着政府越倾向于服务贸易领域的自由贸易。

覆盖率本身或稍作变换（1−赫克曼指数）在一定程度上可以度量贸易限制的规模。例如，一国在 620 个部门/模式中有 10%作了承诺，即该国的赫克曼指数为 0.1，则其限制性分值为 1−0.1=0.9，表示 90%的部门/模式是封闭的。赫克曼（1995）频度指数的经验数据显示，高收入国家在 GATS 中所作承诺远远高于低收入国家，发达国家平均为 47%，而发展中国家平均为 16%。

为了方便部门间比较以及在经济模型中进行分析，通常把覆盖率转化为关税等值。关税等值是以面向外国服务提供者的从价关税形式等效表现的服务贸易的非关税壁垒。非关税壁垒在功能和政策目标方面与关税壁垒大致相同，都为限制外国厂商进入本国市场或削弱本国市场中已有外国厂商的竞争能力，正是这些相同之处为服务贸易非关税壁垒向关税壁垒的转换提供了计算基础。覆盖率转化为关税等值，是以保护程度最高国家的可能关税等值的估计值为基准，乘以（1−赫克曼指数）得到目标国家的关税等值。例如，世界上保护程度最高的国家采取的贸易限制措施相当于征收 50%的关税，那么这个限制性分值为 0.9 的国家关税等值为 45%（0.9×50%）。

　　② 贸易限制指数。澳大利亚生产力委员会研究小组从以下两个方面对赫克曼指数进行了改进：一是所用数据资料来源大为扩展，不仅限于 GATS 承诺表，还从国内服务业管制相关政策法规、政府和行业协会报告，以及 APEC（亚太经合组织）、OECD、WTO 等国际组织和美国贸易代表办公室等获取贸易壁垒的有关信息；二是以对有关限制的经济影响主观判断为基础的更具体的加权/评分系统，且分别针对外国服务提供者的限制（外国指数）和针对所有服务提供者的限制（国内指数）计算分值。表 5-1 所示为澳大利亚生产力委员会研究小组服务贸易壁垒频度工具法的构造。

表 5-1　澳大利亚生产力委员会研究小组服务贸易壁垒频度工具法的构造

| 人物（年份） | 部门 | 主要数据来源 | 计算方法 |
|---|---|---|---|
| Warren (2001) | 电信 | 国际电信联盟(ITU) | 多步骤加权/评分方法： (1) 把各种部门限制（如 McGuire 和 Schuele 把影响银行商业存在的限制分为许可、直接投资、合资安排、人员永久居留权和其他）或部门（如 Kemp 把教育分为五个次部门）分为几类，根据其对部门经济影响的主观判断分配权数； (2) 根据限制的不同程度给每类限制记分（如 McGuire 和 Schuele 对"许可"限制，不颁发新的银行许可记为 1，根据谨慎性要求最多只发 3 张记为 0.75，最多只发 6 张记为 0.5，最多只发 10 张记为 0.25，不限制记为 0），并按四种服务提供方式和/或两类限制（市场准入和国民待遇）加以区分； (3) 根据上述分值和权数计算国家/部门贸易限制指数，有时还采用不同评分系统进行敏感性分析，如 Kemp（2001） |
| McGuire 和 Schuele (2001) | 银行 | GATS 承诺表；WTO 贸易政策评述；APEC 单边行动计划 | |
| McGuire 等 (2000) | 海运 | NGMTS(1994)；GATS 承诺表；WTO 贸易政策评述 | |
| Kemp (2001) | 教育 | GATS 承诺表 | |
| Kalirajan (2000) | 分销 | GATS 承诺表；WTO 贸易政策评述；OECD 贸易报告数据库 | |
| Nguyen-Hong (2000) | 专业服务（法律、会计、建筑设计和建筑工程） | OECD 影响专业服务贸易的措施目录；WTO 关于会计服务限制的问卷调查；APEC 专业服务指南；ILSAC 法律服务简介 | |

　　据此，澳大利亚生产力委员会研究小组构建出新的频度工具法——贸易限制指数。贸易限制指数衡量对外国和本国服务提供者进行限制的数量与严厉程度，取值一般在 0～1，数值越高，限制越强。该指数可以分为非歧视性限制（对本国和外国服务提供者的限制是一样的）和歧视性限制（仅对外国服务提供者进行限制）。以银行业为例，要求外国投资者采取与当地合作的合资形式、对外国银行经营许可和募集资金方式上的限制均为歧视性限制措施，而非歧视性限制措施有对银行许可证数量或分支机构数量的限制、对银行基金筹款和放款的地点与方式的限制，以及对银行能否经营其他业务（如保险或证券）的限制。对于法律服务，歧视性限制措施为对外国从业者国籍或公民身份的要求，以及开业是否需要配额和需求测试，而非歧视性限制措施有对机构创建形式（如法人机构是否被批准）的限制、对许可证的发放和委托授权要求的限制、对广告和费用规定的限制、对其他部门的业务（如会计服务）能否在律师事务所之外实施的限制。

　　贸易限制指数应针对本国和外国服务提供者分别计算。国内指数衡量对本国服务提供者的限制，一般只包括非歧视性限制（多数服务部门限制不会歧视本国公司）。国外指数衡量阻止外国公司进入某经济体和在其中经营的所有限制，包括歧视性限制和非歧视性限制。国外指数包含国内指数，因为国内指数只有关于市场准入的信息，而国外指数还考虑了国民待遇的实施。国外指数和国内指数的差异可以用来表示对外国企业的歧视程度。图 5-1 和图 5-2 所示分别为 McGuire，Schuele 和 Smith（2000）描绘的美洲国家和欧洲国家海洋运输服务部门贸易限制指数。

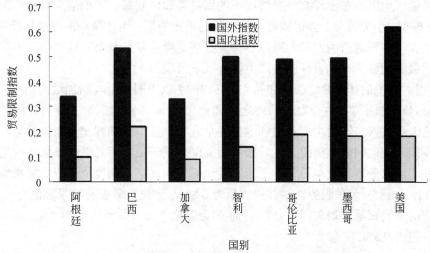

图 5-1　美洲国家海洋运输服务部门贸易限制指数

注：分值越高，限制越强，取值范围在 0～1。

资料来源：McGuire, Schuele 和 Smith(2000)。

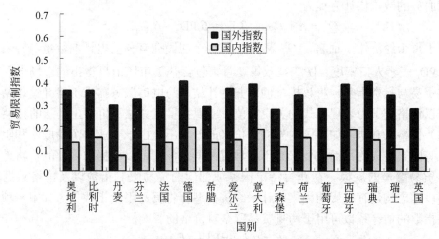

图 5-2　欧洲国家海洋运输服务部门贸易限制指数

注：分值越高，限制越强，取值范围在 0～1，其中包括内河运输。

资料来源：McGuire, Schuele 和 Smith(2000)。

在发达国家中，美国的贸易限制指数一枝独秀。例如，《1920 年美国海运法》（琼斯法案）要求：在美国国内港口之间的货物水运，都应由美国人拥有的、经营的、建造的船只运载，这些船只的船员也应该是美国人。美国保留对美国船只运输路线和仅运载美国货物的外国船只运输路线施加报复性措施的权利。虽然某些欧洲国家（如卢森堡）为陆地所包围，只能对内河运输设限，但与美国相比，欧洲国家对海洋运输服务的限制普遍偏低。

（2）数量工具法。构造数量工具的基本思想是，比较没有壁垒情况下的贸易额与现实情况下的贸易额，衡量服务贸易壁垒对贸易量的影响。尽管能够观察到现实情况下的实际贸易额，但困难在于没有壁垒情况下的贸易额如何测算。人们通常会利用贸易模型（如 H-O 模型、引力模型）尝试接近自由贸易的理想情形，用计量经济方法估计残差（实际贸易额和模型预测值的差额）或以各种虚拟变量度量壁垒规模。这类研究多集中于商品领域，服务领域具有代表性的方法主要有以下两项。

① 引力模型估计。弗朗西斯和赫克曼（1999）以中国香港与新加坡为基准，运用引力模型估计了美国与其主要贸易伙伴之间商业/金融服务和建筑服务贸易。模型中的自变量包括人均收入、国内生产总值和虚拟变量。实际进口额和预测进口值的差额表示贸易壁垒规模。他们的研究结果显示，服务贸易壁垒低于货物贸易壁垒，如印度尼西亚、中东和北非的服务贸易关税等值低于货物关税的平均水平。印度尼西亚的货物贸易平均关税为 13%，商务/金融服务贸易关税等值为 6.8%，建筑服务贸易关税等值为 9.6%。中东和北非的货物贸易平均关税为 20%，商务/金融服务贸易关税等值为 4%，建筑服务贸易关税等值为 9.5%。

② 线性回归估计。华伦（2001）通过计量经济模型对 136 个经济体的电信服务贸易（固定服务和移动服务）估计了贸易与投资壁垒的数量影响。模型中的自变量包括人均收入、网络质量、等待列表、家庭密度、人口密度和贸易与投资壁垒。华伦使用的有关电信服务的数量估计方程为

$$Q_i^m = \alpha + \beta_1 Y_i + \beta_2 Y_i^2 + \beta_3 \text{PD}_i + \beta_4 [P_i^m] + \varepsilon_i$$

对于每个经济体 $i$ 而言，$Q_i^m$ 表示每 100 个居民拥有移动电话的数量，$Y_i$ 表示人均 GDP，$\text{PD}_i$ 表示人口密度，$[P_i^m]$ 是政策变量，包含基于市场信息得出的市场准入程度和相关的贸易与投资指数。将该模型的回归估计结果与电信服务需求价格弹性相结合，可以获得以价格楔子为表现形式的关税等值，实现数量工具法和价格工具法的转换。

（3）价格工具法。如果国内外服务价格的差异不是由于企业的沉没成本和阻碍新企业进入等因素造成的，而主要来源于各项贸易壁垒，则可以根据国内外的价格差异来衡量服务贸易壁垒的规模。在获得特定国家或部门的贸易限制指数以及价格数据的条件下，可以考虑构建有关影响因素的计量经济模型，将贸易限制指数作为其中一项解释变量，该指数的估计系数可用于衡量贸易壁垒对价格的影响。

$$P = \alpha + \beta \text{BRI} + \gamma E + \varepsilon$$

其中，$P$ 为某国/地区某项服务的价格；BRI 为该服务的贸易限制指数；$E$ 为影响价格的政策环境变量，包括市场结构、政府管制、消费者偏好、汇率等。以航空服务为例，对于服务价格，需要对距离和其他特定路线变量作回归分析。假定估计的航空服务价格不受贸易限制措施的影响，那么估计系数 $\beta$ 衡量限制程度为 1 时飞机票价的提高幅度（相对于限制程度为 0 时的飞机票价）。

　　弗朗西斯和赫克曼（1999）提出以营业毛利润率，即总销售收入扣除总成本后的差额占总收入的比重，衡量服务贸易壁垒的价格工具方法，也称财务指标。营业毛利润率显示了不同行业的相对获利性，从而刻画了可能存在的进入壁垒的相对规模。虽然企业的利润水平取决于很多经济与制度因素，如市场规模、竞争政策、产品替代性、固定成本等，但由于使用不同国家、不同部门的相对利润水平，这些数据也能够对估计单个国家或部门现有壁垒的相对规模提供启示。赫克曼（2000）利用 1994—1996 年上市公司财务数据，按照国别和部门核算相应的营业毛利润，并将其与自由贸易基准国家的平均利润率进行比较。研究发现，从服务部门看，服务业总体利润水平高于制造业 10%～15%，在服务业内部，旅游和金融服务部门的利润水平高于批发零售业；从国家/地区角度看，贸易自由化程度较高的中国香港和新加坡的服务利润水平最低，大约为 20%，而智利、印尼、泰国、中国和美国的相应数据都超过了 40%。结果表明，不同国家/地区既定服务部门的相对利润水平与贸易壁垒规模存在一定的正相关关系。

　　为了使结论更加可靠，澳大利亚生产力委员会研究小组计算了多个发达国家和发展中国家的服务贸易壁垒价格指标，被考察的行业包括航空运输、食品批发与零售、银行、海运、工程服务、电信、工业供电等。考虑到价格效应和数量效应可能与各种潜在贸易限制有关，他们通过计量经济分析区分了"行业或整体经济影响"和"贸易限制措施"分别对价格与成本的作用，更加准确地反映出贸易壁垒对利润的影响。

### 5.3.2　频度工具法、数量工具法和价格工具法的比较

　　赫克曼指数仅关注服务贸易壁垒的相对限制程度，无从考察从价关税等值的绝对水平。其局限性在于，由于假定成员就服务部门对 GATS 没有作出正向承诺就意味着限制，可能具有误导性或存在偏见。此外，赫克曼指数给予所有服务部门的限制以同等权数，并未考虑不同服务部门在不同成员国民经济中的地位和影响。澳大利亚生产力委员会创建的贸易限制指数较赫克曼指数与现实的拟合度更高。一方面，其使用的数据信息是对服务贸易壁垒的实际估计，而非单纯来自各国关于 GATS 的承诺；另一方面，其评分体系（权数的分配）更为复杂，而赫克曼指数的分值体系较为简单，只有 0、0.5 和 1 三个取值。总之，频度工具法有利于确定壁垒类型和对特定部门保护的相对程度。但是，频度工具法包含的有关服务贸易壁垒规模的判断及其保留或取消产生的经济影响的内容十分有限，同时应用频度工具法时进行主观判断的成分较高。

　　价格工具法和数量工具法的估计主要有两种途径：使用贸易壁垒频度指标直接估计，或从残差估计营业毛利润对某些自由贸易基准的偏离间接推得。因此，就准确性和可靠性而言，价格/数量工具法不如频度工具法。因为以频度指标作为计量经济模型中的解释变量，所得估计值的准确性和可靠性不会比频度工具法本身更强。但间接方法也存在严重缺陷：第一，用残差间接推得服务贸易壁垒规模，对计量经济模型设定的准确性应十分敏感；第二，即便模型设定十分准确，把所有对竞争性均衡的偏离都归因于贸易壁垒也未必可取，很多导致价格偏离竞争水平的壁垒并非政府设立。所以，间接方法有夸大壁垒规模的内在倾向。当然，频度工具法也可能高估或低估壁垒实际规模，尤其当加权/评分体系不适当的时候。除此之外，价格/数量工具法是一个问题的两个方面，因为

特定服务产品的价格和需求数量在市场上是同时确定的。价格工具法是对服务贸易壁垒关税等值的直接测量，数量工具法则是间接计算——先确定数量指标，再利用该市场对服务产品的价格需求弹性求出价格差，最终得到壁垒的关税等值。其中，数量工具法需要经过估算价格需求弹性这一额外步骤，其结果的偏差可能大于价格工具法。

综合上述三种方法，从信息含量、解释范围、数据资料的要求以及指标的准确性和可靠性来看，它们都存在这样或那样的不足。例如，与频度工具法相比，价格工具法和数量工具法的信息含量更加丰富，对服务贸易壁垒规模的考察更为深入，不仅能够反映显性壁垒，而且可以反映频度工具法通常无法捕捉到的隐性壁垒。但是，这两种工具法对数据资料的要求也更高，而且不同服务部门之间的可比性较差，限制了其使用范围。弗朗西斯和赫克曼（1999）提出的营业毛利润率是一个重要例外，适用于跨部门和跨国的比较。价格工具法和数量工具法并不适用于所有经济体。例如，财务指标可用于已达到一定开放水平的市场经济国家，特别是在没有新的国内竞争者而只有国外竞争者进入市场时，毛利润率的下降幅度可以较好体现壁垒削减的真实程度。在具有浓重计划经济色彩或政府干预很强的国家，价格信号严重失真，很难通过毛利润率或价格指标衡量开放前后贸易壁垒的规模。此外，在发展中国家，某些行业在开放之初完全处于空白，价格工具法和数量工具法也就变得毫无意义了。从贸易谈判的角度看，频度工具法能够为衡量谈判目标国的服务贸易壁垒水平和自由化进程提供充足信息，且在准确性、可靠性方面更好，所以更适合作为贸易谈判的参考。

## 5.4　服务贸易壁垒的影响

### 5.4.1　衡量服务贸易壁垒影响的两种方法

度量服务贸易壁垒的影响，一般通过模拟标准国际贸易理论的局部均衡或可计算一般均衡模型进行。

#### 1. 局部均衡分析法

拉钦德拉姆（2003）就全球 86 个发展中国家 1985—1999 年的数据对基础电信服务部门进行了局部均衡分析，他的研究重点是：①所有权、竞争和规制方面的政策变化；②政策改革和其他互补性改革措施的搭配；③改革次序对三者的经济影响。主要结论是：①私有化和竞争的引入显著提高了劳动生产率以及电信主线的密度；②私有化和竞争政策的相互作用有助于达到最优效果；③在私有化之前引入竞争政策会趋于最优。

尽管局部均衡分析法的数据要求较低、与特定服务部门结合度较高，以及研究目标具体和明确，但考虑到各服务部门在资本、劳动力等方面的相互关联，加之单个服务部门贸易自由化的影响对其他服务部门的溢出效应，所以考察服务贸易自由化的实际效应有必要引入一般均衡分析法。

#### 2. 可计算一般均衡分析法

目前，度量服务贸易壁垒的影响时应用最为广泛的是可计算一般均衡分析法，但其对象集中在货物贸易而非服务贸易和外国直接投资。这主要是因为服务贸易的跨境交易、外国直接投资和服务贸易壁垒的数据较难获得，相关界定还不十分清晰。利用可计算一般均衡分析法度量服务贸易壁垒的影响有两种途径：一是在模型中明确不同服务提供方式，二是明确服务部门中的外国直接投资。两种途径通常采用全球生产与贸易密歇根模型（Michigan Model of World Production and Trade）和澳大利亚外国直接投资与贸易分析模型（Foreign-Investment and Trade Analysis Project）。表 5-2 所示为有关服务贸易壁垒影响的一般均衡分析。

**表 5-2　有关服务贸易壁垒影响的一般均衡分析**

| 贸易途径 | 服务部门数量 | 提供方式的壁垒 | 外国直接投资 | 评估服务贸易壁垒的来源 | 所用模型 |
|---|---|---|---|---|---|
| **第一类：不明确不同服务提供方式** | | | | | |
| Brown et al. (1996) | 5 | × | √ | Hoekman(1995) | 密歇根模型 |
| Hertel et al. (1999) | 5 | × | √ | Hoekman(1995)和Francois(1999) | GTAP 模型 |
| Benjamin 和 Diao (2000) | 1 | × | √ | | |
| Chadha (2000) | 8 | × | √ | Hoekman(1995) | 密歇根模型的变体 |
| Robinson et al. (1999) | 6 | × | √ | Hoekman(1995) | Berkley 模型 |
| **第二类：明确服务部门中的 FDI** | | | | | |
| Mckibbbin 和 Wilcoxen (1996) | 1 | √（间接） | √ | | G 立方模型 |
| Petri (1997) | 1 | √ | √ | Hoekman (1995) | GTAP 模型 |
| Brown 和 Stern (2001) | 1 | √ | √ | Hoekman 和 Francois (1999) | 新密歇根模型 |
| Dee 和 Hanslow (2000) | 1 | × | √ | Kalirajan et al. (2000) 和 Warren (2000b) | FTAP 模型 |
| Verikios 和 Zhang (2000) | 6 | √ | √ | Kalirajan et al. (2000) 和 Warren (2000b) | FTAP 模型 |

　　密歇根模型最早于 20 世纪 70 年代中期由迪尔道夫和斯特恩（1986）基于完全竞争与产品差异化假定对 34 个国家、29 个部门进行一般均衡分析发展而成。之后，在布朗和斯特恩（1989）对美国与加拿大的针对性研究的基础上，一般均衡分析进一步引入垄断竞争、规模报酬递增，以及企业而非出口国的产品差异化等假定。密歇根模型原本用于测算多边或区域货物贸易自由化的部门效应，近年来被扩展至服务贸易领域（布朗、迪尔道夫和斯特恩，1995；布朗和斯特恩，2001；迪尔道夫和斯特恩，2003）。

　　另外，澳大利亚 FTAP（贸易分析）模型（迪和汉斯陆，2000）是有关服务贸易领域中商业存在提供方式，即外国直接投资的全球贸易分析模型（GTAP）[①]。FTAP 模型由澳大利亚生产力委员会研制和完善起来，是一个覆盖 19 个地区（亚洲、南北美洲和欧洲）、3 个产业（农业与食品业、制造业和服务业）的可计算一般均衡模型，其在 GTAP 模型的基础上添加了为支持服务贸易自由化分析而必需的要素。

对比来看，密歇根模型使用标准 GTAP 数据库（4.0 版本），假定服务贸易壁垒一次性完成削减，其比较静态分析不考虑壁垒削减对经济增长的动态影响，而主要考察服务贸易四种提供方式中的跨境交付和境外消费，将自然人移动和以外国直接投资为表现形式的商业存在排除在外。相反，FTAP 模型结合考虑资本积累和国际资本流动，反映削减服务贸易壁垒的动态影响。由于以商业存在作为主要考察对象，FTAP 模型对 GTAP 数据库进行了补充和修正，以获得有关对外直接投资和产出水平的数据，即现有的两大数据来源：GTAP 数据库（4.0 版本）和澳大利亚生产力委员会计算的 FDI 存量及企业相关活动。

总之，一般均衡分析法的优越性在于：第一，可以用于整体测算全球服务贸易壁垒，通过分析服务部门与其他经济部门的投入产出关系，评估贸易政策调整对经济的影响。第二，可以为进一步的贸易谈判提供参考咨询。例如，迪和汉斯陆研究发现，局部贸易自由化不能实现帕累托最优，应同步消除各种服务贸易壁垒，使得收益最大化。这种方法的局限性体现在：第一，各国对服务贸易不同部门的统计尚未形成统一标准，四种提供方式数据难以获得。不仅现有统计对服务部门的分类与 GATS 的分类存在差异，而且统计对象主要为跨境交付，其他提供方式的服务贸易数据都不健全。第二，度量服务贸易壁垒多半采用赫克曼（1995）的计算方法，忽视了赫克曼指数的固有缺陷。第三，不能把四种提供方式的服务贸易统统纳入模型，将服务贸易壁垒引入模型时，很大程度上受到数据限制。

### 5.4.2　利用 FTAP 模型衡量削减服务贸易壁垒的影响

FTAP 模型把服务贸易壁垒分为开业壁垒和经营壁垒，这与商业存在和其他提供方式的区分很相似。正如 GATS 在市场准入限制和国民待遇限制方面的规定，FTAP 模型中的准入限制既适用于当地公司，也适用于外国公司，而国民待遇限制意味着对外国公司的歧视。

FTAP 模型的服务贸易壁垒用等价税表示，其中开业壁垒用资本税表示，经营壁垒用生产税和出口税表示。外国公司的生产税和资本税比本国公司更高，因为其显示了市场准入限制和国民待遇限制的双重影响。

迪和汉斯陆（2000）利用 FTAP 模型，从价格效应和收入效应的角度考察了服务贸

---

[①]　GTAP 模型由美国普渡大学农业经济系的世界贸易分析中心主持研发，其数据库收纳了全球 87 个国家\地区 57 个行业部门的宏观经济数据，包括地区间的双边贸易、行业保护和交通数据，以及单个国家\地区的投入产出数据，是一个全球性的跨国家\地区、跨部门的综合数据库。

易壁垒的经济影响。服务贸易壁垒的价格效应表现为租金收益（超额利润）和成本增加。他们认为，服务贸易壁垒的保护作用主要表现为租金收益，而贸易自由化的好处则由"三角形"的配置效率体现，因为三角形收益小于矩形收益，所以该模型倾向于低估服务贸易自由化得益。对于收入效应，迪和汉斯陆（2000）预期贸易自由化的部分效益将来自开放市场准入，而非放开对国民待遇的限制。表 5-3 所示为服务贸易自由化对实际收入的影响。

表 5-3　服务贸易自由化对实际收入[a]的影响

10 亿美元

| 项 目 | 取消市场准入限制 | 取消国民待遇限制 | 两者[b] |
|---|---|---|---|
| 取消开业壁垒 | 56.8 | 3.7 | 64.2 |
| 取消经营壁垒 | 25.6 | 12.9 | 39.3 |
| 两者[b] | 98.8 | 19.3 | 133.4 |

注：a：10 年自由化进程和相关的资源调整对实际收入带来的预计收益；
　　b：不同类型部分自由化之间的相互作用，"两者"一栏的数字不可累加。

结果表明，FTAP 模型预期贸易自由化的大部分收益来自对歧视性限制的取消。在服务业，如果国民待遇限制被取消而重要的市场准入壁垒仍然存在，经济体会将垄断收益拱手让给外国，却无法得到降低国内消费价格削减支出的好处。另外，当只涉及某种限制被取消时，难以寻求一种途径保证一些经济体从部分贸易自由化中获益，而不损害其他任何经济体的利益。这说明，实现贸易自由化的最好策略可能就是通过谈判同时削减所有贸易限制。

## 【重 要 概 念】

产品移动壁垒；开业权壁垒；名义保护率；有效保护率；赫克曼指数；FTAP 模型

## 【思 考 题】

1. 简述服务贸易壁垒与货物贸易壁垒、国内服务业管制之间的区别和联系。
2. 简述服务贸易壁垒中产品移动壁垒的具体内容。
3. 度量服务贸易壁垒规模的频度工具法包括哪些主要方法？试比较其与数量工具法和价格工具法的优劣。
4. 运用 FTAP 模型阐述削减服务贸易壁垒的经济影响。

## 【课后阅读材料】

[1] 赵瑾. 国际服务贸易政策研究[M]. 北京：中国社会科学出版社，2015.
[2] 俞灵燕. 服务贸易壁垒及其影响的量度：国外研究的一个综述[J]. 世界经济，2005（4）.

[3] 王小梅. 服务贸易壁垒的经济学分析[J]. 世界经济研究，2005（6）.

[4] Mukherjee, N. "Multilateral Negotiations and Trade Barriers in Service Trade: A Case Study of U.S. Shipping Services", *Journal of World Trade,* 1992, 2(5)：45-58.

[5] Nguyen-Hong, Duc. "Restrictions on Trade in Professional Services", Productivity Commission Staff Research Paper, AusInfo, Canberra, 2000.

## 【即 测 即 练】

# 第三部分

## 当代国际服务贸易的发展

# 第 **6** 章

# 国际服务贸易的发展

**学习目标**

1. 熟悉美、欧、日等发达经济体的服务贸易发展情况。
2. 了解发展中经济体的服务贸易发展情况。

20 世纪 70 年代以前,服务贸易在世界经济中还不是一个引人注目的领域。随着经济全球化的深入和全球产业结构的调整,世界服务贸易实现了跨越式发展。1970 年,各国服务出口只有 710 亿美元,在这之后的 10 年间服务出口与货物出口均保持快速增长且大体持平。进入 20 世纪 80 年代,服务贸易依然保持较快的增长势头,年均增长率 5%,开始超过货物贸易,是其同期增长率的两倍。到了 20 世纪 90 年代,服务贸易年均增速呈波动下降趋势,回到与货物贸易基本持平的状态。1993 年,世界服务贸易额达到 10 300 亿美元,占国际贸易总额的 1/4。1994 年《服务贸易总协定》的签署标志着各国进一步开放服务业市场和服务贸易自由化,使得进入 21 世纪以来全球服务出口实现稳定增长,增幅逐渐回升,2004 年首次突破 2 万亿美元。1970—2016 年,国际服务贸易出口从 710 亿美元提升到 48 080 亿美元,46 年间增长约 68 倍,年均增长速度超过了同期货物贸易,成为各国获取外汇收入、改善国际收支的重要手段,很大程度上决定了一国对外贸易发展和国际竞争力。

## 6.1 发达国家(地区)服务贸易发展

在发达国家(地区),特别是主要发达国家(地区),服务业创造的 GDP 为其总量的 70%~80%,能够提供约 80% 的就业岗位。目前,发达国家在世界服务贸易中占据绝对重要的地位。2017 年世界贸易组织公布的国际服务贸易排行榜显示了服务出口和进口前 40 位的国家与地区(表 6-1)。

2016 年,服务出口前 40 位国家和地区的总出口额占世界服务总出口额的 89.3%,服务进口前 40 位国家和地区的总进口额占世界服务总进口额的 88.5%。发达国家在世界服务贸易发展中处于支配地位。

表 6-1　2016 年世界服务出口和进口前 40 位国家（地区）

| 位次 | 出口国（地区） | 金额/10 亿美元 | 比重/% | 增长/% | 位次 | 进口国（地区） | 金额/10 亿美元 | 比重/% | 增长/% |
|---|---|---|---|---|---|---|---|---|---|
| 1 | 美国 | 733 | 15.2 | 0 | 1 | 美国 | 482 | 10.3 | 3 |
| 2 | 英国 | 324 | 6.7 | −5 | 2 | 中国内地 | 450 | 9.6 | 4 |
| 3 | 德国 | 268 | 5.6 | 3 | 3 | 德国 | 311 | 6.6 | 4 |
| 4 | 法国 | 236 | 4.9 | −2 | 4 | 法国 | 236 | 5.0 | 2 |
| 5 | 中国内地 | 207 | 4.3 | −4 | 5 | 英国 | 195 | 4.1 | −6 |
| 6 | 荷兰 | 177 | 3.7 | 1 | 6 | 爱尔兰 | 192 | 4.1 | 15 |
| 7 | 日本 | 169 | 3.5 | 7 | 7 | 日本 | 183 | 3.9 | 3 |
| 8 | 印度 | 161 | 3.4 | 4 | 8 | 荷兰 | 169 | 3.6 | 1 |
| 9 | 新加坡 | 149 | 3.1 | 1 | 9 | 新加坡 | 155 | 3.3 | 1 |
| 10 | 爱尔兰 | 146 | 3.0 | 9 | 10 | 印度 | 133 | 2.8 | 8 |
| 11 | 西班牙 | 127 | 2.6 | 7 | 11 | 韩国 | 109 | 2.3 | −2 |
| 12 | 瑞士 | 112 | 2.3 | 1 | 12 | 比利时 | 107 | 2.3 | 2 |
| 13 | 比利时 | 109 | 2.3 | −2 | 13 | 意大利 | 102 | 2.2 | 4 |
| 14 | 意大利 | 101 | 2.1 | 3 | 14 | 加拿大 | 96 | 2.1 | −2 |
| 15 | 中国香港 | 98 | 2.0 | −6 | 15 | 瑞士 | 95 | 2.0 | 1 |
| 16 | 卢森堡 | 94 | 2.0 | −1 | 16 | 阿联酋 | 82 | 1.7 | 3 |
| 17 | 韩国 | 92 | 1.9 | −5 | 17 | 中国香港 | 74 | 1.6 | 0 |
| 18 | 加拿大 | 80 | 1.7 | 1 | 18 | 俄罗斯 | 73 | 1.6 | −16 |
| 19 | 瑞典 | 71 | 1.5 | −1 | 19 | 卢森堡 | 72 | 1.5 | −2 |
| 20 | 泰国 | 66 | 1.4 | 8 | 20 | 西班牙 | 71 | 1.5 | 9 |
| 21 | 阿联酋 | 63 | 1.3 | 8 | 21 | 巴西 | 61 | 1.3 | −11 |
| 22 | 奥地利 | 59 | 1.2 | 3 | 22 | 瑞典 | 61 | 1.3 | −1 |
| 23 | 丹麦 | 58 | 1.2 | −8 | 23 | 澳大利亚 | 55 | 1.2 | −2 |
| 24 | 澳大利亚 | 53 | 1.1 | 9 | 24 | 丹麦 | 55 | 1.2 | −2 |
| 25 | 俄罗斯 | 50 | 1.0 | −2 | 25 | 中国台湾 | 52 | 1.1 | 2 |
| 26 | 波兰 | 49 | 1.0 | 9 | 26 | 沙特阿拉伯 | 51 | 1.1 | −8 |
| 27 | 中国台湾 | 41 | 0.9 | 1 | 27 | 奥地利 | 49 | 1.0 | 4 |
| 28 | 以色列 | 39 | 0.8 | 10 | 28 | 挪威 | 47 | 1.0 | −1 |
| 29 | 土耳其 | 37 | 0.8 | −20 | 29 | 泰国 | 42 | 0.9 | −1 |
| 30 | 挪威 | 36 | 0.8 | −11 | 30 | 马来西亚 | 39 | 0.8 | −2 |
| 31 | 马来西亚 | 34 | 0.7 | −2 | 31 | 波兰 | 34 | 0.7 | 3 |
| 32 | 巴西 | 33 | 0.7 | −1 | 32 | 印度尼西亚 | 31 | 0.7 | −1 |
| 33 | 中国澳门 | 32 | 0.7 | −3 | 33 | 卡塔尔 | 30 | 0.6 | 5 |
| 34 | 菲律宾 | 31 | 0.7 | 8 | 34 | 墨西哥 | 29 | 0.6 | 0 |
| 35 | 葡萄牙 | 29 | 0.6 | 4 | 35 | 芬兰 | 28 | 0.6 | 1 |
| 36 | 希腊 | 28 | 0.6 | −10 | 36 | 科威特 | 25 | 0.5 | 15 |
| 37 | 芬兰 | 25 | 0.5 | −2 | 37 | 菲律宾 | 24 | 0.5 | 2 |

续表

| 位次 | 出口国<br>（地区） | 金额<br>/10 亿美元 | 比重<br>/% | 增长<br>/% | 位次 | 进口国<br>（地区） | 金额<br>/10 亿美元 | 比重<br>/% | 增长<br>/% |
|---|---|---|---|---|---|---|---|---|---|
| 38 | 墨西哥 | 24 | 0.5 | 5 | 38 | 以色列 | 23 | 0.5 | 6 |
| 39 | 捷克 | 24 | 0.5 | 5 | 39 | 土耳其 | 20 | 0.4 | −2 |
| 40 | 印度尼西亚 | 23 | 0.5 | 9 | 40 | 捷克 | 20 | 0.4 | 1 |
| | 合计 | 4 288 | 89.3 | — | | 合计 | 4 163 | 88.5 | — |
| | 世界 | 4 808 | 100.0 | 0 | | 世界 | 4 694 | 100.0 | 1 |

资料来源：World Trade Statistical Review 2017.

## 6.1.1　美国

### 1. 美国服务贸易发展现状

依靠科技进步推动产业结构升级以及积极的政策干预，美国成为世界头号服务贸易强国。近年来，美国的服务业尤其是现代服务业发展迅速，服务贸易涵盖运输、旅游、通信、建筑、保险、金融、计算机及信息服务、其他商业服务和个人文化及娱乐服务等。美国服务业较高的发展水平强有力地推动了对外服务贸易的快速增长。

20 世纪 90 年代以来，美国对外服务贸易持续增长。2016 年服务贸易总额达 12 145.2 亿美元。其中，服务出口的规模急剧扩大，服务贸易顺差不断增加，1997 年达 884 亿美元。随后服务贸易顺差出现下滑，2004 年又有所好转，2008 年达到 1 330.0 亿美元，部分抵消了美国当年的货物贸易逆差，对平衡国际收支起到了重要作用，2016 年，美国服务贸易顺差已达到 2 505.6 亿美元，如表 6-2 所示。

表 6-2　2003—2016 年美国服务贸易进出口情况

| 年份 | 进出口总额<br>/亿美元 | 出口 | | 进口 | | 顺差<br>/亿美元 |
|---|---|---|---|---|---|---|
| | | 数额/亿美元 | 增长率/% | 数额/亿美元 | 增长率/% | |
| 2003 | 5 089.8 | 2 887.9 | 3.0 | 2 201.9 | 5.5 | 686.0 |
| 2004 | 5 888.5 | 3 334.4 | 15.5 | 2 554.2 | 16.0 | 780.2 |
| 2005 | 6 340.0 | 3 570.0 | 7.1 | 2 770.0 | 8.5 | 800.0 |
| 2006 | 7 108.0 | 3 970.0 | 11.2 | 3 138.0 | 13.3 | 832.0 |
| 2007 | 8 108.0 | 4 665.0 | 17.5 | 3 443.0 | 9.7 | 1 222.0 |
| 2008 | 8 934.0 | 5 132.0 | 10.0 | 3 802.0 | 10.4 | 1 330.0 |
| 2009 | 8 467.0 | 4 914.0 | −4.2 | 3 553.0 | −6.5 | 1 361.0 |
| 2010 | 9 203.0 | 5 429.0 | 10.5 | 3 774.0 | 6.2 | 1 655.0 |
| 2011 | 10 079.0 | 6 034.0 | 11.1 | 4 045.0 | 7.2 | 1 989.0 |
| 2012 | 10 531.0 | 6 306.0 | 4.5 | 4 225.0 | 4.4 | 2 081.0 |
| 2013 | 10 997.0 | 6 629.0 | 5.1 | 4 368.0 | 3.4 | 2 261.0 |
| 2014 | 11 393.0 | 6 876.0 | 3.7 | 4 517.0 | 3.4 | 2 359.0 |
| 2015 | 11 977.3 | 7 305.9 | 6.3 | 4 671.4 | 3.4 | 2 634.5 |
| 2016 | 12 145.2 | 7 325.5 | 0.3 | 4 819.6 | 3.2 | 2 505.9 |

资料来源：世界贸易组织历年《国际贸易统计》。

　　美国对外服务贸易的整体优势带来了巨大顺差。但是，不同服务业部门发挥的作用却有所差异。美国分部门服务进出口如表 6-3 所示。

表6-3　2016年美国分部门服务进出口

| 分部门 | 出口 | | | 进口 | | |
|---|---|---|---|---|---|---|
| | 金额/亿美元 | 比重/% | | 金额/亿美元 | 比重/% | |
| | 2016 年 | 2008 年 | 2016 年 | 2016 年 | 2008 年 | 2016 年 |
| 运输 | 846.3 | 17.5 | 11.6 | 971.8 | 28.7 | 20.4 |
| 旅游 | 2 068.4 | 26.0 | 28.2 | 1 215.3 | 23.4 | 25.5 |
| 通信 | 129.7 | 1.8 | 1.8 | 55.6 | 2.1 | 1.2 |
| 建筑 | 20.5 | 1.5 | 0.2 | 25.6 | 0.5 | 0.5 |
| 保险 | 177.4 | 2.1 | 2.5 | 483.9 | 11.8 | 10.1 |
| 金融 | 967.5 | 11.6 | 13.5 | 252.3 | 5.2 | 5.3 |
| 计算机及信息 | 372.6 | 2.4 | 5.2 | 375.3 | 4.4 | 7.9 |
| 专利权使用费 | 1 222.3 | 17.7 | 17.3 | 427.4 | 7.3 | 8.9 |
| 其他商业服务 | 1 360.4 | 16.8 | 19.4 | 960.8 | 16.1 | 20.2 |
| 个人文化及娱乐 | 25.1 | 2.6 | 0.3 | — | 0.5 | — |
| 总计 | 7 190.2 | 100.0 | 100.0 | 4 768.0 | 100.0 | 100.0 |

资料来源：世界贸易组织历年《国际贸易统计》。

　　2016 年，美国运输服务出口 846.3 亿美元，进口 971.8 亿美元，逆差达到 125.5 亿美元，这是美国服务贸易三大部门中唯一存在逆差的部门。在旅游服务贸易方面，实现顺差 661 亿美元，有力改善了美国国际收支。2008—2016 年，美国旅游收入增长迅速，从 1 349.1 亿美元增加到 2 068.4 亿美元。对于其他服务贸易，美国的竞争优势更加明显。特别在金融服务、专利权使用费和其他商业服务中，美国服务贸易顺差达 1 909.7 亿美元。这些服务业部门属于知识、技术和资本密集型行业，而美国恰恰在这些方面领先于世界。

　　**2. 美国对外服务贸易伙伴**

　　美国服务出口与进口主要国家和地区如图 6-1 与图 6-2 所示。

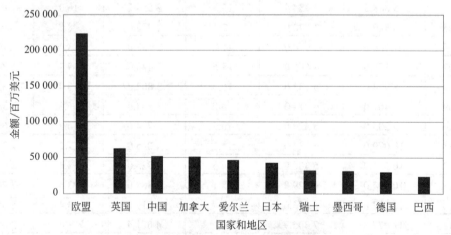

图 6-1　美国服务出口主要国家和地区

资料来源：UN Comtrade Database。

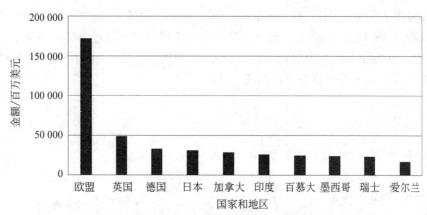

图 6-2　美国服务进口主要国家和地区

资料来源：UN Comtrade Database。

从图 6-1 和图 6-2 可以看出，美国对欧盟的双边服务贸易远远超过其他国家和地区，二者互为服务进出口的主要市场。美国服务出口的其他主要市场为英国、加拿大、爱尔兰等，它们也同样是美国除欧洲以外的主要服务进口市场。中国位于美国服务出口目的地的第 3 位，中国台湾位于第 18 位，中国香港位于第 20 位。进口方面，中国位于美国服务来源地的第 12 位，中国香港位于第 16 位，中国台湾位于第 17 位。

**3. 美国服务贸易发展特点**

美国服务贸易发展有以下几个特点。

1）对外服务贸易发展平稳

2016 年，世界服务贸易总额增长 1.5%。其中，服务出口 48 080 亿美元，同比增长 1.1%；服务进口 46 940 亿美元，同比增长 1.8%。同时，美国继续稳居全球服务贸易第一大国，其服务贸易总额、服务出口总额、服务进口总额及服务贸易顺差保持世界第一。2016 年，美国服务贸易总额比 2015 年增长 1.4%，其中出口增长 0.3%，进口增长 3.2%。

2）服务贸易向多元化发展

不难发现，美国的对外服务贸易伙伴逐渐趋向多元化。美国最大的服务贸易伙伴是欧盟，对日本的服务进出口也占有相当大的比例。近年来，美国不断加强对发展中国家的服务出口，如墨西哥、巴西、阿根廷、中国、韩国、马来西亚、新加坡、泰国等。

3）服务贸易内部结构合理

美国的众多服务业部门居于世界领先地位，如旅游、运输、金融、教育、通信、计算机及信息服务等，这些部门为美国创造了巨额的服务贸易顺差。旅游、运输及其他商业服务是美国的主要创汇部门，其他服务贸易部门发展平衡，结构较为合理。

## 6.1.2　欧盟

**1. 欧盟服务贸易发展现状**

欧盟不仅是全球最大的货物贸易集团，也是世界上最大的服务贸易集团。据统计，服务业是欧盟最重要的经济部门。2016 年，欧盟的服务业增加值占 GDP 总量的 79%。

同年，欧盟服务贸易总额为 35 908.4 亿欧元，其中，服务贸易出口额为 19 035.3 亿欧元，进口额为 16 873.1 亿欧元，是全球第一大服务进口和出口经济体。如图 6-3 所示，近 10 年来，欧盟服务贸易出口增速远高于 GDP 增速，且除 2010 年及 2011 年外，服务贸易出口增速也高于货物贸易出口增速。

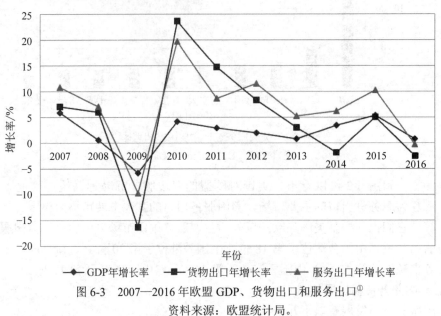

图 6-3　2007—2016 年欧盟 GDP、货物出口和服务出口[①]

资料来源：欧盟统计局。

### 2. 欧盟部门服务贸易发展

欧盟跨境服务贸易统计主要包括运输、旅游、通信、建筑、保险、金融、计算机及信息服务、专利权使用费、其他商业服务、个人和文化娱乐服务十大行业。其中，其他商业服务可分为三个分部门：营销和其他与贸易有关的服务、营业租赁服务、杂项商业和专业技术服务。

2016 年，欧盟部门服务贸易中，运输、技术类及贸易相关服务、旅游在欧盟服务贸易中占比最高，占总出口额比例分别为 17%、14.5% 和 13%，占总进口额比例分别为 17%、14.6% 和 14%，分别实现顺差 275 亿欧元、185 亿欧元和 131 亿欧元。对欧盟服务贸易顺差贡献最大的是通信、计算机和信息服务业，金融和保险服务业，分别实现顺差 657 亿欧元和 689 亿欧元。欧盟服务贸易逆差主要来源于知识产权使用和研发服务，逆差额分别达到 494 亿欧元和 374 亿欧元。

从欧盟对外服务贸易分部门盈利情况看，欧盟具有传统优势的服务部门是保险、金融、建筑、交通、旅游和杂项商业服务、专业技术服务等，而在专利使用费方面，欧盟长期保持贸易逆差。此外，虽然交通服务是欧盟服务贸易的强项之一，但在其项下的其他运输服务优势正在逐步丧失，海运服务的盈利能力增长，空运服务保持稳定。作为传统优势部门，欧盟金融、保险服务在 2010—2016 年稳定增长，为欧盟对外服务贸易盈余

---

① 图 6-3 中欧盟货物出口及服务出口数据为欧盟对区域外地区的出口。

作出较大贡献。值得注意的是，欧盟新兴服务部门——计算机及信息服务成长迅速，短短几年已经成为欧盟对外服务贸易盈余的主要来源之一。

### 3. 欧盟对外服务贸易伙伴

2016 年，欧盟服务贸易总额为 35 908.4 亿欧元，而 56.6% 的服务贸易为成员间服务贸易（图 6-4）。区域内服务贸易（一成员向另一成员出口）总额为 20 341.1 亿欧元，同比增长 2.4%，其中，出口额为 10 586.4 亿欧元，进口额为 9 754.7 亿欧元，实现顺差 831.7 亿欧元；区域外服务贸易（成员向非成员出口）总额为 15 567.3 亿欧元，同比增长 0.3%，其中，出口额为 8 448.9 亿欧元，进口额为 7 118.4 亿欧元，实现顺差 1 330.5 亿欧元。

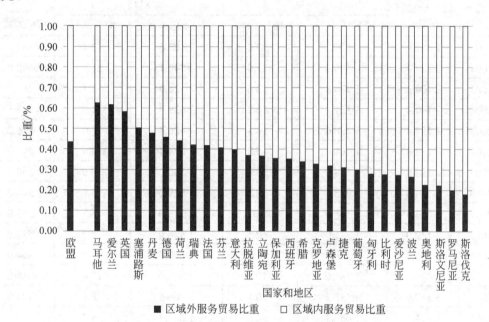

图 6-4　2016 年欧盟区域内外服务贸易比重

资料来源：欧盟统计局。

欧盟区域内前五大服务出口市场依次为德国、英国、法国、荷兰和意大利。2016 年，欧盟对上述市场的服务出口额分别为 1 943.2 亿欧元、1 732.6 亿欧元、1 075.8 亿欧元、896.4 亿欧元和 633.4 亿欧元，合计占欧盟服务出口总额的 33.0%。区域内前五大服务进口市场依次为德国、英国、法国、荷兰和西班牙。2016 年，欧盟自上述市场的服务进口额分别为 1 472.4 亿欧元、1 434.8 亿欧元、946.0 亿欧元、898.1 亿欧元和 673.9 亿欧元，合计占欧盟服务进口总额的 32.2%。

欧盟区域外前五大服务出口市场依次为美国、瑞士、中国、日本和挪威。2016 年，欧盟对上述市场的服务出口额分别为 2 179.8 亿欧元、1 150.3 亿欧元、383.3 亿欧元、310.4 亿欧元和 279.5 亿欧元，合计占欧盟服务出口总额的 22.6%。区域外前五大服务进口市场依次为美国、瑞士、中国、新加坡和日本。2016 年，欧盟自上述市场的服务进口额分别为 2 192.6 亿欧元、940.9 亿欧元、295.5 亿欧元、220.1 亿欧元和 180.5 亿欧元，合计占欧盟服务进口总额的 22.7%。

### 6.1.3　日本

#### 1. 日本服务贸易发展现状

第二次世界大战以后，日本制造业得到空前发展，货物贸易竞争力大幅提升，一度成为全球最大的货物贸易顺差国。但是，日本服务贸易发展却呈现出另外一种局面，服务贸易竞争力低下。2003—2016 年日本服务进出口如表 6-4 所示。

表 6-4　2003—2016 年日本服务进出口

| 年份 | 进出口总额 /亿美元 | 出口 | | 进口 | | 逆差 /亿美元 |
| --- | --- | --- | --- | --- | --- | --- |
| | | 数额/亿美元 | 增长率/% | 数额/亿美元 | 增长率/% | |
| 2003 | 1 861.9 | 759.3 | 17.0 | 1 102.6 | 3.4 | 343.3 |
| 2004 | 2 289.4 | 949.3 | 25.0 | 1 340.1 | 21.5 | 390.8 |
| 2005 | 2 404.8 | 1 078.8 | 13.6 | 1 326.0 | −1.1 | 247.2 |
| 2006 | 2 490.4 | 1 151.4 | 6.7 | 1 339.0 | 1.0 | 187.6 |
| 2007 | 2 757.4 | 1 270.6 | 10.4 | 1 486.8 | 11.0 | 216.2 |
| 2008 | 3 138.8 | 1 464.4 | 15.3 | 1 674.4 | 12.6 | 210.0 |
| 2009 | 2 724.0 | 1 184.0 | −19.1 | 1 540.0 | −8.0 | 356.0 |
| 2010 | 2 914.0 | 1 285.0 | 8.5 | 1 629.0 | 5.8 | 344.0 |
| 2011 | 3 083.0 | 1 345.0 | 4.7 | 1 738.0 | 6.7 | 393.0 |
| 2012 | 3 139.0 | 1 311.0 | −2.5 | 1 828.0 | 5.2 | 517.0 |
| 2013 | 3 016.0 | 1 326.0 | 1.1 | 1 690.0 | −7.5 | 364.0 |
| 2014 | 3 480.0 | 1 581.0 | 19.2 | 1 899.0 | 12.4 | 318.0 |
| 2015 | 3 349.9 | 1 583.3 | 0.1 | 1 766.5 | −6.9 | 183.2 |
| 2016 | 3 514.2 | 1 687.3 | 6.6 | 1 826.9 | 3.4 | 139.6 |

资料来源：世界贸易组织历年《国际贸易统计》。

与其货物贸易的国际地位相比，日本服务贸易相对落后，不过服务业整体竞争能力仍然很强，发展速度较快。尽管日本对外服务贸易持续逆差，但服务出口增长迅速，逆差有缩小的态势，同时不同部门服务进出口情况差异也较大。2016 年，日本服务贸易分部门情况如表 6-5 所示。

表 6-5　2016 年日本服务贸易分部门情况

| 分部门 | 出口 | | | 进口 | | |
| --- | --- | --- | --- | --- | --- | --- |
| | 金额/亿美元 | 比重/% | | 金额/亿美元 | 比重/% | |
| | 2016 年 | 2008 年 | 2016 年 | 2016 年 | 2008 年 | 2016 年 |
| 运输 | 316.5 | 32.0 | 18.8 | 379.8 | 32.2 | 21.7 |
| 旅游 | 307.5 | 7.4 | 18.2 | 185.6 | 16.7 | 10.6 |
| 通信 | 12.8 | 0.4 | 0.8 | 19.4 | 0.6 | 1.1 |
| 建筑 | 93.8 | 9.4 | 5.6 | 74.4 | 6.8 | 4.2 |

续表

| 分部门 | 出口 | | | 进口 | | |
|---|---|---|---|---|---|---|
| | 金额/亿美元 | 比重/% | | 金额/亿美元 | 比重/% | |
| | 2016 年 | 2008 年 | 2016 年 | 2016 年 | 2008 年 | 2016 年 |
| 保险 | 17.0 | 0.6 | 1.0 | 56.4 | 3.1 | 3.2 |
| 金融 | 116.5 | 3.7 | 6.9 | 62.0 | 2.4 | 3.5 |
| 计算机及信息 | 37.9 | 0.6 | 2.2 | 140.7 | 2.4 | 8.1 |
| 专利权使用费 | 390.1 | 17.6 | 23.1 | 196.7 | 10.9 | 11.3 |
| 其他商业服务 | 386.7 | 28.2 | 22.9 | 623.9 | 24.2 | 35.6 |
| 个人文化及娱乐 | 8.1 | 0.1 | 0.5 | 13.9 | 0.7 | 0.7 |
| 总计 | 1 686.9 | 100.0 | 100.0 | 1 752.8 | 100.0 | 100.0 |

资料来源：世界贸易组织历年《国际贸易统计》。

2016 年，虽然日本的传统服务部门为逆差，即运输服务贸易逆差 63 亿美元，但旅游服务贸易顺差 121 亿美元，同时在一些现代服务贸易部门上表现为顺差，特别是专利权使用费表现出较强的竞争能力。

**2. 日本服务贸易发展特点**

近年来，日本对外服务贸易发展状态标志着其已步入增长轨道，总结起来呈现出以下几个新特点。

1）经济复苏及服务业日趋完善有利于服务贸易发展

进入 21 世纪，日本经济的回暖为日本服务贸易发展创造了有利条件。近年来，日本服务业保持稳定增长，占 GDP 总量的比重接近 70%，这为对外服务贸易的进一步增长打下了基础。

2）出口增速快于进口，贸易逆差逐渐缩小

自 2000 年以来，日本服务贸易逆差不断缩小，且于 2006 年降至历史最低的 187.6 亿美元，2006—2012 年又有所增加，2012 年后又呈缩小态势。2003—2016 年，日本服务出口和进口的年均增速分别是 6.3% 和 4.0%，出口增势强于进口，贸易逆差规模总体缩减。

3）渐进式开放增强了对外服务贸易竞争力

在服务业渐进式开放模式下，日本向欧美国家学习先进经验和技术的同时，注重提升金融、保险服务的国际竞争力，努力扩大服务出口。目前，日本正加快服务业和服务贸易发展，积极调整服务贸易发展策略，攫取更大贸易利益。

# 6.2　发展中国家（地区）服务贸易发展

## 6.2.1　发展中国家（地区）服务贸易发展现状

世界贸易组织中的发展中成员大致可以分为三类：①低收入成员，根据 2014 年世界银行制定的标准，人均国民生产总值 1 045 美元及其以下的国家和地区，符合这样条件的世界贸易组织成员有 31 个；②中低收入成员，人均国民生产总值高于 1 045 美元低于 4 215 美元的国家和地区，如玻利维亚、喀麦隆、埃及、加纳、肯尼亚、摩洛哥、尼加拉瓜、尼日利亚、巴基斯坦、菲律宾、塞内加尔、斯里兰卡和赞比亚等；③中高收入成员，即人均国民收入在 4 126～12 735 美元的发展中国家和地区。目前，全球 200 多个经济体中，有 135 个属于发展中国家和地区。

总体来看，20 多年来发展中国家（地区）服务业产值和就业人数占国内生产总值和总就业的比重现在已分别达到或接近 50%，对外服务贸易也得到了迅速发展。虽然发展中国家服务贸易在规模上与发达国家相比仍然较小，且其资本、技术密集型服务业较发达国家明显落后，但纵向来看，发展中国家（地区）的服务经济在国民经济中的地位不断上升，服务出口占世界服务出口总额的比重逐渐提高。据世界贸易组织统计，2016 年服务出口前 30 位的国家和地区中，作为发展中国家的中国、印度、韩国、泰国、波兰、土耳其分别占世界服务出口额的 4.3%、3.4%、1.9%、1.4%、1.0%、0.8%；中国、印度、韩国、巴西、泰国、波兰分别占世界服务进口额的 9.6%、2.8%、2.3%、1.3%、0.9%、0.7%。

## 6.2.2　发展中国家（地区）服务贸易发展特点

### 1. 发展中国家（地区）服务贸易占世界服务贸易份额较小

2016 年，居前 10 位的服务出口国家和地区中，除了中国和印度以外仍然都是发达国家。并且，同年跃居前 30 位的主要发展中国家和地区只有中国内地、印度、中国香港、韩国、泰国、波兰、中国台湾、土耳其，其服务出口额加总只占全球服务出口总额的 15.7%。

### 2. 发展中国家（地区）现代服务业及服务贸易竞争力偏低

在服务贸易部门结构方面，发展中国家（地区）的传统服务业处于极其重要的地位。发展中国家（地区）在劳务输出、建筑承包、旅游服务等领域具有较大优势，同时其资本、技术密集型的现代服务业发展水平与发达国家（地区）相比差距较大。在金融、保险、信息和海运服务等领域，虽然发展中国家（地区）的竞争力不断加强，但短期内仍难改变发达国家（地区）的长期垄断地位。

### 3. 发展中国家（地区）的内部差异导致服务贸易发展各异

由于服务业和服务贸易伴随一国国内经济发展而发展，当今发展中国家（地区）经济社会发展水平千差万别，各自对外服务贸易状况也不尽相同。中国香港、新加坡等服务贸易较为发达，几乎连年顺差；中国、墨西哥、巴西等存在大幅逆差；乌干达、乍得、卢旺达等服务贸易规模较小且连年逆差。具体而言，在服务出口方面，部分发展中国家和地区获得了一定成功，如中国香港、新加坡的金融服务，印度的计算机及信息服务，等等。

### 4. 发展中国家（地区）较发达国家（地区）整体服务贸易逆差显著

就大多数发展中国家（地区）而言，对外服务贸易水平较低、发展缓慢。其中，服务贸易逆差的最大来源是其他商业服务、运输服务，具有一定顺差的是旅游服务，但所占比重极小。中国、墨西哥、巴西、印度这些世界主要发展中国家普遍存在大量服务贸易逆差。

### 6.2.3　发展中国家（地区）对服务贸易自由化的态度

广大发展中国家（地区）日益认识到服务业与服务贸易对其经济发展的重要作用。面对服务贸易逆差的持续扩大，发展中国家（地区）一方面正在提升本国服务业发展水平，积极促进服务出口；另一方面努力加强对国内服务业的保护，采取谨慎自由化或具有保护倾向的服务贸易政策措施。

首先，完全的服务业开放会使发展中国家（地区）的众多处于幼稚产业阶段的服务业部门，如金融、保险等直接暴露于发达国家（地区）的强大竞争优势面前，国内服务业发展容易被发达国家（地区）跨国企业主导或控制，不利于自身服务业发展水平的提高以及对外服务贸易竞争力的培育。

其次，服务贸易自由化会从多方面影响发展中国家（地区）的就业，其不但迫使一部分劳动力从进口竞争服务业部门中转移出来，而且还会对其他相关行业产生影响。例如，若对电子设备密集型的电信服务业和金融业采取开放或贸易自由化措施，国内电子相关行业的就业会受到较大影响。

再次，对于多数发展中国家（地区）而言，发达国家（地区）进入本国影视文化、个人和娱乐服务业等领域，势必对本土社会和文化造成冲击，随之而来的正反影响具有很大不确定性。另外，数据处理服务的大量进口可能加深发展中国家（地区）对发达国家的依赖，甚至影响到本国经济金融安全。

最后，发展中国家（地区）整体服务贸易连年逆差状况尚无根本改观，特别在知识、技术密集型服务方面更是处于净进口的地位。这种局面使得许多发展中国家认为，目前较为不利的国际地位加之服务贸易自由化，国际收支状况必将遭受更严重的打击。

因此，管理对外服务贸易成为发展中国家（地区）的共识。为了维护本国服务业部门的正常发展并提高其国际竞争力，多数发展中国家（地区）对国内一些敏感和关键性行业都采取不同程度的保护措施。例如，金融、保险、教育和医疗等都受到政府严格管制。总体来看，保护政策有利于保证发展中国家（地区）的长期利益且有效缓和了对外服务贸易逆差的扩大。

### 6.2.4　服务贸易发展对发展中国家（地区）的影响

在国际产业结构调整和转移的背景下，服务贸易自由化的浪潮不可阻挡，服务业开放与增长，以及服务贸易的迅速发展就像一柄双刃剑，给发展中国家（地区）带来了巨大的影响，既有机遇又充满挑战。

#### 1. 提高发展中国家（地区）的经济效率

由于外国服务提供者进入本国市场，发展中国家（地区）的企业能够有更多的机会选择质优价廉的服务，提高企业的经济效率。并且，发展中国家（地区）可以借此机会进口其经济发展急需本国却无法完全满足的生产性服务，从而有助于解决生产发展与服务业落后的矛盾。在此进程中，发展中国家（地区）倾向于发展自身具有竞争优势的服务业，优化资源的有效配置，并为发展中国家服务出口创造机会。

### 2. 促进发展中国家（地区）的技术进步

（1）服务贸易本身就是国际技术转移的重要途径。由于技术进步往往最先出现在服务领域，发展中国家（地区）可以通过引进、咨询、培训及其他技术服务获取先进技术和信息。

（2）服务业外国直接投资通常伴随技术输出和引进，同时越发激烈的国际竞争也会迫使发展中国家（地区）主动加快服务业技术进步和提高竞争力，由此带动其他部门的技术创新和增长。

### 3. 加大发展中国家（地区）的就业压力

发展中国家（地区）服务业劳动生产率较低、劳动密集度较高、劳动力素质较差，向其他产业部门转移较困难。所以，服务贸易自由化可能使本国服务业和与之相关的物质生产部门就业状况恶化，而且对发展中国家（地区）尚在襁褓中的高新技术服务产业造成损害，影响这些服务业部门的发展和就业。

### 4. 影响发展中国家（地区）的经济安全

国内服务业的市场开放将使发展中国家（地区）在一定程度上丧失部分经济自主权，而服务贸易自由化可能削弱发展中国家（地区）的经济独立性。金融、技术、计算机及信息等现代服务业的国际竞争还会抑制发展中国家（地区）相应的服务贸易发展，造成对发达国家（地区）的过度依赖。

## 【重 要 概 念】

发达国家（地区）服务贸易；发展中国家（地区）服务贸易

## 【思 考 题】

1. 试阐述 20 世纪 90 年代以来美国服务贸易迅速发展的原因。
2. 对比欧盟和日本服务贸易的发展特点。
3. 表 6-6 所示为 2014 年中国对外引进和输出版权贸易额，请据此计算并回答下列问题。

表 6-6　2014 年中国对外引进和输出版权贸易额　　　　　　　　项

| 引进版权的来源地 | 总计 | 图书 | 录音 | 录像制品 | 电子制品 | 软件出版物 | 电视 |
|---|---|---|---|---|---|---|---|
| 世界 | 16 695 | 15 542 | 208 | 451 | 120 | 46 | 328 |
| 美国 | 5 451 | 4 840 | 41 | 404 | 25 | 19 | 122 |
| 英国 | 2 842 | 2 655 | 2 | 37 | 27 | 5 | 116 |
| 德国 | 841 | 807 | 18 | 0 | 7 | 6 | 3 |
| 法国 | 779 | 754 | 0 | 0 | 6 | 6 | 13 |
| 俄罗斯 | 98 | 97 | 0 | 0 | 1 | 0 | 0 |
| 加拿大 | 165 | 160 | 0 | 0 | 1 | 1 | 3 |

续表

| 输出版权的目的地 | 总计 | 图书 | 录音 | 录像制品 | 电子制品 | 软件出版物 | 电视 |
|---|---|---|---|---|---|---|---|
| 世界 | 10 293 | 8 088 | 139 | 73 | 433 | 5 | 1 555 |
| 美国 | 1 216 | 734 | 53 | 66 | 139 | 5 | 219 |
| 英国 | 507 | 410 | 0 | 0 | 38 | 0 | 59 |
| 德国 | 408 | 304 | 0 | 0 | 46 | 0 | 58 |
| 法国 | 371 | 313 | 0 | 0 | 0 | 0 | 58 |
| 俄罗斯 | 226 | 177 | 9 | 0 | 40 | 0 | 0 |
| 加拿大 | 129 | 67 | 1 | 0 | 0 | 0 | 61 |

（1）使用 TC 指数计算并分析中国版权产业的比较优势，其中图书、录音、录像制品、电子制品、软件出版物和电视中，哪一类比较优势或者比较劣势最为明显？

（2）如何使用 RCA 指数衡量中国版权产业的国际竞争力？你还需要哪些数据？能够通过哪些渠道查找？

（3）计算中国版权产业的 MSI 指数并对结果加以讨论。

4. 总结服务贸易自由化对发展中国家（地区）的影响。

## 【课后阅读材料】

[1] 尹翔硕，申朴. 论中印两国要素积累对服务贸易比较优势的影响[J]. 复旦学报（社会科学版），2005（5）.

[2] 王拓. 中美比较视角下我国服务贸易发展策略思考[J]. 国际贸易，2016（2）.

[3] 成蓉，程惠芳. 中印贸易关系：竞争或互补——基于商品贸易与服务贸易的全视角分析[J]. 国际贸易问题，2011（6）.

## 【即 测 即 练】

# 第 7 章

# 中国服务贸易的发展

学习目标

1. 熟悉中国服务贸易的发展现状、特点和问题。
2. 掌握中国服务贸易领域的入世承诺。
3. 了解中国发展服务贸易的条件、政策和战略。

## 7.1  中国服务贸易发展现状与趋势

近 10 余年来，全球竞争的焦点从制造业向服务业转移，提升服务业发展水平和服务贸易国际竞争力成为各国共同面对的紧要问题。改革开放以来，中国国内服务业和对外服务贸易获得了前所未有的快速发展，日益成为国民经济的重要组成部分。根据商务部统计，中国服务贸易额从 1982 年的 45 亿美元增长至 2016 年的 6 575 亿美元，34 年间增加 140 多倍，占世界服务贸易总额的比重也由 0.6% 提升到 6.9%。虽然 2009 年受到全球性金融危机的影响，世界服务贸易增长放缓，但从世界贸易组织发布的数据看，中国服务进出口额占全球服务贸易总额的比重不仅没有降低，还从 4.5% 上升到 4.6%。与此同时，中国服务业开放领域得到进一步拓宽，现阶段基本覆盖了 GATS 160 多个服务部门中的 100 多个。当然，由于中国服务业发展起步晚、底子薄，国内服务业水平相对滞后于其他产业，尤其与发达国家相比还有很大差距，因此我国对外服务贸易也尚处于初级阶段，规模、质量和结构等方面存在的问题十分突出，提升服务贸易发展水平仍然有相当广阔的空间。

### 7.1.1  中国服务贸易发展现状

表 7-1 所示为中国历年服务进出口状况。从服务贸易绝对额看，中国对外服务贸易的总体规模持续扩大。1982 年中国服务进出口总额仅为 45 亿美元（占世界比重 0.6%），其中出口额 26 亿美元（占世界比重 0.7%），进口额 19 亿美元（占世界比重 0.5%），2008 年这一数字已达 3 207 亿美元，其中出口额 1 626 亿美元（占世界比重 4.4%），进口额 1 580 亿美元（占世界比重 4.6%）。2009 年服务进出口总额共 3 007 亿美元，较 2008 年有所减少，但占世界的比重提高了 0.1 个百分点，这主要是 2008 年全球金融危机的影响所致。2016 年服务进出口总额已达到 6 575 亿美元，为 2008 年的 2 倍以上，占世界比重 6.9%。

表 7-1　中国历年服务进出口状况

| 年份 | 中国出口额/亿美元 | 世界出口额/亿美元 | 中国出口占世界比重/% | 中国进口额/亿美元 | 世界进口额/亿美元 | 中国进口占世界比重/% | 中国进出口总额/亿美元 | 世界进出口总额/亿美元 | 中国进出口占世界比重/% |
|---|---|---|---|---|---|---|---|---|---|
| 1982 | 26 | 3 646 | 0.7 | 19 | 4 028 | 0.5 | 45 | 7 674 | 0.6 |
| 1983 | 28 | 3 543 | 0.8 | 18 | 3 829 | 0.5 | 46 | 7 372 | 0.6 |
| 1984 | 31 | 3 656 | 0.8 | 26 | 3 963 | 0.7 | 57 | 7 619 | 0.7 |
| 1985 | 30 | 3 816 | 0.8 | 23 | 4 011 | 0.6 | 52 | 7 827 | 0.7 |
| 1986 | 36 | 4 478 | 0.8 | 20 | 4 580 | 0.4 | 57 | 9 058 | 0.6 |
| 1987 | 39 | 5 314 | 0.7 | 23 | 5 439 | 0.4 | 62 | 10 753 | 0.6 |
| 1988 | 50 | 6 003 | 0.8 | 33 | 6 257 | 0.5 | 83 | 12 260 | 0.7 |
| 1989 | 61 | 6 566 | 0.9 | 36 | 6 855 | 0.5 | 96 | 13 421 | 0.7 |
| 1990 | 80 | 7 805 | 1.0 | 41 | 8 206 | 0.5 | 121 | 16 011 | 0.8 |
| 1991 | 94 | 8 244 | 1.1 | 39 | 8 510 | 0.5 | 134 | 16 754 | 0.8 |
| 1992 | 124 | 9 238 | 1.3 | 92 | 9 471 | 1.0 | 216 | 18 709 | 1.2 |
| 1993 | 144 | 9 413 | 1.5 | 116 | 9 596 | 1.2 | 259 | 19 009 | 1.4 |
| 1994 | 199 | 10 332 | 1.9 | 158 | 10 438 | 1.5 | 357 | 20 770 | 1.7 |
| 1995 | 237 | 11 849 | 2.0 | 246 | 12 015 | 2.0 | 484 | 23 864 | 2.0 |
| 1996 | 279 | 12 710 | 2.2 | 224 | 12 697 | 1.8 | 503 | 25 407 | 2.0 |
| 1997 | 342 | 13 203 | 2.6 | 277 | 13 056 | 2.1 | 619 | 26 259 | 2.4 |
| 1998 | 250 | 13 503 | 1.9 | 266 | 13 350 | 2.0 | 517 | 26 853 | 1.9 |
| 1999 | 293 | 14 056 | 2.1 | 310 | 13 883 | 2.2 | 603 | 27 939 | 2.2 |
| 2000 | 347 | 14 922 | 2.3 | 360 | 14 796 | 2.4 | 707 | 29 718 | 2.4 |
| 2001 | 387 | 14 945 | 2.6 | 390 | 14 941 | 2.6 | 778 | 29 886 | 2.6 |
| 2002 | 459 | 16 014 | 2.9 | 461 | 15 793 | 2.9 | 919 | 31 807 | 2.9 |
| 2003 | 510 | 18 340 | 2.8 | 549 | 18 023 | 3.0 | 1 058 | 36 363 | 2.9 |
| 2004 | 721 | 21 795 | 3.3 | 722 | 21 328 | 3.4 | 1 443 | 43 123 | 3.3 |
| 2005 | 838 | 24 147 | 3.5 | 832 | 23 613 | 3.5 | 1 672 | 47 760 | 3.5 |
| 2006 | 1 024 | 27 108 | 3.8 | 1 003 | 26 196 | 3.8 | 2 027 | 53 304 | 3.8 |
| 2007 | 1 348 | 32 572 | 4.1 | 1 293 | 30 591 | 4.2 | 2 640 | 63 163 | 4.2 |
| 2008 | 1 626 | 37 313 | 4.4 | 1 580 | 34 690 | 4.6 | 3 207 | 72 003 | 4.5 |
| 2009 | 1 426 | 33 500 | 4.3 | 1 581 | 31 450 | 5.0 | 3 007 | 64 950 | 4.6 |
| 2010 | 1 774 | 38 197 | 4.6 | 1 923 | 36 133 | 5.3 | 3 696 | 74 330 | 5.0 |
| 2011 | 2 003 | 42 583 | 4.7 | 2 468 | 40 422 | 6.1 | 4 471 | 83 005 | 5.4 |
| 2012 | 2 006 | 43 499 | 4.6 | 2 803 | 41 523 | 6.8 | 4 808 | 85 022 | 5.7 |
| 2013 | 2 058 | 46 250 | 4.4 | 3 294 | 43 400 | 7.6 | 5 352 | 89 650 | 6.0 |
| 2014 | 2 181 | 48 615 | 4.5 | 4 309 | 47 405 | 9.1 | 6 489 | 96 020 | 6.8 |
| 2015 | 2 176 | 47 550 | 4.6 | 4 330 | 46 100 | 9.4 | 6 505 | 93 650 | 6.9 |
| 2016 | 2 083 | 48 080 | 4.3 | 4 492 | 46 940 | 9.6 | 6 575 | 95 020 | 6.9 |

资料来源：《中国统计年鉴 2017》及中国服务贸易指南网。

从服务贸易绝对额的增速看，中国服务贸易发展尤其迅速。20 世纪 80 年代以来，除个别年份外，中国服务出口增速一直高于同期世界平均增速和世界服务贸易主要出口国家（地区）增速，同时中国服务出口增速变化与全球变化趋势基本一致。20 世纪 80—90 年代，中国服务贸易总额年均增速分别为 13.2%和 20.3%，服务出口增速分别为 15.1%和 15.6%。进入 21 世纪后，2001—2016 年中国服务出口年均增速为 11.9%，而同期世界平均水平仅为 8.1%，中国是世界平均水平的 1.5 倍（图 7-1 和图 7-2）。

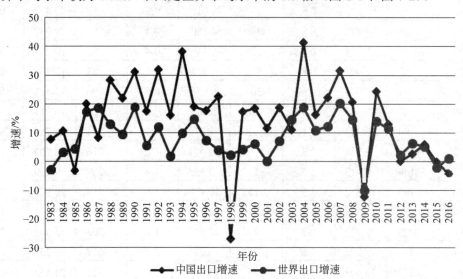

图 7-1　1983—2016 年中国服务出口增速与全球增速对比

资料来源：《中国统计年鉴 2017》及中国服务贸易指南网。

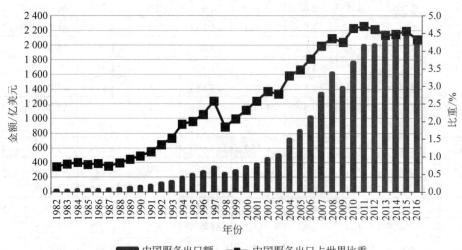

图 7-2　1982—2016 年中国服务出口状况

资料来源：《中国统计年鉴 2017》及中国服务贸易指南网。

中国服务出口世界排名由 1982 年的第 28 位上升到 2016 年的第 5 位，服务进口世界排名由第 40 位上升到第 2 位，其实无论从进出口的绝对额、增速或占比来看，中国对外服务贸易的确获得了极大的提升，但不容回避的是由发达国家主导的世界服务贸易发展格局仍未改变。如表 7-2 所示，2016 年世界服务出口排名前 5 位的分别是美国、英国、德国、法国和中国，其中美国占比 15.2%，遥遥领先。服务进口排名前 5 位的分别是美国、中国、德国、法国、英国。很明显，当前国际服务贸易主要集中在欧洲和北美，其中美国服务贸易总额占比最大。虽然新兴经济体的服务贸易规模也在不断扩大，但现阶段发达国家主导的服务贸易发展格局短期内很难改变。

**表 7-2　2016 年世界主要服务贸易国家**

| 排名 | 国家 | 出口额/10 亿美元 | 占比/% | 增长率/% | 排名 | 国家 | 进口额/10 亿美元 | 占比/% | 增长率/% |
|---|---|---|---|---|---|---|---|---|---|
| 1 | 美国 | 733 | 15.2 | 0 | 1 | 美国 | 482 | 10.3 | 3 |
| 2 | 英国 | 324 | 6.7 | −5 | 2 | 中国 | 449 | 9.6 | 4 |
| 3 | 德国 | 268 | 5.6 | 3 | 3 | 德国 | 311 | 6.6 | 4 |
| 4 | 法国 | 236 | 4.9 | −2 | 4 | 法国 | 236 | 5.0 | 2 |
| 5 | 中国 | 208 | 4.3 | −4 | 5 | 英国 | 195 | 4.1 | −6 |
| 6 | 荷兰 | 177 | 3.7 | 1 | 6 | 爱尔兰 | 192 | 4.1 | 15 |
| 7 | 日本 | 169 | 3.5 | 7 | 7 | 日本 | 183 | 3.9 | 3 |
| 8 | 印度 | 161 | 3.4 | 4 | 8 | 荷兰 | 169 | 3.6 | 1 |
| 9 | 新加坡 | 149 | 3.1 | 1 | 9 | 新加坡 | 155 | 3.3 | 1 |
| 10 | 爱尔兰 | 146 | 3.0 | 9 | 10 | 印度 | 133 | 2.8 | 8 |

资料来源：World Trade Statistical Review 2017。

### 7.1.2　中国服务贸易发展特点

中国服务贸易发展有以下几个特点。

**1. 以传统服务贸易为主，现代服务贸易加快发展**

如表 7-3 所示，传统服务业部门占中国对外服务贸易的比重较大，现代服务贸易比重较小。传统服务贸易中旅游、运输服务贸易一直居于主导地位，2008—2016 年二者合计占比均超 50%。现代服务贸易中，金融、保险、个人及文化娱乐等所占比重较低，通信、计算机及信息服务以及专利权使用费和特许费所占比重相对较高，其中保险服务贸易占比呈现波动性下降，金融、通信、计算机及信息服务、专利权使用费和特许费以及个人及文化娱乐比重逐渐上升。

**表 7-3　2008—2016 年中国服务贸易分部门状况**　　　　　　　　　%

| 项目/年份 | 2008 | 2009 | 2010 | 2011 | 2012 | 2013 | 2014 | 2015 | 2016 |
|---|---|---|---|---|---|---|---|---|---|
| 运输 | 29.6 | 26.3 | 26.4 | 26.0 | 26.0 | 24.7 | 20.7 | 19.1 | 17.4 |
| 旅游 | 25.7 | 31.3 | 27.2 | 27.1 | 31.6 | 33.7 | 41.8 | 45.4 | 46.6 |
| 建筑 | 4.9 | 5.8 | 5.3 | 4.1 | 3.3 | 2.7 | 3.1 | 4.1 | 3.2 |
| 保险 | 4.7 | 4.8 | 4.7 | 5.1 | 5.0 | 4.9 | 4.2 | 2.1 | 2.6 |

| 项目/年份 | 2008 | 2009 | 2010 | 2011 | 2012 | 2013 | 2014 | 2015 | 2016 |
|---|---|---|---|---|---|---|---|---|---|
| 金融 | 0.3 | 0.4 | 0.7 | 0.4 | 0.8 | 1.3 | 1.5 | 0.8 | 0.8 |
| 通信、计算机及信息服务 | 4.2 | 4.6 | 3.9 | 4.2 | 4.5 | 4.6 | 4.8 | 5.5 | 5.8 |
| 专利权使用费和特许费 | 3.6 | 4.3 | 3.8 | 3.5 | 3.9 | 4.1 | 3.6 | 3.6 | 3.8 |
| 个人、文化娱乐服务 | 0.2 | 0.1 | 0.1 | 0.1 | 0.1 | 0.2 | 0.2 | 0.4 | 0.4 |
| 政府服务 | 0.5 | 0.7 | 0.6 | 0.4 | 0.4 | 0.5 | 0.5 | 0.6 | 0.7 |

资料来源：UNCTAD 数据库。

### 2. 服务贸易进出口结构不断优化

1）服务贸易出口结构

中国服务出口近些年来有较大幅度的增长，其中所占比重逐渐提升的有保险，金融、通信、计算机及信息服务等；运输、旅游、建筑服务出口占比有所下降，如运输服务出口从 2008 年的 26.6%下降到 2016 年的 16.3%，减少超过 10 个百分点；专利权使用费和特许费，个人、文化娱乐服务，政府服务出口占比基本不变（表 7-4）。

表 7-4　2008—2016 年中国服务贸易出口结构　　　　　%

| 项目/年份 | 2008 | 2009 | 2010 | 2011 | 2012 | 2013 | 2014 | 2015 | 2016 |
|---|---|---|---|---|---|---|---|---|---|
| 运输 | 26.6 | 19.4 | 19.3 | 17.8 | 19.4 | 18.3 | 17.5 | 17.8 | 16.3 |
| 旅游 | 28.2 | 32.6 | 25.8 | 24.2 | 24.9 | 25.1 | 20.2 | 20.8 | 21.4 |
| 建筑 | 7.1 | 7.8 | 8.2 | 7.4 | 6.1 | 5.2 | 7.0 | 7.7 | 6.1 |
| 保险 | 1.0 | 1.3 | 1.0 | 1.5 | 1.7 | 1.9 | 2.1 | 2.3 | 2.0 |
| 金融 | 0.2 | 0.3 | 0.8 | 0.4 | 0.9 | 1.6 | 2.1 | 1.1 | 1.5 |
| 通信、计算机及信息服务 | 5.4 | 6.3 | 5.9 | 6.9 | 8.1 | 8.3 | 9.3 | 11.4 | 12.3 |
| 专利权使用费和特许费 | 0.4 | 0.4 | 0.5 | 0.4 | 0.5 | 0.4 | 0.3 | 0.5 | 0.6 |
| 个人、文化娱乐服务 | 0.3 | 0.1 | 0.1 | 0.1 | 0.1 | 0.1 | 0.1 | 0.3 | 0.4 |
| 政府服务 | 0.5 | 0.8 | 0.5 | 0.4 | 0.5 | 0.6 | 0.5 | 0.5 | 0.6 |

资料来源：UNCTAD 数据库。

（1）服务出口仍以传统服务部门为主。2016 年，传统服务业如运输、旅游的对外服务贸易仍然占据中国服务贸易的最大比重。2008 年，运输服务出口和旅游服务出口占比分别达到上升到 26.6%和 28.2%，二者合计超过服务总出口的 50%。虽至 2009 年及 2010 年始，二者出口比重开始呈现下降趋势，但至 2016 年，二者出口合计占比仍近 40%。

（2）部分现代服务贸易部门增长较快。2005—2016 年，中国服务出口总额年均增长 9.8%。其中，金融服务出口年均增长 32.4%，通信、计算机及信息服务出口年均增长 24.3%，专利权使用费和特许费以及保险出口年均增长 20.0%，这些成为增长最快的服务业部门。另外，个人及文化娱乐服务出口年均增长 16.9%，建筑服务出口年均增长 15.5%，这些服务业部门表现为中等增速状态。政府服务出口年均增长 8.5%，运输服务出口年均增长 7.4%，旅游服务出口年均增长 3.9%，属于缓慢增长的服务业部门。

2）服务贸易进口结构

中国服务进口近些年来也有较大幅度的增长，其中所占比重逐渐上升的有旅游、个人及文化娱乐服务等；运输、建筑、保险、专利权使用费和特许费占比有所下降，如运输服务进口从 2008 年的 32.4%下降到 2016 年的 17.9%，下降近 15 个百分点；金融，通信、计算机及信息服务，政府服务进口占比基本不变（表 7-5）。

表 7-5　2008—2016 年中国服务贸易进口结构　　　　　　　　　　　%

| 项目/年份 | 2008 | 2009 | 2010 | 2011 | 2012 | 2013 | 2014 | 2015 | 2016 |
|---|---|---|---|---|---|---|---|---|---|
| 运输 | 32.4 | 32.1 | 32.9 | 32.6 | 30.6 | 28.6 | 22.3 | 19.7 | 17.9 |
| 旅游 | 23.3 | 30.1 | 28.6 | 29.4 | 36.4 | 39.0 | 52.8 | 57.7 | 58.1 |
| 建筑 | 2.8 | 4.0 | 2.6 | 1.5 | 1.3 | 1.2 | 1.1 | 2.4 | 1.9 |
| 保险 | 8.2 | 7.8 | 8.2 | 8.0 | 7.4 | 6.7 | 5.2 | 2.0 | 2.9 |
| 金融 | 0.4 | 0.4 | 0.7 | 0.3 | 0.7 | 1.1 | 1.2 | 0.6 | 0.5 |
| 通信、计算机及信息服务 | 3.0 | 3.1 | 2.1 | 2.0 | 2.0 | 2.3 | 2.5 | 2.6 | 2.8 |
| 专利权使用费和特许费 | 6.6 | 7.6 | 6.8 | 6.0 | 6.3 | 6.4 | 5.3 | 5.1 | 5.3 |
| 个人、文化娱乐服务 | 0.2 | 0.2 | 0.2 | 0.2 | 0.2 | 0.2 | 0.4 | 0.4 | 0.5 |
| 政府服务 | 0.6 | 0.6 | 0.6 | 0.4 | 0.4 | 0.4 | 0.5 | 0.6 | 0.7 |

资料来源：UNCTAD 数据库。

（1）传统服务业部门进口规模仍然较大。旅游、运输服务进口合计占服务总进口的 76.0%。究其原因，目前中国服务业市场对外开放程度较低，不过近些年来服务贸易开放水平也在不断提高。如果以服务进出口占国内生产总值的比重来衡量服务贸易开放度（open degree in services），1985 年该数值为 1.7%，2016 年为 5.3%。但与同期发达国家服务贸易开放度相比，中国这一数值依然偏小。

（2）部分现代服务业部门进口比重出现小幅下降。2016 年，保险，专利权使用费和特许费，通信、计算机及信息服务进口比重分别较 2008 年下降了 5.3、1.3、0.2 个百分点。但是，总的来说，这些服务部门进口额仍然有较大的增长，如 2016 年，专利权使用费和特许费以及通信、计算机及信息服务进口额分别为 240 亿美元和 128 亿美元，是 2008 年的 4.5 倍和 5.7 倍。高附加值服务进出口的快速增长为资本技术密集型企业发展提供了助力，推动了中国经济转型升级，随着中国服务业进一步开放，金融、保险等目前处于劣势的现代服务业进口将持续扩大。

**3. 服务贸易发展不平衡**

服务贸易发展不平衡包括服务贸易市场结构不平衡和服务贸易地区结构不平衡。

（1）服务贸易市场结构不平衡。服务贸易市场结构是指服务贸易的国家和地区构成，即一定时期其他国家或地区在本国对外服务贸易中的地位，通常以各自进口额、出口额、进出口总额在该国进口额、出口额、进出口总额中的比重加以衡量。根据商务部统计，2012 年中国服务进出口集中于中国香港、欧盟、美国、东盟和日本，共实现服务贸易进出口额 3 100 亿美元，占中国服务贸易总额的 65.9%。其中，中国香港位居第一，进出口总额为 562.2 亿美元，占比 11.9%，其次是美国、欧盟、日本和东盟，占比分别为 9.2%、14.7%、5.0% 和 7.7%。由此看出，我国服务进出口市场主要集中在发达国家和地区。

（2）服务贸易地区结构不平衡。服务贸易地区结构不平衡主要表现在中国服务进出口集中于沿海发达地区，地区分布很不平衡。根据商务部统计，2016 年，中国服务进出口规模前五大省市为广东、上海、北京、江苏、浙江，金额分别为 9 787 亿元、9 651 亿元、9 328 亿元、4 140 亿元、2 950 亿元，合计占服务进出口的 67%。由于这些地区具有优越的地理条件和较发达的现代服务业，其在运输，保险，通信、计算机及信息等领域具有明显的竞争优势。

### 7.1.3　中国服务贸易存在问题

在全球服务贸易自由化进程加快的背景下，中国服务贸易无论是发展速度还是发展规模都取得了不小成绩，然而目前对外服务贸易依然存在整体水平不高、贸易逆差较大、国际竞争力较弱、管理体制滞后等诸多问题。

**1. 服务贸易总体发展水平落后于货物贸易，但发展速度较快**

目前，中国服务贸易规模继续扩大，但总体发展水平落后于货物贸易，这一情况与世界多数国家基本一致。如表 7-6 所示，服务贸易占比最小的是中国（15.1%），低于世界平均水平 7.7 个百分点。占比最大的是英国，2016 年其服务贸易占贸易总额 33.2%，高于世界平均水平 10.4 个百分点。

表 7-6　2016 年世界主要国家（地区）服务贸易与货物贸易状况

| 国家/地区 | 对外贸易总额 | 服务贸易 | | 货物贸易 | |
|---|---|---|---|---|---|
| | | 金额/10 亿美元 | 占比/% | 金额/10 亿美元 | 占比/% |
| 美国 | 4 921 | 1 215 | 24.7 | 3 706 | 75.3 |
| 德国 | 2 974 | 579 | 19.5 | 2 395 | 80.5 |
| 日本 | 1 604 | 352 | 22.0 | 1 252 | 78.1 |
| 英国 | 1 564 | 519 | 33.2 | 1 045 | 66.8 |
| 法国 | 1 546 | 472 | 30.5 | 1 074 | 69.5 |
| 意大利 | 1 069 | 203 | 19.0 | 866 | 81.0 |
| 中国 | 4 342 | 657 | 15.1 | 3 685 | 84.9 |
| 西班牙 | 794 | 198 | 24.9 | 596 | 75.1 |
| 荷兰 | 1 419 | 346 | 24.4 | 1 073 | 75.6 |
| 印度 | 917 | 294 | 32.1 | 623 | 67.9 |
| 韩国 | 1 102 | 201 | 18.2 | 901 | 81.8 |
| 加拿大 | 983 | 176 | 17.9 | 807 | 82.1 |
| 世界 | 41 682 | 9 502 | 22.8 | 32 180 | 77.2 |

资料来源：World Trade Statistical Review 2017。

虽然中国服务贸易总体发展水平落后于货物贸易，但在增速上却要快于货物贸易。图 7-3 所示为 2006—2016 年中国服务贸易和货物贸易的增速对比，整体上服务贸易增速高于货物贸易，而且即使受到金融危机的影响，货物贸易的下降幅度也要显著高于服务贸易，货物贸易受到的负面影响明显大于服务贸易。

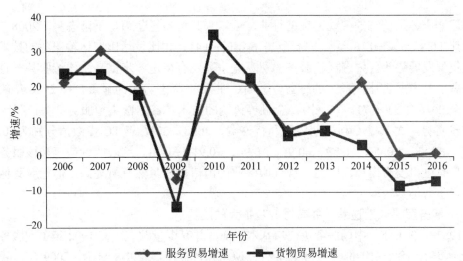

图 7-3　2006—2016 年中国服务贸易和货物贸易的增速对比

资料来源：《中国统计年鉴 2017》。

**2. 服务贸易整体竞争力不强，部门竞争力差异较大**

由表 7-7 可知，2008—2016 年中国服务贸易一直呈现逆差，TC 指数均小于零。其中，2008—2011 年该指数绝对值在 0.05～0.10，2011 年以前服务贸易总体竞争力处于较为稳定的态势，而自 2012 年起，服务贸易逆差不断扩大，2016 年 TC 指数已降至-0.37。这反映出我国服务贸易虽然保持了较高的增长速度，但总体竞争力不强，服务贸易较货物贸易处于比较劣势的地位。

表 7-7　2008—2016 年中国服务贸易各部门 TC 指数

| 项目/年份 | 2008 | 2009 | 2010 | 2011 | 2012 | 2013 | 2014 | 2015 | 2016 |
| --- | --- | --- | --- | --- | --- | --- | --- | --- | --- |
| 总体 | 0.01 | −0.05 | −0.04 | −0.10 | −0.17 | −0.23 | −0.33 | −0.33 | −0.37 |
| 运输 | −0.13 | −0.33 | −0.30 | −0.39 | −0.38 | −0.43 | −0.43 | −0.38 | −0.41 |
| 旅游 | 0.06 | −0.05 | −0.09 | −0.20 | −0.34 | −0.43 | −0.68 | −0.69 | −0.71 |
| 建筑 | 0.41 | 0.23 | 0.48 | 0.60 | 0.54 | 0.47 | 0.52 | 0.24 | 0.20 |
| 保险 | −0.80 | −0.75 | −0.80 | −0.73 | −0.72 | −0.69 | −0.66 | −0.28 | −0.52 |
| 金融 | −0.28 | −0.29 | −0.02 | 0.06 | −0.01 | −0.07 | −0.04 | −0.06 | 0.22 |
| 通信、计算机及信息服务 | 0.25 | 0.27 | 0.44 | 0.47 | 0.49 | 0.38 | 0.30 | 0.37 | 0.33 |
| 专利权使用费和特许费 | −0.90 | −0.93 | −0.88 | −0.90 | −0.89 | −0.92 | −0.94 | −0.91 | −0.91 |
| 个人、文化娱乐服务 | 0.24 | −0.48 | −0.50 | −0.53 | −0.64 | −0.68 | −0.67 | −0.44 | −0.48 |
| 政府服务 | −0.16 | 0.06 | −0.09 | −0.17 | −0.02 | 0.02 | −0.32 | −0.41 | −0.45 |

资料来源：根据 UNCTAD 数据库计算整理。

从中国服务贸易各部门看，2016 年，TC 指数大于零的有建筑，金融，通信、计算机及信息服务；从数值上看，通信、计算机及信息服务的 TC 指数最高，达到 0.33，其次是金融服务和建筑服务，达到 0.22 和 0.20；TC 指数值较小的部门有运输，旅游，保险，专利权使用费和特许费，个人、文化娱乐服务，政府服务。

运输服务是传统的劳动密集型行业，近年来其贸易竞争力呈下降态势，2008—2016年，其 TC 指数从-0.13 不断下降至 2016 年的-0.41，相比发达国家运输服务的技术、资本密集型发展势头，中国运输服务的贸易竞争力还有待进一步提高。旅游服务一直是我国服务贸易中所占比重最大的行业，其 TC 指数下降态势更为显著，由 2008 年的 0.06下降至 2016 年的-0.71。在保险、金融等传统的技术、资本密集型服务业中，我国都处于比较劣势，尤其是专利权使用费和特许费，2008—2016 年 TC 指数值分别为-0.90、-0.93、-0.88、-0.90、-0.89、-0.92、-0.94、-0.91、-0.91，这表明近些年来该服务部门几乎只有进口没有出口。因此，现代服务业的出口规模虽然有所提高，但相对其他国家贸易竞争力仍然较弱。

**3. 服务贸易长期逆差，并有进一步扩大的趋势**

1982—1991 年，中国服务进出口基本平衡，并有少量顺差。自 1992 年中国服务贸易首现逆差后，除个别年份（1994 年）外，逆差一直存在。表 7-8 显示，2009 年，我国服务贸易逆差增至小幅高位，达 155 亿美元，而 2010 年略有改善，逆差缩至 149 亿美元。

表 7-8　中国服务贸易差额　　　　　　　　　　　　亿美元

| 年份 | 2009 | 2010 | 2011 | 2012 | 2013 | 2014 | 2015 | 2016 |
| --- | --- | --- | --- | --- | --- | --- | --- | --- |
| 服务贸易差额 | -155 | -149 | -465 | -797 | -1 236 | -2 128 | -2 154 | -2 409 |

资料来源：《中国统计年鉴 2017》。

近些年来，中国服务贸易逆差出现不断扩大的态势。2000 年逆差为 13 亿美元，至2009 年，逆差增至 155 亿美元，为 2000 年的 11 倍。2016 年，我国服务贸易逆差达 2 409亿美元，较 2009 年更是增加了近 15 倍。图 7-4 所示为 1984—2016 年中国服务贸易差额变化。

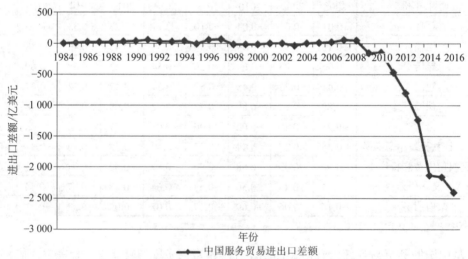

图 7-4　1984—2016 年中国服务贸易差额变化

资料来源：《中国统计年鉴 2017》。

#### 4. 服务贸易管理体制滞后、法律法规不健全

目前，中国服务贸易管理方面存在许多缺陷，宏观管理机构、部门协调机制、政策环境、法律体系、统计制度等仍有很大改革空间。此外，中央和地方政府在服务业与服务贸易的政策制定上存在差异，缺乏统一的促进服务贸易发展的协调管理机制和部门。目前，各个相关部门在服务贸易领域实行多头管理，容易造成责任不明确、交叉和条块分割、经营秩序混乱以及行业垄断，进而阻碍服务贸易的健康发展。

在服务贸易法律法规方面，虽然已陆续颁布了一批涉及国际服务贸易的重要文件，如《海商法》《中华人民共和国保险法》《中华人民共和国商业银行法》《中华人民共和国广告法》《中华人民共和国建筑法》和《中华人民共和国律师法》等，但同服务贸易发展所需要的法律法规相比仍存在较大差距。我国至今尚未形成有关服务业的一般性规章，较多领域仍处于法律空白状态，已有规定主要表现为各职能部门的内部文件，不符合国际通行惯例，不仅立法层次低，而且缺乏协调，从而影响我国服务贸易管理的统一性和透明度。

### 7.1.4 中国服务贸易发展趋势

#### 1. 服务贸易的进出口规模将继续扩大

随着服务贸易在世界经济中的地位不断提升，各国积极推进多边服务贸易自由化进程，特别是发达经济体利用服务业发展的领先优势，通过谈判开放服务业市场和促进服务进出口。另外，区域贸易自由化的蓬勃发展使其服务贸易自由化水平超过了 GATS。多边和区域贸易自由化背景下，中国服务贸易必将进入快速发展的通道。由图 7-5，1984—2016 年，除个别年份服务进出口下降外，服务贸易规模基本保持持续增长态势，且绝大多数年份增长率为正，最高超过 60%。

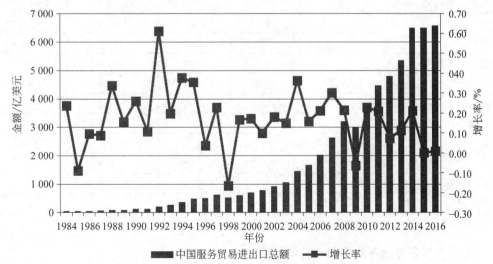

图 7-5　1984—2016 年中国服务贸易进出口规模变动图

资料来源：《中国统计年鉴 2017》。

## 2. 商业存在形式的服务贸易稳定增长

如表 7-9 所示，2016 年，非金融领域新批准外商直接投资企业 27 900 家，比 2015 年增长 5.0%。实际利用外商直接投资金额 1 260.0 亿美元，同比下降 0.2%。同时，外商直接投资加速流向服务业：卫生、社会保障和社会福利领域的外商直接投资项目数增长 51.0%、金额增长 77.2%；教育领域的外商直接投资项目数增长 152.6%、金额增长 226.1%；水利、环境和公共设施管理领域的外商直接投资项目数增长 15.5%、金额下降 2.7%；居民服务和其他服务行业的外商直接投资项目数增长 12.9%、金额下降 32.0%；科学研究、技术服务和地质勘查业的外商直接投资项目数增长 24.1%、金额增长 43.9%；租赁和商务服务业的外商直接投资金额增长 60.5%；文化、体育和娱乐业的外商直接投资项目数增长 55.9%。

表 7-9　2016 年中国外商直接投资分行业状况

| 行业 | 企业数<br>/家 | 比上年增长<br>/% | 实际利用金额<br>/亿美元 | 比上年增长<br>/% |
|---|---|---|---|---|
| 总计 | 27 900 | 5.0 | 1260.0 | −0.2 |
| 农、林、牧、渔业 | 558 | −8.4 | 19.0 | 23.7 |
| 采矿业 | 26 | −23.5 | 1.0 | −60.3 |
| 制造业 | 4 013 | −11.0 | 354.9 | −10.2 |
| 电力、燃气及水的生产和供应业 | 311 | 17.8 | 21.5 | −4.6 |
| 建筑业 | 268 | 52.3 | 24.8 | 58.9 |
| 交通运输、仓储和邮政业 | 425 | −5.3 | 50.9 | 21.6 |
| 信息传输、计算机服务和软件业 | 1 463 | 11.6 | 84.4 | 120.1 |
| 批发和零售业 | 9 399 | 2.7 | 158.7 | 32.0 |
| 住宿和餐饮业 | 620 | 1.5 | 3.7 | −15.9 |
| 金融业 | 2 476 | 23.6 | 102.9 | −31.3 |
| 房地产业 | 378 | −2.3 | 196.6 | −32.2 |
| 租赁和商务服务业 | 4 631 | 3.7 | 161.3 | 60.5 |
| 科学研究、技术服务和地质勘查业 | 2 444 | 24.1 | 65.2 | 43.9 |
| 水利、环境和公共设施管理业 | 97 | 15.5 | 4.2 | −2.7 |
| 居民服务和其他服务业 | 245 | 12.9 | 4.9 | −32.0 |
| 教育 | 96 | 152.6 | 0.9 | 226.1 |
| 卫生、社会保障和社会福利业 | 77 | 51.0 | 2.5 | 77.2 |
| 文化、体育和娱乐业 | 371 | 55.9 | 2.7 | −66.1 |
| 公共管理和社会组织 | 2 | −60.0 | — | — |

资料来源：《中国统计年鉴 2017》。

## 3. 服务外包是服务贸易新一轮增长点

在生产客服化、服务流程数字化和模块化以及国际竞争日趋激烈等因素的共同推动下，国际服务外包迅速发展。跨国服务转移的内容十分丰富，包括后台服务、信息技术、人力资源管理和培训、采购、客户服务、物流、研究开发等。美国管理咨询公司

A.T.Kearney 发布 2016 年全球离岸服务外包目的地指数，印度、中国、马来西亚位列前
3 名。印度以工程、产品研发、制造业领域极具投资吸引力以及房地产、劳动力等方面
相对便利性而位居榜首，中国因治理改善和金融市场自由化等因素位居第二，但知识产
权保护方面仍有待加强。印度作为世界上较受欢迎的外包目标国，具有语言文化上的相
容性优势，拥有大量的、受过良好教育且经验丰富的劳动力，不断提高的管理经验，并
且熟悉全球顾客的需要。但是，不断增长的成本将限制其未来的竞争力。中国外包业务
虽然还处于发展阶段，但工作经验及项目管理能力与印度的差距越来越小，而且发展速
度很快，具有绝对规模上的优势。

# 7.2　多边和区域服务贸易自由化中的中国

由于服务业和服务贸易发展水平是一国经济发展水平的重要标志，其日益成为影响
各国内外经济政策制定的重要因素。随着世界经济发展和新一轮国际产业的结构调整，
服务业和服务贸易在各国经济中的地位还将不断上升，服务贸易整体发展将继续趋于活
跃。为顺应这一形势，各国纷纷将加快发展服务贸易作为自身对外经济战略的指向，并
成立了服务贸易管理和促进的专门机构。此外，区域和多边贸易安排也都加强了对服务
贸易有关问题的关注，将其列为主要谈判议题。在此背景下，中国积极参与多边和区域
服务贸易自由化进程，在逐步的服务业和服务贸易开放进程中趋利避害。

## 7.2.1　中国有关服务贸易的入世承诺

自乌拉圭回合开始，服务贸易被正式纳入多边贸易谈判框架，而 GATS 的签署更是
使多边服务贸易自由化步入高速发展的轨道。中国加入世界贸易组织有关服务贸易的开
放承诺主要遵循 2001 年《入世议定书》（以下简称"议定书"）附件 9《服务贸易具体承
诺减让表》，承诺表由两个部分构成——水平承诺①（适用于减让表中所有服务部门）和
具体承诺（针对特定服务部门）。

根据有关学者的研究，在 149 个服务分部门中，中国对其中 82 个部门作出了约束性
承诺（占比 55%），如果排除视听、邮政、速递、基础电信、金融、运输服务等 46 个敏
感部门，我国的承诺比例将上升到 63%。以总体减让水平与 WTO 中的发达经济体（25
国）、发展中经济体（77 国）和转型经济体（4 国）相比，我国有关服务贸易开放承诺的
数量略高于转型经济体，略低于发达经济体，远远高于发展中经济体，是 WTO 中作出
减让最多的发展中成员，如表 7-10 所示。

附件 9 同时对 11 大类服务部门的市场准入和国民待遇的具体承诺进行了规定。例
如，在市场准入承诺上，金融服务部门的证券服务业的市场准入承诺主要针对商业存
在：自加入时起，外国证券机构在中国的代表处可以成为所有中国证券交易所的特别会
员；自加入时起，允许外国服务提供者设立合资公司，从事国内证券投资基金管理业
务，外资占比最多可达 33%。中国入世后 3 年内，外资占比应增加至 49%。中国入世后

---

① 在附件 9 水平承诺的部分，我国主要限制商业存在和自然人移动两大提供方式的服务贸易。

表 7-10　中国与 WTO 不同类型经济体开放承诺的比较　　　　　　%

| 百分比　　　类型 | 对 149 个服务分部门的承诺 | 对除视听、邮政、速递、基础电信、金融、运输服务外 149 个服务分部门的承诺 |
|---|---|---|
| 中国 | 55 | 63 |
| 发达经济体 | 64 | 82 |
| 发展中经济体 | 16 | 19 |
| 转型经济体 | 52 | 66 |

资料来源：盛斌. 中国加入 WTO 服务贸易自由化的评估与分析[J]. 世界经济，2002（8）.

3 年内，将允许外国证券公司设立合资公司，外资拥有不超过 1/3 的少数股权，合资公司可从事（不通过中方中介）A 股的承销、B 股和 H 股及政府与公司债券的承销和交易、基金的发起。此外，附件 9 还具体规定了商业、通信、建筑、分销、教育、环境、金融、健康、旅游、娱乐、运输等服务部门的市场准入和国民待遇。

在服务部门的市场准入方面，中国对分销、建筑、教育、环境服务部门作出了较大的承诺，简单平均承诺比例为 75%～90%，平均覆盖率均超过 50%。在敏感服务部门中，中国对通信、金融服务也作出了较大的减让，简单平均承诺比例和平均覆盖率均超过了 2/3。商业和旅游服务部门承诺了一半的减让，而运输服务部门的承诺较低，平均覆盖率不足 20%，健康和娱乐服务部门未作任何承诺。国民待遇的部门承诺结构与市场准入十分相似。

## 7.2.2　多边和区域服务贸易自由化对中国的影响

毫无疑问，多边和区域服务贸易自由化将对中国服务贸易发展产生正反两方面影响。一方面，服务贸易自由化有利于中国服务提供者获得更加广阔的市场；另一方面，服务贸易自由化导致外国服务提供者进入中国，从而加剧服务业和服务贸易竞争。

### 1. 积极影响

多边和区域服务贸易自由化对中国的积极影响有以下几个方面。

（1）促进竞争、提高效率。服务贸易自由化的必然要求之一就是有条件开放国内服务业市场，这将导致大量外国服务企业进入我国，企业间竞争加剧，促使国内服务业企业为应对国际竞争而转变经营机制、改善经营作风，加快技术进步和创新，强化企业的竞争意识、市场意识和人才意识，增进企业对人才和人力资本投资的重视，提高服务部门技术标准化、服务综合化和专业化水平。在此基础上，服务贸易自由化带动经济效率的提升主要体现在以下几个方面：①由于外国服务提供者进入，中国企业有更多机会选择质优价廉的服务，提高企业的整体经济效益；②中国能够更多进口经济发展急需、本国不能满足的生产性服务，有利于解决生产发展与服务业落后的矛盾；③有助于中国发展自身具有比较优势的服务业，进口暂不具优势的服务，促进资源的有效配置，为服务出口创造更多机会。

（2）加快服务业技术进步。由于服务产品不同于有形商品，具有无形性、不可储存性等特点，容易引起服务贸易通过外国直接投资完成，而伴随国内服务业开放程度的加深、服务贸易自由化水平的提升，外国服务提供者大量拥入国内，必将引进外国先进的资金、技术和管理经验，进而推动国内服务业升级和创新。此外，由于服务业外国直接投资往往伴随国际技术转移，在服务竞争不断加剧的同时，国内服务业通过技术引进，缩短技术创新的前期成本，不断提高核心竞争力，由此带动其他相关部门的技术进步。

（3）促进服务企业走出去。外国服务业企业的进入为国内同领域的服务提供者提供了难得的学习机会，二者在竞争的同时，也能为国内了解其他国家有关服务业的立法和管理措施、快速获取全球服务贸易市场状况创造机会。此时，国内服务业优势得到进一步增强，尤其是在具有传统优势的服务部门，如国际工程承包、海洋运输服务、旅游服务等方面形成较强的竞争能力。随着各国服务业开放和服务贸易发展，国内优势服务提供商的出口会进一步增加，未来极具潜力的服务部门将获得更多机会。

（4）协调服务业均衡增长。在不断开放的国内服务业市场中，先进外国企业和大量国内企业并存的局面增加了服务业竞争压力，促使服务业扩大投资，创造出更多的就业机会。当然，服务经济规模的扩大同时也有助于优化三次产业结构。值得一提的是，外国服务提供商较高的技术水平和管理能力有助于打破国内服务业垄断，弥补国内缺乏竞争优势服务部门的出口实绩，使国内生产能力和资源得到充分利用，从而提高服务业和服务贸易发展质量以及服务经济在国民经济中的比重。

**2. 消极影响**

多边和区域服务贸易自由化对中国的消极影响有以下几个方面。

（1）阻碍国内服务业发展。外国服务提供商因服务业开放而不断抢占国内服务市场，我国服务业企业不得不面对更加激烈的竞争，其正常发展会遭遇较大冲击。况且，当前国内服务业在基础设施、人员素质、管理水平、信息交流等方面都较国外处于劣势，将难逃在竞争中被淘汰的命运。对于那些劳动密集程度较高的服务部门，服务市场的进一步开放和服务贸易自由化尤其会对其造成不利影响。

（2）扩大服务进出口逆差。外国技术、资本密集型服务业跨国公司凭借其在组织规模、管理水平及营销技术上的竞争优势，利用服务业开放和服务贸易自由化的契机夺取我国服务业企业的原有市场份额。这种状况的延续将使服务贸易逆差出现加剧态势。因为现代服务业多以技术、资本密集型为主，其所占比重远远高于劳动、资源密集型服务，而我国现在以传统服务业为主、技术资本密集型服务业落后的局面可能迫使服务出口的扩大低于进口。

（3）加剧服务业发展失衡。随着入世承诺的完全兑现，中国不仅已经取消服务贸易的地域限制，而且在服务贸易行业领域和部门上的限制也逐步取消。不过，现阶段外商直接投资普遍集中在回报率较高的沿海地区和部门，一定程度上加剧了我国服务业发展的不平衡。其一，从服务行业上看，投资集中于高附加值的部门，如基础电信、金融、保险等；其二，从地区分布上看，投资集中于经济比较发达的东南沿海和中心城市，在发展相对滞后的中西部地区和广大农村，投资仍然很少。所以，服务业开放和服务贸易自由化可能使中东西部差距和城乡差距有所扩大。

（4）影响经济安全和风险。服务产品的特定属性决定了服务业国际化必然依靠直接投资而非商品进出口，开放国内服务业市场会引起直接投资形式和大量外国法人实体的进入，在一定程度上影响了国内对于重要服务业的控制力。并且，不充分竞争会抑制国内现代服务业的发展，使部分高新技术产业形成对发达国家的较高依赖。此外，在服务业深入开放的进程中，不可避免地伴有外国文化的流入，无论是通过新闻、影视、音像、娱乐、教育哪种服务部门，这些都将对我国传统的道德规范、意识形态和价值观念发挥潜移默化的作用，可能带来消极影响。

### 7.2.3　发展服务贸易自由化对中国的意义

首先，多边和区域服务贸易自由化有利于为国内经济发展提供稳定的外部环境。多边和区域服务贸易自由化已然成为当前全球服务贸易发展的主流。虽然理论界对于多边和区域服务贸易自由化存在分歧，但从实践中可以看出，越来越多的国家逃避多边谈判的困境，转而寻求区域贸易安排发展对外服务贸易。中国政府较以往更加重视发展多边和区域服务贸易，《对外贸易发展"十三五"规划》明确提出"积极推动货物、服务、投资等领域双向开放，加快推进知识产权保护、环境保护、电子商务、竞争政策、政府采购等新议题谈判，提高我国自贸区建设的标准和质量"。

其次，中国签署的自由贸易协定中的服务贸易部分对中国服务进出口的规模扩大和质量提升将起关键作用，而且能在有效保护本国重点服务业的前提下，通过对话和开放式谈判，为政府和国内企业在服务贸易领域的信息交流、技术转让等提供机会，从而客观上推动本国服务业和服务贸易的发展。

最后，多边和区域服务贸易自由化为更多国内服务业企业的发展壮大提供了契机，很多企业也因此走出国门。一方面，外国服务提供商的进入帮助国内企业了解其他国家有关服务立法和管理措施；另一方面，服务贸易市场准入和国民待遇的相关条款有效地促进了国内服务企业走出去，在公平、开放的环境中参与国际竞争。

## 7.3　中国服务贸易政策与发展战略

对外服务贸易发展是服务业进步的标志，扩大服务出口，不仅有利于改善贸易收支，优化中国外贸出口的整体结构，而且对于提升中国的国际分工地位、促进中国产业结构调整都具有重要的现实意义。中国政府十分重视服务业和服务贸易发展，其已经上升为国家层面的政策选择和战略。党的十九大报告明确提出，实行高水平的贸易和投资自由化便利化政策，全面实行准入前国民待遇加负面清单管理制度，大幅度放宽市场准入，扩大服务业对外开放，保护外商投资合法权益。商务部、国家统计局、海关总署相继出台了旨在促进服务业发展的一系列政策措施。例如，《服务贸易发展"十三五"规划》提出，优化境内服务贸易布局，打造北京、上海、广东服务贸易核心区和环渤海、长三角、泛珠三角服务贸易集聚圈，在此基础上积极发展"两横一纵"服务贸易辐射带；国务院《关于加快发展服务贸易的若干意见》提出要促进服务领域相互投资，完善服务贸易政策支持体系，加快服务贸易自由化和便利化，推动扩大服务贸易规模，优化服务贸易结构，增强服务出口能力，培育"中国服务"的国际竞争力，并提出到 2020年，服务进出口额超过 1 万亿美元的目标。

### 7.3.1 中国发展服务贸易的潜力和制约因素

#### 1. 中国发展服务贸易的潜力

中国发展服务贸易的潜力包括以下几个方面。

（1）服务业的发展潜力较大。服务业是服务贸易的基础。长期以来，中国服务业发展严重滞后影响了服务贸易的发展。2016 年，中国第三产业增加值占 GDP 的比重为51.6%，远低于发达国家的水平。近些年来，中国服务业快速发展，年均增速高于中国经济的平均增速，服务业在 GDP 中的比重呈现上升态势。此外，世界经济发展逐渐形成以服务经济为高端、服务贸易为重点、服务业转移重组为特点的新形势。结合国内巨大的服务提供能力和国际产业转移的良好机遇，中国服务业和服务贸易将持续快速增长。

（2）服务业 FDI 大幅增长。2005 年，中国服务贸易领域新批准设立外商投资企业7 445 家，实际利用外资金额 116.8 亿美元，仅占同期全国吸收外商直接投资实际利用金额的 19.4%。截至 2017 年，服务业新设立外商投资企业达 30 061 家，同比增长 28.4%，为 2005 年的 4 倍；实际使用外资金额达 954.4 亿美元，同比增长 7.5%，为 2005 年的 8 倍。这主要是因为外商直接投资看重中国服务业开放进程，未来服务业领域的外商投资比重还将逐步增加。当前，发达国家已经完成从制造业经济为主向服务经济为主的转变，其投资进入其他国家服务业市场的动力更强，外国投资在服务贸易领域势必展开服务外包和承接服务外包的竞争。

（3）服务贸易进口持续增长。中国货物贸易保持快速增长，直接拉动与其密切相关的运输、保险等服务贸易部门的进口增长，而且随着经济全球化的深入和我国对外开放水平的进一步提高，金融、保险、会计、法律、教育、咨询等国内服务业需求将继续扩大，通过国际市场和外国在华附属机构将实现更大规模的服务进口。

（4）服务出口增长后劲十足。目前，与外国企业在华设立大量公司形成鲜明对比的是，中国企业在境外设立保险、分销、运输等服务业公司还十分少见。随着"走出去"战略的深入实施，更多的中国企业将在境外设立分支机构。同时，以服务外包为特征的新一轮国际产业转移也为服务出口提供了又一途径。另外，中国已经形成一批优势产业，在旅游、建筑、其他商业服务、运输等部门的国际市场排名都比较靠前。特别是，中国持续高速的货物贸易增长对与货物贸易相关的服务出口产生了极大的带动作用。

#### 2. 中国发展服务贸易的制约因素

中国发展服务贸易的制约因素包括以下几个方面。

（1）服务业发展严重滞后。一国服务业发展水平可以用服务业产值占 GDP 的比重来衡量。1998 年中国的这一数字为 32.1%，不仅远远落后于发达国家 60%～80%的平均水平，而且低于发展中国家 45%～55%的平均水平。2016 年，中国第三产业增加值占GDP 的比重为 51.6%，依然处于较低水平。服务业总体上供给不足，服务水平低；传统服务业仍处于粗放式、低附加值的发展阶段；现代服务业起步较晚、竞争力较弱。总之，与发达国家和世界整体水平相比中国服务业发展还存在很大差距。

（2）服务贸易总体水平低，出口结构不合理。根据世界贸易组织的统计，2016 年中国服务出口额占世界服务出口总额的 4.3%，较 2015 年下降 4%，居世界第 5 位；进口额占比 9.6%，较 2015 年增长 4%，居世界第 2 位。虽然我国服务贸易发展已经取得相当进展，然而和世界服务贸易的平均发展水平相比，明显存在总体水平较低、出口结构不合理等问题。例如，运输、旅游服务一直都是我国服务贸易的支柱部门，放眼全球甚至发展中国家，这些劳动、资源密集型服务部门早已被金融、保险、咨询等技术、资本密集型服务部门超越。

（3）服务贸易法律法规不健全，管理相对落后。我国已先后颁布了《海商法》《中华人民共和国商业银行法》《中华人民共和国保险法》《中华人民共和国广告法》等一批涉及服务贸易的重要法律法规，但同发达国家成熟的服务贸易法律体系相比，差距依然很大。当前，中国服务贸易立法在不少领域存在空白，而且已经颁布的有关服务贸易的法律法规与通行的国际经贸规则在操作上还存在一定距离。此外，中国服务贸易管理也相对落后，主要体现在中央和地方政府在服务业政策规定方面的差别性、服务业各有关部门责权不明确、行业垄断上等。当然，中国对服务业的界定、统计范围以及划分标准等与发达国家及国际惯例有些许出入，也可能增加管理对外服务贸易的难度。

（4）服务贸易领域人才匮乏。国内服务业企业无论在组织规模、管理水平、经营效率和营销手段上都与同领域的外国企业存在较大差距，更重要的是国内服务贸易行业的人才极其匮乏，且大部分集中在劳动密集型行业，以知识技术为基础的现代服务业发展滞后。在绝大多数国家和地区，第三产业被认为最能吸纳劳动力就业，而我国第三产业就业还未表现出明显增长，这固然与我国正处于工业化中后期，工业化进程迅速，第二产业的市场化程度较高有关，但还是衬托出我国服务业发展相对滞后的现实。如果不能改变服务贸易行业人才匮乏的现状，将严重影响我国分享服务贸易自由化的应有收益。

## 7.3.2　中国发展服务贸易的政策选择

国务院《关于加快发展服务贸易的若干意见》明确了我国服务贸易发展的总体目标。在当前全球服务业加快转移重组和国内大力发展服务业与服务贸易的背景下，中国服务贸易发展同时面临机遇和挑战。面对来自发达国家、新兴经济体和发展中国家日趋激烈的竞争，加之自身总体发展水平较低、统计体系不健全、管理体制落后、部门结构不平衡、地区分布过于集中等诸多问题，中国发展服务贸易应在充分利用各方面有利因素的基础上，抓住机遇、用好政策，推动中国服务贸易快速、健康和可持续发展。

### 1. 完善管理体制机制，促进行业组织发展

首先，要明确对外服务贸易的管理机构，加强服务业和服务贸易各管理部门间的协调，建立以服务贸易主管部门为核心，各有关部门密切配合的部际联系工作机制。主管部门应根据需要，抓紧完善服务贸易发展指导目录，进一步明确行业发展重点及支持方向。其次，要遵循市场经济规律，加快培育社会化、专业化、规范化的全国性服务贸易管理组织，整合行业资源、加强对外宣传、提升行业形象，充当政府和企业之间沟通的桥梁。对服务业的管理并非通过政府经济或行政手段直接干预服务业市场，而是在相关政策引导下进行法制化管理，利用半官方和非官方的行业协会或同业组织引导进行自我约束与管理。与此同时，还应根据不同地区服务贸易的发展特点和优势，以长三角、珠

三角、环渤海地区和中西部地区重点城市为依托，建设国家级"服务贸易示范区"，培育服务出口主体和增长带，借其辐射作用引导和促进中国服务贸易快速发展。

**2. 健全服务贸易统计，构建出口促进体系**

是否具备符合国际通行准则的服务贸易统计体系，进而科学有效地开展服务贸易统计，是服务贸易政策效果能否显现的重要条件。第一，应该加快建立统一、全面、协调的服务贸易统计调查制度和信息管理制度，完善服务贸易统计调查方法和指标体系，构建政府统计、行业统计、企业统计和社会抽样调查互为补充的服务贸易统计调查体系，健全服务贸易统计信息发布制度。第二，应该加强对服务贸易结构变化及其对国民经济影响的分析，不定期发布服务进出口报告、行业报告和国别市场报告等。与此同时，政府应构建服务出口促进体系。例如，政府应及时发布政策法规、行业资讯、企业动向、市场动态、贸易机会、统计数据、研究分析等信息，也可以通过设立服务出口促进机构、举办国内服务业综合性展会、加强与境外服务贸易促进机构的合作等，积极推动国内服务业企业"走出去"。

**3. 加快服务业立法和服务贸易的法规建设**

加快服务业立法，建立系统的服务贸易法规体系至少涉及以下几方面的内容。

（1）建立健全既符合本国经济发展目标又不违背国际通行准则的法律法规。

（2）在立法方面为涉外服务经济提供透明、便利和公平的法律环境，如提高政法服务水平、提升办事效率、简化审批环节、转变政府职能、强化对商会及行业协会的管理等。

（3）立法应为服务预警和防范安全提供保障，如建立情报监测系统、完善反不正当竞争法和反垄断法等。

（4）在立法上保障服务业海外投资的权益，使企业快速"走出去"并获得收益。

（5）以法律法规对服务市场准入、服务贸易税收、服务业投资等相关领域形成条款，增加服务贸易管理的透明度。

**4. 注重服务人才培养，加速企业自主创新**

首先，需要造就一批精通业务、熟悉规则、掌握外语、涉外工作能力强的服务贸易复合型人才。在人才培养方面，应鼓励和引导高等院校建立与发展服务贸易相适应的学科专业，支持高等院校、职业院校、科研院所和有条件的服务业企业建立服务贸易实习实训基地，鼓励创建服务人才培养基地。可以考虑对符合条件的服务出口企业聘用的中国籍人员，按规定给予商务赴港澳、赴国外的便利。其次，通过对现有人员的短期培训，使之尽快熟悉 GATS 及中国发展服务贸易面临的挑战和机遇。再次，鼓励教育、科技、人事和劳动保障等部门按照服务贸易发展需要，调整、完善以及规范职业资格和职称制度，设置相应的职业资格和职称。最后，应落实各项吸引和培养服务出口人才的政策措施，建立健全激励机制，加大力度引进金融、保险、信息、中介等行业急需人才。与此同时，还应为服务业企业进行自主创新给予扶持，提高服务业研发和基础设施的投入。政府应积极引导企业参与全球服务业竞争，继续开放服务业市场，有效利用外资，有序承接现代服务业转移，改进外汇与资本流动管理，支持服务业企业到境外投资。

### 5. 夯实服务业基础，提升服务业发展水平

对外服务贸易的基础是国内服务业，各国服务贸易的竞争实际上是服务业的竞争，服务业发展对服务贸易竞争力具有决定性作用。随着服务业在各国国民经济中逐渐取代其他经济部门而居于主导地位，国际服务贸易顺势蓬勃发展起来。当然，发展服务贸易反过来又会推动国内服务业进步。服务业和服务贸易相互影响、协同发展。服务业发展对国民经济的拉动作用越来越明显，如服务业对就业的影响不仅表现在增加就业岗位上，而且能够提升就业质量、改善就业结构。近些年来，服务业在吸纳一、二产业劳动力转移上发挥了突出作用，服务业增加值占 GDP 的比重每增加 1 个百分点，可以为 48.2 万人提供就业机会。

### 6. 提升服务贸易内外开放水平，兑现承诺

一般而言，服务贸易对内全面开放，自由化有利于国内服务提供商短时间内迅速发展起来，而对于外国服务提供商应有条件兑现承诺并加以适当限制。当前贸易自由化趋势使制定和实施促进服务业发展的政策空间越来越小，但政府仍可在许多方面影响服务业发展，如税收和市场准入管制、基础设施规划和管理、服务提供和购买限制等。坚持服务业开放和服务贸易自由化并不是无条件的，应注重在开放中逐步培育和增强自身竞争力。在此过程中，需要坚持服务贸易政策透明，同时运用多种手段和渠道为国内服务出口企业与海外进口商提供全方位的信息服务。

### 7. 出台配套支持服务贸易发展的政策措施

第一，借鉴高新技术产业税收优惠政策，采取适用于服务贸易的税收鼓励措施，如可将企业实际发生的研究开发费用按有关规定享受所得税抵扣优惠。第二，实行有利于服务业发展的土地政策，在制订城市和土地规划时，应给予服务贸易发展以政策偏向，如在年度土地供应上适当考虑服务贸易发展需求等。第三，鼓励各类金融机构在不影响信贷风险的前提下，利用金融支持手段帮助服务贸易企业，如保险公司可在国家出口信用保险政策范围内为服务出口项目提供保险支持等。第四，整合服务领域的财政扶持资金，综合运用贷款贴息、经费补助和奖励等多种方式促进服务贸易发展，如鼓励外国资本、民间资本和社会资本进入服务贸易领域，拓宽服务业企业融资渠道，多方筹集服务贸易发展资金。第五，刺激服务业企业的技术创新，推动有竞争力的企业形成一批拥有自主知识产权并具有较强竞争力的大型服务贸易企业或企业集团。

## 7.3.3　中国发展服务贸易的战略思考

在世界经济向服务经济的转型浪潮中，各国服务贸易竞争日益激烈，服务贸易逐渐成为全球经济发展的新动力。中国如何抓住机遇，加快发展服务贸易，对于中国从经济大国迈向经济强国、从贸易大国走向贸易强国、从制造经济转向服务经济无疑具有重大的战略意义。

### 1. 研究制定高水平的全国和地方服务贸易发展规划

《服务贸易发展"十三五"规划》提出了"十三五"时期服务贸易发展的目标："服务贸易大国地位进一步巩固，服务贸易强国建设加快；力争服务贸易年均增速高于全球服务贸易平均增速。技术、知识密集型和高附加值服务出口占比持续提升，人力资源密

集型和中国特色服务出口优势进一步巩固，服务贸易在开放型经济发展中的战略地位显著提升。"并立足于统筹利用国际国内两个市场、两种资源，着眼于形成内外联动、开放发展的服务贸易新格局，提出了优化境内区域布局、优化境外市场布局的总体安排。

优化境内区域布局方面，围绕国家区域发展总体战略，打造北京、上海、广东服务贸易核心区和环渤海、长三角、珠三角服务贸易集聚圈，在此基础上积极发展"两横一纵"服务贸易辐射带，即东部沿海服务贸易辐射带、长江沿线服务贸易辐射带和面向中亚西亚的"一带一路"服务贸易辐射带，努力形成三核引领、纵横辐射、全面发展的服务贸易新格局。

优化境外市场布局方面，积极开拓"一带一路"沿线市场，扩大服务业相互开放；进一步巩固传统市场，提升与港澳台服务贸易合作水平，加强与发达国家服务贸易合作，深化与周边国家服务贸易合作；加快培育新兴市场，加强与具有独特产业优势国家的服务贸易往来，积极发展与拉美服务贸易，并以中非十大合作计划带动中非服务贸易发展。

**2. 对外服务贸易渐进开放，对内服务业适度保护**

国内服务贸易提供商加快实施"走出去"战略，推动以商业存在提供方式为主的服务贸易发展。第一，主动构建境外服务贸易集群或合作区，发展贸易分销、物流航运、研究开发、远洋运输、现代物流、金融保险、法律服务、知识产权服务、信息咨询、人力资源、休闲旅游等服务。第二，有序扩大自然人移动提供方式下的服务出口，发挥中国劳动力资源优势，密切跟踪国际市场动态，鼓励中医药、汉语教育、文化、体育、工程承包等领域的企业和专业人才"走出去"。第三，提升现代服务业企业的服务提供能力，顺应技术进步和全球产业结构调整趋势，稳步增加相应部门的服务出口，增设境外经营和分支机构，获得品牌授权、先进技术以及营销网络，增强服务贸易的国际竞争力。第四，促进优势企业和大型服务业集团到境外设立机构，鼓励从事银行、保险、证券、期货、基金、信息、旅游、教育、文化传媒和中介服务。第五，在严格控制风险的基础上，主动支持国内有条件的金融企业开展跨国经营，为中国企业进入外国市场和参与国际竞争提供金融保障。

加入 WTO 至今，中国已经主动或被动地加快了服务业开放的步伐，开放领域延伸至当今各个服务行业。但是，结合中国实际国情，在对外服务贸易渐进开放的同时，对内服务业采取适度保护十分必要。

首先，开放中的适度保护是维护国家经济利益和安全的必要举措。所谓开放中的适度保护，是指在国家宏观调控下，服务业企业积极参与国际分工和竞争，拓展国际服务市场，实施"走出去"战略。按照 WTO 和 GATS 的灵活性原则采取适度保护是合法的，而为提高服务经济市场化程度，维护中国服务业的初期发展采取适度保护是合理且可取的。

其次，根据服务贸易自由化理论，中国并无现行的、可参照的开放模式。中国服务贸易自由化进程应把握好基本步骤和顺序：①货物贸易与服务贸易相配合，只要逐步实现本国货物贸易自由化，就更容易推动服务贸易自由化；②放松本国服务业管制应该适度，由于国内服务业市场化水平不如制造业，应渐进推动服务贸易自由化；③部分实现服务要素自由流动，逐步开放本国运输、建筑和旅游等服务部门，最终完全开放国内服务业市场。

最后，保护只是保证本国服务业健康发展的手段，提高本国服务业的国际竞争力才是根本目的。一方面，我国应尽快研究与实际情况相适应、最有利于国民经济发展的服务业开放路径及合理的限制措施，使现阶段因扩大服务业开放造成的损害减少到最低；另一方面，我国应打破不合理的服务业和服务贸易管理体制，提高服务经济竞争力，壮大服务经济规模，实现中国服务贸易平稳、健康和可持续发展。

### 【专栏：中国服务贸易发展形势与展望】

#### 一、中国服务贸易发展形势

#### （一）国际形势

从当前及未来一个时期看，影响中国服务贸易增长的外部因素总体有利。

**1. 服务业开放和服务贸易全球化的主要方向**

近年来，全球化趋势面临新的挑战，并呈现出新的特点。以美国新政策、英国脱欧等事件为代表，发达国家在一定程度上走上了逆全球化的道路，但这主要集中在制造业和货物贸易领域。在服务业领域，美国等发达国家受益于世界各国服务业开放，服务贸易是美国的主要利益所在。2017 年美国服务贸易总额约 1.3 万亿美元，顺差约 2 500 亿美元，这与货物贸易的巨额逆差形成强烈反差。为此，美国、欧盟等发达经济体积极推动世界各国服务业开放，并试图主导国际服务贸易规则的制定。目前，《服务贸易协定》（TISA）、《跨太平洋伙伴关系协定》（TPP）和《跨大西洋贸易与投资伙伴协议》（TTIP）均在积极推动。总体来看，世界服务业开放发展态势不会改变，虽然在一定程度上对我国形成竞争压力，但在客观上有利于增强我国服务业改革开放的压力和动力，也有利于我国服务贸易长远发展。

**2. 世界经济持续复苏为我国服务贸易增长创造了有利条件**

根据国际货币基金组织（IMF）的最新预测，2017 年世界经济增长约 3.7%，约 120个经济体实现经济增长，这是自 2010 年以来最广泛的全球同步增长。其中，美国 2017年和 2018 年经济增速将分别达到 2.7% 和 2.5%，发达经济体经济增速将超过 2%，这反映出世界各国内需和外需的不断增长趋势。同时，IMF 预测，2018 年世界经济增长将达3.9%，高于 2017 年 0.2 个百分点。世界经济的持续复苏向好预示着决定我国对外贸易发展前景的关键因素，即外部需求较为强劲，这不仅会有效拉动我国货物出口，同时也会拉动我国服务出口。此外，世界贸易组织（WTO）大幅提高 2017 年贸易增长预期至 3.6%，世界贸易的增长将有效拉动与货物贸易相关的运输、保险等服务贸易的增长。

**3. 世界服务贸易需求有利于拉动我国服务出口增长**

中国服务贸易发展与世界服务贸易发展密切关联。世界服务需求的持续增长将有力拉动我国服务贸易出口增长。据联合国贸易和发展会议（UNCTAD）数据，2016 年全球服务贸易总额达到 4.08 万亿美元，比 2005 年增长 51%，2017 年前三季度服务贸易总额为 2.32 万亿美元，同比增长 4.9%。经合组织（OECD）成员国的服务贸易进口和出口额在过去 10 年都呈现波动性增长，但服务贸易出口总体高于服务贸易进口。服务贸易占对外贸易的比重也逐年上升，由 1980 年的 15.3% 增长至 2016 年的 21.1%，服务消费成为未来世界消费的主要增长点，不仅会带动世界服务贸易的发展，也会为中国服务出口创造广阔的市场空间。

**（二）国内形势**

在新的时代条件下，服务贸易是我国建设贸易强国的重要支撑，也是构建现代产业体系不可或缺的重要组成部分，我国服务贸易发展面临多重利好，并将进入加速发展的黄金机遇期。

**1. 我国新一轮改革开放为服务贸易发展打开了广阔空间**

近年来，服务贸易逐步走上了我国改革开放的最前沿。上海等自由贸易试验区、北京市服务业扩大开放综合试点、国家服务业综合改革试点等改革开放举措取得了显著成绩，有效提升了我国服务业开放水平。在服务业市场准入、外商投资管理制度、国内服务业规则改革等领域的改革开放举措为服务贸易发展创造了自由化、便利化的发展环境。党的十九大报告进一步提出要扩大服务业开放，赋予自由贸易试验区更大的改革开放自主权，探索建设自由贸易港，等等；同时，2018 年是我国改革开放 40 周年，预计将有更多的超预期的开放举措出台，其中服务业和服务贸易的改革开放举措将是重头戏，这势必将为我国服务贸易发展打开持续长远发展的巨大空间。

**2. 高质量发展阶段服务贸易面临更大机遇**

服务业和服务贸易是高质量发展的重要体现。2017 年中国的国内生产总值初步测算超过 80 万亿元，较 2016 年增长 6.9%左右，对世界经济增长贡献率高达 30%。其中，服务业对 GDP 的拉动率达到 4.1%，可见服务业发展的强大势头。但是中国人均国内生产总值却停留在低位，仅仅位于世界中下游水平，中国现在面临着"中等收入陷阱"问题。根据世界经济历史的经验，只有发展科技，减缓经济增速，提高发展质量才能实质性帮助我国解决当下中等收入问题。而服务业尤其是现代服务业作为技术和知识密集型产业，符合中国经济发展的需求；发展高附加值服务业则更是顺应了由"高速度"到"高质量"发展的战略转变。随着人均收入的增长、人民需求偏好的升级，服务消费将成为居民消费的主力，旅游、医疗服务、快递服务、养老服务、教育服务等领域都将迎来发展的黄金机遇期，服务业将是今后一个时期消费升级的主要方向。国内服务产业的成长将进一步夯实服务贸易发展的产业基础，而国内高端消费需求的增长将进一步扩大海外高端服务的进口。

**3. "一带一路"倡议为服务贸易发展带来新机遇**

虽然欧美等发达国家是我国服务贸易的主要伙伴，但是"一带一路"沿线国家与我国服务贸易增长迅速，并成为我国服务贸易国际市场的新增长点。"一带一路"也为我国服务贸易伙伴多元化和国内发展区域多元化提供了更多可能性。据统计，我国与"一带一路"沿线国家之间的货物贸易总额占总对外贸易额约 26%，而我国与"一带一路"沿线国家之间的服务贸易占我国服务贸易总额的份额仅为 14%，远低于货物贸易份额，一方面显示出我国开拓"一带一路"沿线国家服务贸易市场不够，另一方面也预示着未来加强同"一带一路"沿线国家开展服务贸易合作的巨大空间。对于我国传统服务贸易而言，"一带一路"沿线国家大部分为发展中国家，对传统服务业如交通、建筑、基础设施建设等有巨大的需求，有助于推动我国传统服务贸易出口。对于新兴服务业而言，"一带

"一路"沿线新兴经济体和转型经济体都在大力推进服务产业转型升级，发展现代服务业，而我国新兴服务业如金融、电子信息技术、互联网等有一定优势，开拓"一带一路"沿线国家市场有较大潜力。

4. 服务贸易政策体系不断完善为服务贸易发展注入持续动力

近年来，以建立服务贸易创新发展试点地区为代表，我国推出了一系列促进服务业和服务贸易发展的重大战略举措与政策文件，涉及金融、财政、税收、便利化等。15 个服务贸易创新试点地区试点已进入考核总结阶段，各个地区圆满完成了各项试点任务，初步形成了一系列可复制、可推广的政策经验。在文化、技术和外包领域的出口体制与机制上不断完善，推出税收优惠、出口信贷等促进服务贸易发展的政策措施。在统计上，首次建立了服务贸易统计监测体系，开展统计直报和抽样调查；首次将服务贸易统计纳入国家统计执法，对于今后开展服务贸易统计有里程碑式的意义。在模式创新上，我国不断推出创新方案，提出将服务融入制造业，拓宽服务外包领域，同时发展数字化服务，并就此制订了翔实的发展方案。在平台上，除服务贸易创新试点外，还有服务外包示范城市，以及推动建设文化和数字化服务出口基地等，并制定配套的促进政策。在对外合作上，借助以中国（北京）国际服务贸易交易会为代表的一系列服务贸易展会开展服务贸易国际合作。这些新举措优化了我国服务贸易环境，为我国服务贸易的开放发展注入了持续动力。

**二、中国服务贸易发展展望**

1. 服务贸易规模有望达到新高

随着中国经济服务化率的不断提升，服务贸易发展的产业基础将进一步夯实，服务产业的国际化程度将进一步提高。尤其是 2017 年，我国服务贸易出口增速连续 7 年来首次超过进口增速，预示着我国服务贸易进出口结构性拐点即将到来，服务贸易逆差将会有所缩小。从未来增长看，以 2017 年服务进出口额为基数，按 7%的保守增长速度预计，2018 年我国服务贸易进出口额有望接近 7 500 亿美元，到 2022 年我国服务贸易进出口总体规模预计接近 1 万亿美元，继续保持世界第二大服务贸易国地位。同时，我国服务业开放和服务贸易自由化水平将达到新的高度，随着准入前国民待遇加负面清单管理制度的逐步实行，市场准入大幅度放宽，服务业对外开放程度将进一步扩大，更多的服务业外商将进入中国市场，形成面向全球的贸易、投融资、生产、服务网络。

2. 服务贸易结构将进一步优化

新兴服务贸易占服务贸易总额比重将不断攀升，且增长速度将高于传统服务贸易。预计到 2020 年，传统服务贸易仍将是我国服务贸易的主体，但新兴服务贸易占比将逐步逼近传统服务贸易，预计比重超过 50%。2017 年新兴服务贸易进出口额增速远高于传统服务贸易，并成为带动整体服务贸易增长的主要力量。2018 年新兴服务贸易有望继续保持高速发展，带动整体服务贸易结构的优化。首先，供给侧结构性改革和人民生活水平提高而产生的新服务需求，将会使文娱产业等新兴服务业领域迎来增长机遇，具有中国特色的图书、影视、中医等服务领域出口将不断扩大。其次，我国诸多 IT（信息技术）和互联网企业将在更大程度上参与国际服务贸易，不仅会带动我国服务业的可贸易性大幅提升，同时也会推动数字服务、软件和信息服务贸易增长。目前，我国大数据、云计算、移动互联等已处于全球领先地位，2017 年我国大数据产业预估超过 4 000 亿元，在 2018 年将保持 35% 的增长率，云计算技术产业规模将超过 6 000 亿元，这为我国发展数字服务贸易提供了强大的产业支撑。

3. 服务贸易国内国际区域分布更为平衡

从国内布局来看，未来一个时期服务贸易规模依旧以东部地区为主，但中西部增速将快于东部增速。北京、上海、广东等拥有良好的基础设施、浓厚的创新氛围和完善的教育体系，相对于西部欠发达地区依旧在规模上处于领先优势。预计到"十三五"末，中西部地区服务贸易占比将提高到 18% 左右，比"十二五"末提高 4 个百分点。从国际布局来看，传统市场优势有所减弱，国际市场将更趋多元。我国对"一带一路"沿线国家的服务贸易市场份额将进一步提升。同时，中国服务贸易在美、欧、日等传统市场份额进一步下降，减少了对西方发达国家服务贸易市场的依赖。

【资料来源：费娇艳. 中国服务贸易发展形势与展望[J]. 国际贸易，2018（2）.】

# 【重 要 概 念】

水平承诺；具体承诺

# 【思 考 题】

1. 试述当前中国对外服务贸易的发展特点。
2. 中国服务贸易发展的现有问题及未来趋势是什么？
3. 简述中国入世的服务贸易承诺及其产生的影响。
4. 中国发展服务贸易会面对哪些有利和不利因素？
5. 如何从政策层面推动中国服务贸易的发展？

# 【课后阅读材料】

[1] 赵景峰，陈策. 中国服务贸易：总量和结构分析[J]. 世界经济，2006（8）.

[2] 蒙英华，蔡洁. 服务业对外开放与服务贸易政策体系构筑[J]. 国际贸易问题，2007（2）.

[3] 许统生，黄静. 中国服务贸易的出口潜力估计及国际比较——基于截面数据引力模型的实证分析[J]. 南开经济研究，2010（6）.

[4] 孙立行. 探讨"后危机时代"中国的服务贸易发展策略[J]. 世界经济研究，2011（6）.

[5] 姜义茂. 服务贸易发展的基本规律和我国的战略抉择[J]. 财贸经济，2007（7）.

[6] 周念利. 基于引力模型的中国双边服务贸易流量与出口潜力研究[J]. 数量经济技术经济研究，2010（12）.

[7] 涂远芬. 中国双边服务贸易成本的测度及影响因素分析[J]. 国际商务（对外经济

贸易大学学报），2016（1）.

[8] 毛艳华，李敬子. 中国服务业出口的本地市场效应研究[J]. 经济研究，2015（8）.

[9] 李江帆. 中国服务贸易研究报告——推动我国服务贸易发展的战略研究[J]. 财贸经济，2012（1）.

[10] 赵春明，殷彪. 入世后中国快递企业制度变迁中的成本驱动分析[J]. 国际经济学评论，2008（2）.

[11] 李宏兵、文磊、赵春明. 外资进入改善了我国服务业就业结构吗——基于微观企业数据的实证研究[J]. 国际贸易问题，2016（10）.

[12] 蔡宏波，胡翔斌，赵春明. 服务进口与就业性别歧视——基于中国服务业企业数据的检验[J]. 经济管理，2014（12）.

## 【即 测 即 练】

# 第四部分

# 国际服务贸易的重要专题性内容

# 第 8 章

# 服务贸易协议

## 学习目标

1. 了解《服务贸易总协定》的文本内容。
2. 熟悉多哈回合服务贸易谈判的背景、现状和障碍。
3. 认识当今世界重要的区域服务贸易安排。

## 8.1 《服务贸易总协定》

《服务贸易总协定》于 1994 年 4 月 15 日正式签署，作为第一个多边服务贸易协定，其对全球和区域服务贸易自由化的发展具有里程碑意义。本节内容将对 GATS 作出系统性介绍和评价：乌拉圭回合服务贸易谈判的背景和 GATS 的签署、GATS 文本内容的分层解读，以及对 GATS 的正反两方面评价。

### 8.1.1 GATS 产生的背景

#### 1. GATS 是经济全球化和世界服务贸易迅猛发展的必然产物

第二次世界大战以来，特别是新科技革命至今，经济全球化不断深入，国际分工细化和贸易与投资自由化的趋势日渐明显。国际间商品、服务，以及资本、技术、信息等各种要素部分实现自由流动和配置，使得各国经济相互影响，依存度大大提高。其中，国际贸易的增长速度高于世界经济的增长速度，而国际服务贸易的增长速度又远远高于货物贸易的增长速度。

但是，由于服务业和服务贸易涉及范围十分广泛，包括国民经济、社会、文化等诸多领域，长期以来形成了复杂的市场准入限制、国内政策管制和贸易壁垒，所以服务贸易的加速发展急需破除这些障碍，建立统一、合理、有效的管理国际服务贸易运行的全球机制，维持世界服务贸易发展的良好势头，进一步推动服务业开放和服务贸易自由化。在这种背景下，GATS 应运而生。

#### 2. GATS 是发达国家与发展中国家利益争夺的矛盾产物

20 世纪 70 年代初，国际服务贸易作为独立的领域开始得到关贸总协定及其成员的关注，服务业部门的竞争和服务产品的国际交换成为这一时期的焦点议题之一。针对服务贸易自由化，发达国家和发展中国家的态度截然相反。发达国家积极倡导服务贸易自由化，而发展中国家是由坚决抵制到逐步接受。

1）以美国为首的发达国家积极倡导服务贸易自由化

作为世界上服务业发展水平最高、服务贸易出口最多的国家，美国在货物贸易逆差连年增加的同时服务贸易始终保持顺差，其急切期望通过双边或多边的谈判磋商推动和早日实现区域或全球服务贸易自由化。

欧洲众多发达经济体起初对美国的倡议表示担忧，但伴随其对外服务贸易竞争力日渐提高，明确表现出对美国的坚定支持。虽然日本在绝大多数服务业和服务贸易领域都具有较强的竞争优势，但总体上服务贸易呈现逆差状态，不过其出于改善同美国持续吃紧的货物贸易关系的目的，仍然加入了以美国为首的服务贸易自由化阵营。这样，发达国家基本统一了通过多边谈判机制加快推进国际服务贸易自由化的认识和决心。

2）发展中国家对服务贸易自由化由坚决抵制到逐步接受

美国积极推动的服务贸易自由化谈判没有得到发展中国家的积极响应，由于自身服务业发展尚处于幼稚阶段，尤其金融、保险、咨询等资本、知识密集型行业一时较难参与国际竞争，加之部分服务业涉及国家经济安全、国民意识形态等敏感问题，发展中国家普遍反对快速的服务贸易自由化。

随着世界各国特别是发达国家在服务贸易自由化问题上达成共识，发展中国家对此的态度也由坚决抵制出现了松动。一方面，一些新兴经济体在部分服务业上已经取得相当优势，并正在积极培育对外服务贸易竞争力；另一方面，发展中国家意识到，与其被动接受发达国家制定的服务业和服务贸易规则，不如主动回应和参与服务贸易多边谈判，在与发达国家的博弈过程中使损失减至最低，利益得到保障。在双方的共同努力下，服务贸易作为崭新议题被纳入乌拉圭回合多边谈判议程，从此开启了多边纪律约束下世界服务贸易发展的新阶段。

经过四个阶段、为期 8 年的艰苦谈判，乌拉圭回合参与各方于 1994 年 4 月在摩洛哥马拉喀什正式签署了 GATS。

## 8.1.2　GATS 的文本内容

作为第一部具有法律效力的国际服务贸易多边规则，GATS 最终文本由四大部分组成：第一部分是正文，包括 6 个部分 29 个条款，规定了有关服务贸易的原则、规则与一般定义和范围；第二部分是 8 个附件，具体明确了航空、金融、海运、电信等较复杂的服务业部门的定义、范围、原则与规则，包括正文第 2 条的最惠国待遇豁免清单；第三部分是在"肯定列表"的基础上，各国作出的关于市场准入和国民待遇的部门"承诺细目表"；第四部分是部长级会议决定与谅解等。

### 1.正文

GATS 正文的主体内容是：前言、范围与定义、普遍义务与原则、承担特定义务、逐步自由化、组织机构条款、最终条款。其中，前言提出了签订 GATS 的宗旨、目标和原则。

第一部分是范围与定义，确定了 GATS 的适用范围、服务贸易的定义和部门覆盖范围。GATS 按照跨境交付、境外消费、商业存在和自然人移动四种提供方式界定服务贸易，同时将服务贸易部门划分为 12 个部门、155 个分部门，在各成员提交的"承诺细目表"中，结合法律规则和义务，对单个部门及分部门分别进行谈判磋商和约束。

第二部分是普遍义务与原则，由 14 个条款和两项附则组成，是 GATS 正文的核心内容。该部分确立了服务贸易的法律原则和纪律，构成了各成员方权利和义务的基础。其中，14 个条款分别对最惠国待遇、透明度、发展中国家的更多参与、经济一体化、国内规定、认可、垄断、商业惯例、紧急保障措施、支付和转让、国际收支平衡的保障限制、政府采购以及一般例外和安全例外等的义务与原则进行了统一规定。

第三部分是承担特定义务。GATS 从市场准入、国民待遇和附加承诺三个方面对各成员在部门与分部门中涉及的具体承诺列出了应遵守的原则和规定，为各成员的承诺细目表制定了一致标准。

第四部分是逐步自由化，具有"逐步"和"自由化"两层含义。GATS 规定，各成员应在协定生效起不迟于 5 年启动新一轮多边谈判，以逐步提高服务贸易自由化的水平。

第五部分是组织机构条款，包括争端解决机制在内的 5 个条款。GATS 未对服务贸易的争端解决机制作出进一步规定，而是沿用了《建立世界贸易组织的马拉喀什协定》的附件 2《争端解决规则与程序谅解》。

第六部分是最终条款，由利益的否定、术语定义和附件组成。

### 2. 附件

作为 GATS 不可分割的重要组成部分，附件涵盖了航空服务、金融服务、电信服务、自然人移动等多个服务贸易领域。这些附件充分考虑了服务的复杂性、多样性和服务提供方式的差异性，对特定的服务部门以附件和部长级会议的文件确立具有针对性的补充规定，并为进一步推动服务贸易自由化所作的后续谈判提供了指导。

### 3. 承诺细目表

GATS 的承诺细目表是具体反映各成员服务业和服务贸易部门开放的条件与状况的有效文件，为了便于成员间的比较分析，承诺细目表采用统一格式，如表 8-1 所示。

表 8-1　GATS 承诺细目表范例

| 部门 | 提供方式 | 市场准入限制 | 国民待遇限制 | 附加承诺 |
|---|---|---|---|---|
| 1. 水平承诺 | | | | |
| 所有部门 | ①跨境交付 | 无限制 | 无限制 | |
| | ②境外消费 | 无限制 | 无限制 | |
| | ③商业存在 | 无限制 | 研究与开发补贴 | |
| | ④自然人移动 | 除企业之间的高层管理人员为期 4 年以上的初次流动无限制，逗留期限取决于经评估的经济需要 | 除市场准入栏所标明的事项外无限制 | |
| 2. 部门承诺 | | | | |
| 会计服务 | ①跨境交付 | 无限制 | 无限制 | |
| | ②境外消费 | 无限制 | 无限制 | |
| | ③商业存在 | 只有自然人可以作为注册会计师 | 公司中至少有一名财产合伙人为永久居民 | |
| | ④自然人移动 | 除水平承诺部分标明外无限制 | 除水平承诺部分标明外无限制 | |

1）承诺义务

（1）市场准入方面，规定了六类限制措施：①对服务提供者的数量限制；②对服务交易及其总金额的限制；③对服务活动数量的限制；④对所雇用的自然人数目的限制；⑤要求以某种形式的法人实体或合资方式进行服务贸易的限制性措施；⑥对外国资本进入的限制。

（2）国民待遇方面，规定某一成员方给予任何其他成员的服务和服务提供者的待遇应不低于给予本成员相同的服务与服务提供者的待遇。

（3）附加承诺方面，规定影响服务贸易但又不同于上述市场准入和国民待遇的其他义务与原则，扩展了服务贸易的特定义务范围。

2）水平承诺和部门承诺

GATS 的承诺细目表从两个部分对市场准入和国民待遇两个方面进行了规定。

第一部分规定适用于所有服务部门的所有承诺的限制条件，即水平承诺，这是评估任一服务部门具体承诺的前提。

第二部分规定适用于所承诺的服务贸易的具体部门。

WTO 框架下，按照服务产品特征将承诺细目表涉及的服务业划分为 12 个服务部门和 155 个服务分部门，具体如表 8-2 所示。

表 8-2　服务业部门分类

| 服务部门 | 具体服务活动 | 合计 |
| --- | --- | --- |
| 商业服务 | 11 项专业服务+5 项计算机服务+3 项研发服务+2 项不动产服务+5 项有条件租赁服务+20 项其他服务 | 46 |
| 通信服务 | 邮政服务+国际快递服务+15 项电信服务+6 项视听服务+其他服务 | 24 |
| 建筑工程服务 | | 5 |
| 销售服务 | | 5 |
| 教育服务 | | 5 |
| 环境服务 | | 4 |
| 金融服务 | 4 项保险服务+12 项银行服务+其他服务 | 17 |
| 健康与社会服务 | | 4 |
| 旅游及相关服务 | | 4 |
| 娱乐、文化与体育服务 | | 5 |
| 交通运输服务 | 6 项海运服务+6 项河运服务+5 项空运服务+空间服务+5 项铁路服务+5 项公路服务+2 项管道服务+4 项运输辅助性服务+其他服务 | 35 |
| 其他服务 | | 1 |

3）四种服务提供方式

跨境交付，在一个成员方境内向任何其他成员方提供服务。

境外消费，在一个成员方境内向任何其他成员方的服务消费者提供服务。

商业存在，一个成员方的服务提供者在任何其他成员方境内以商业实体的形式提供当地化的服务。

自然人移动，一个成员方的服务提供者在任何其他成员方境内以自然人的形式提供服务。

4）三种承诺方式

GATS 承诺细目表对 155 个服务分部门的四种提供方式（155×4=620 种服务提供方式）进行了承诺表示。承诺表示可以分为如下三种形式。

无限制（full commitments/none）表示在所承诺的服务部门和服务贸易提供方式中，对市场准入或国民待遇无限制，开放程度最高。

不承诺（unbound）表示在所承诺的服务部门和服务贸易提供方式中，继续执行、保留或增设与市场准入或国民待遇有关的限制措施，开放程度最低。

有限制的承诺（commitment with limitations）表示将取消部分现存的违背市场准入和国民待遇的限制措施，并承诺未来不再新增，开放程度介于"无限制"和"不承诺"之间。

**4. 部长级会议决定与谅解**

部长级会议决定与谅解包括具体部门、具体义务和具体原则在内的 11 项内容，从制度上进一步保证了 GATS 及其附件的顺利执行。

## 8.1.3　对 GATS 的评价

对 GATS 的评价包括积极方面和不足之处。

**1. 积极方面**

对 GATS 积极方面的评价有以下几点。

1）GATS 为世界服务贸易发展创立了国际规范

自 1947 年关贸总协定诞生以来，尽管全球服务贸易迅猛发展，但由于各国产业结构和经济发展水平的显著差异，服务贸易发展极不平衡，长期以来尚未形成对管理国际服务贸易的统一规范。GATS 适应了这一迫切要求，为各国发展对外服务贸易和参与国际服务贸易竞争提供了一个广泛认可、可供遵循的国际准则。GATS 的出现是多边贸易自由化的重大突破，使传统多边贸易体制由货物贸易延伸到服务贸易，标志着国际贸易体制日臻完善。

2）GATS 进一步推动世界服务贸易的全面增长

在乌拉圭回合谈判中，各方意识到服务贸易对国民经济发展的重要性，共同认为国际服务贸易壁垒会影响全球贸易的健康发展。而 GATS 的制定和实施能够抑制服务贸易领域保护主义的蔓延，加强和巩固服务贸易自由化的发展态势，从而大大推动世界服务贸易的全面增长。

3）GATS 首次关注发展中成员的更多参与问题

GATS 考虑到发展中成员的实际情况，明确了对发展中成员的诸多保留和例外，给予发展中成员特殊和差别待遇。例如，发达国家对发展中国家承担技术援助的义务，对最不发达国家在经济贸易和财政方面给予特殊支持。这些都为发展中成员的服务贸易发展提供了必要条件，使之在激烈的国际竞争中得到保护和发展。

4）GATS 对构建国际经济新秩序具有重要意义

在传统秩序中，发展中国家对国际事务没有发言权。当前，发展中国家已登上世界政治经济舞台，是国际法的当然主体，正在积极谋求有利于自身发展的环境和条件。GATS 是在发达国家和发展中国家的共同参与下制定的，在一定程度上体现了发展中国家的诉求，反映了发展中国家的国际地位，对构建国际经济新秩序具有重要促进作用。

**2. 不足之处**

目前，GATS 只为多边服务贸易体系提供了一个基础框架，更多问题还须各成员继续谈判以达成明确一致的规则，在此过程中仍要面对和解决诸多新问题，GATS 也正在不断补充和完善。

1）GATS 的承诺范围十分有限

乌拉圭回合谈判达成的具体承诺，不论是涵盖的服务部门，还是在承诺中仍然保留的限制，都是服务贸易自由化的最低限度。乌拉圭回合中作出的所有承诺都是在现状基础上，承诺不会在所列部门中出现比谈判时更高水平的限制，说明各方愿意止步于现状，尚未真正迈出自由化的步伐。在所涵盖的服务部门上，发达国家承诺涉及的部门数量约占总量的一半。对于发展中国家，大约 1/4 的成员方的承诺细目表只对 3% 的服务部门作出了承诺。要真正实现服务贸易自由化，应在 GATS 框架下通过继续谈判逐步提升成员方具体承诺的总水平。实际上，包括基础电信、金融服务等在内的众多服务部门的多边谈判都是在乌拉圭回合之后进行的。

2）GATS 的适用范围较难界定

GATS 文本条款的一部分表述过于折中，导致适用范围模糊不清，较难确定。①"肯定列表"清单中，市场准入与国民待遇不具有普遍约束力，容易引发争端；②最惠国待遇的豁免存在被滥用的可能；③政府采购与补贴等规定不够明确，影响了 GATS 内容的完整性；④GATS 对国际服务贸易的约束只适用于承诺细目表中的具体承诺，且各国承诺细目表的设计缺乏透明度。

# 8.2　多哈回合服务贸易谈判

2001 年 11 月，在卡塔尔首都多哈举行的世界贸易组织第四次部长级会议上，新一轮多边贸易谈判正式启动，被称为"多哈回合"。由于多哈回合将发展作为谈判主题，将帮助发展中国家发展经济、解除贫困作为主要目标，因此该轮谈判又被称为"多哈发展回合"。

多哈回合主要包括 19 个议题[①]、8 个谈判专题[②]、3 个关键领域[③]和 3 个主要焦点[④]。

---

① 19 个议题：①农业；②服务；③非农产品市场准入；④与贸易有关的知识产权；⑤贸易与投资的关系；⑥贸易与竞争政策的相互作用；⑦政府采购透明度；⑧贸易便利化；⑨WTO 规则；⑩争端解决谅解；⑪贸易与环境；⑫电子商务；⑬小经济体；⑭贸易、债务和财政；⑮贸易与技术转让；⑯技术合作和能力建设；⑰最不发达国家；⑱ 特殊与差别待遇；⑲工作计划的组织和管理。

② 8 个谈判专题：①农业问题；②非农产品市场准入；③服务贸易；④贸易与发展；⑤规则谈判；⑥争端解决；⑦知识产权；⑧贸易便利化。

③ 3 个关键领域：①农业国内支持；②农产品市场准入；③非农产品市场准入。

④ 3 个主要焦点：①要求美国进一步削减扭曲国际贸易的国内支持；②要求欧盟降低农产品的关税；③要求发展中国家降低非农产品关税。

其中，作为主要议题之一，各国就服务贸易多边规则的制定和服务业市场准入等内容进行谈判，对于加快多哈回合整体进程和促进全球范围内的服务贸易自由化具有重要作用。

以下将对多哈回合作出整体描述，并从谈判背景、谈判进程、谈判焦点和谈判前景四个方面对多哈回合服务贸易谈判的现状、遇到的瓶颈和推进的可能进行深入分析。

## 8.2.1　谈判背景

伴随经济全球化日益深入并且席卷世界各个国家和地区，20 世纪 90 年代以来世界经济发生了巨大变化，国际服务贸易发展呈现出以下几个新特点。

第一，国内服务业高速发展，尤其发达国家服务业已经跃居国民经济的主导产业。以 2006 年为例，世界平均水平、发达国家以及发展中国家第三产业生产总值占各国 GDP 的比重分别为 69.0%、72.4%和 54.6%，且绝对值还在不断上升。相应地，第三产业就业人数占国内总就业的比重也表现出相同的发展态势。

第二，与服务业在一国国民经济中的地位提升相适应，国际服务贸易进入了迅速发展时期。服务贸易的进出口无论是总量还是增长率，都有了极其显著的增加。和 1980 年相比，2016 年世界服务贸易进出口总额从 7 674 亿美元增至 95 018 亿美元，是 1980 年的 12 倍有余。

第三，服务贸易地区和国别分布的不平衡性加剧。2009 年，从地区上看，欧洲、亚洲和北美洲占据全球服务贸易进出口总额的前 3 名，非洲和拉美位列其后，但差距悬殊。从国家上看，发达国家在服务贸易进出口方面优势明显，美、德、英、日、法、意占据前 6 位，且所占比重很大；较之发达国家，发展中国家如韩国、新加坡、中国、印度等服务贸易额逐年增长，已进入进口或出口排行榜的前 20 位，不过仍然无法撼动发达国家的主导地位。这种不平衡性，一定程度上取决于发达国家为了保持其在服务贸易领域的竞争优势，奉行贸易保护主义，利用服务贸易壁垒阻碍发展中国家的服务出口。

在此背景下，服务业和服务贸易重要性的显著提升使得世界各个国家和地区越来越重视服务贸易发展。为此，旨在消除服务贸易壁垒、促进国家间服务贸易往来、全面推进服务贸易自由化的多边服务贸易谈判受到各国的广泛关注和响应，多哈回合服务贸易谈判势在必行。

## 8.2.2　谈判进程

尽管多哈回合服务贸易谈判于 2001 年 11 月 WTO 第四次部长级会议上正式启动，但严格意义上的新一轮服务贸易谈判在多哈回合启动前已经开始了。根据 GATS 的规定，各成员就服务贸易的谈判应不迟于 5 年内进行，2000 年 1 月 WTO 正式发起新一轮服务贸易谈判，对谈判目标和原则、谈判范围、谈判方式和程序三个方面展开磋商。

由于多哈回合的复杂性以及各谈判议题的相互牵制，多哈回合服务贸易谈判进展并不顺利，特别是受到农业议题等的影响，谈判曾一度中断。综合谈判内容、谈判进展和谈判效果，多哈回合服务贸易谈判大致可以分为以下三个阶段。

### 1. 第一阶段（2000 年 2 月—2001 年 3 月）

这一阶段主要针对服务贸易的多边规则制定，集中在两大议题上：一是确定与谈判相关的规则和程序，包括服务贸易谈判的准则、程序以及服务贸易评估、服务贸易自由化模式等；二是 GATS 框架下的规则制定与补充，包括紧急保障措施、政府补贴、政府采购、国内管制等。

总体上看，成员方对该阶段问题基本达成共识，为进一步的服务贸易谈判提供了基础框架和原则。但是，在个别议题上，如政府补贴等，被遗留在下一阶段的谈判中。

**2. 第二阶段（2001 年 4 月—2006 年 7 月）**

这一阶段主要针对服务贸易的市场准入，除了解决第一阶段遗留的规则制定方面的议题以外，各成员侧重就服务贸易自由化领域的市场准入进行相关的具体承诺谈判。

2004 年以前，由于各成员将多哈回合的谈判重点放在农业问题上，服务贸易谈判进展缓慢。

（1）柳暗花明。2004 年 8 月，《多哈工作计划》明确了各成员提交具体承诺的期限，从这之后服务贸易谈判的进程开始加快。2005 年伴随农业出口补贴、棉花补贴、最不发达国家支持三个议题上各成员达成共识，服务贸易问题才得到重视，有关最不发达国家特殊待遇、服务贸易自由化评估、自主自由化待遇等方面的谈判渐次进行，谈判成效逐渐显现。

（2）峰回路转。2006 年 4 月，中国、印度、巴西等发展中成员在自然人移动方面要求发达成员在包括医疗、建筑等的 24 个领域向发展中成员的技术人员提供一定居留时间的入境和劳务许可，发达成员不予回应，两大谈判集团在该问题上形成僵持，加之在农业和非农产品市场准入谈判中的巨大分歧，多哈回合被迫中断。

**3. 第三阶段（2006 年 8 月以后）**

2007 年 4 月，各成员在多哈回合重启后首次就服务业举行为期两周的集中正式谈判，并以诸边和双边谈判为主要形式，对放松服务部门的市场准入限制重点磋商。2008 年 7 月的部长级会议上，来自世界贸易组织的 32 个成员齐聚一堂，给各成员提供了信息交换的大好机会。成员方在后续谈判中都表现出在市场准入条件等问题上的缓和态度以及推进服务贸易自由化的坚定立场。

总体而言，自多哈回合服务贸易谈判正式启动，各成员方均表示将积极参与谈判并期待在服务贸易领域取得实质性成果，尽管尚不尽如人意，但仍不可否认其为多哈回合后续谈判打下了一定基础。

### 8.2.3　谈判焦点

如上所述，多哈回合服务贸易谈判主要包括规则制定谈判和市场准入谈判，此外还涉及服务贸易自由化评估、发展中成员特殊和差别待遇等议题。以下针对规则制定中的紧急保障措施、政府补贴、政府采购、国内管制以及市场准入中的自然人移动等进行详细说明。

**1. 规则制定**

1）紧急保障措施

紧急保障措施（emergency safeguard measures，ESM）是成员方为使本国（地区）服务贸易自由化取得稳健均衡发展所制定的政策措施。由于该问题关系重大利益、各成员分歧明显，有关 ESM 的谈判一直举步维艰。自 1995 年 3 月以来，在 WTO 多次会议中各成员已就 ESM 谈判提交意见，并在 GATS 框架下是否需要设立 ESM 以及如何实施进行了充分讨论。

涉及 ESM 的焦点和难点问题主要包括 ESM 的必要性、以何种模式设立 ESM、援引保障措施的理由、适用 ESM 的条件（进口、国内产业、严重损害和严重损害威胁）、不同服务提供方式下 ESM 的实施。2007 年 3 月的非正式会议提交了一份关于 ESM 的意见书，其中包含构建服务贸易 ESM 的法律规则和条款，同时阐述了其政策和经济基础，对 ESM 的规则制定具有重要作用。

2）政府补贴

为避免不当补贴，合理的政府补贴的规则标准作为公平竞争的重要前提需要统一规范。在多哈回合服务贸易谈判中，各成员针对规范服务贸易政府补贴的必要性、GATS 现有规范的约束性、扭曲服务贸易补贴的概念性以及反补贴程序的适用性进行了讨论，尽管成员方积极参与，但在补贴定义等方面分歧明显，谈判进展微乎其微。

2005 年谈判取得一定突破，美国提出缩小信息交换范围，建议采用一个临时的服务贸易补贴定义。随后，智利、中国香港、墨西哥、秘鲁和瑞士等国家和地区提交了一份有关服务贸易补贴临时定义的文件，提议各成员自主选择五个服务部门，就此进行信息交换。不过由于对五个服务部门的选择和时限分歧较大，最终也未能取得实质性成果。

3）政府采购

由于 GATS 没有对服务的政府采购作出开放说明，发达成员和发展中成员在这一问题上态度对立，相关谈判进展缓慢，成果乏善可陈。多哈回合之前，WTO 已经针对政府采购的透明度、定义、范围和规则等进行过多次讨论，多哈回合服务贸易谈判中各成员进一步就政府采购的市场准入和国民待遇问题深入磋商。

事实上，大多数发展中成员因为某些服务部门关系国计民生或国家安全而不愿开放政府采购市场，各成员在这一问题上缺乏共同的认识基础和协调机制，政府采购谈判在短期内不会出现较大突破。

4）国内管制

在国际贸易领域中，贸易自由化和国内管制的关系历来是各国政策制定的重点与实施的难点，然而服务的无形性和服务贸易壁垒的隐蔽性使得这一问题在服务贸易领域显得格外突出。一方面，有效合理的国内管制能够保障和促进服务贸易自由化；另一方面，国内管制不当容易形成外国服务的进入壁垒，不利于服务贸易自由化。对此，发达国家和发展中国家都保持着较高关注，但立场的侧重点有所不同。发展中国家总体上重视水平规则的建立，细节方面重视资格要求和程序，特别是与自然人移动相关的资格问题；发达国家总体上重视服务部门基础上的规则制定，细节方面重视透明度、许可要求等。

对于国内管制，多哈回合服务贸易谈判中成员方经过积极磋商，于 2008 年 5 月达成共识，认为有必要加强多边纪律，但对于应纳入多边纪律约束的国内管制范围则有不同意见，最终妥协提出通过研究具体国内管制措施界定范围以及制定规则。

**2. 市场准入**

服务贸易谈判与农业谈判、非农产品市场准入谈判并称为多哈回合的三大市场准入谈判，各成员主要针对金融服务、基础电信、海运服务、专业服务、自然人移动等的市场准入条件进行要价和讨论。其中，谈判共涉及 17 个服务部门的 163 个行业，是多哈回合服务贸易谈判的核心。《多哈宣言》提出，各成员方应在 2003 年 3 月 31 日之前完成初步报价，但从实际进展来看，谈判并不顺利。一方面，部分成员由于缺乏有效的国内协调，并未按期公布要价；另一方面，发达国家与发展中国家在关键问题上鲜明对立、僵持不下。

例如，在自然人移动问题上，发达成员与发展中成员的矛盾十分突出。站在发达成员的立场上，扩大自然人移动的适用范围，将普通劳务的移动纳入自然人移动的范畴，势必影响以知识、技术密集型服务业为主的发达成员的国际竞争力。因此，一方面发达成员极力将自然人移动的范围限定在"高级专业人员"；另一方面对自然人移动这种提供方式，多数发达成员在承诺细目表中不作承诺。站在发展中成员的立场上，由于主要利益集中在独立的人员跨界流动，并且服务贸易比较优势体现在劳动密集型行业中，所以发展中成员积极寻求自然人移动的进一步市场开放。

## 8.2.4　谈判前景

综上所述，多哈回合服务贸易谈判虽屡经波折，却仍然发挥了积极作用，在曲折中不断前进。谈判不仅在明确准则、程序和内容的基础上，启动了规则制定和市场准入的具体谈判，并为全面促进服务贸易自由化迈出重要一步，而且各成员对多边服务贸易谈判的探索和尝试，反映出世界各国对服务贸易自由化的重视和良好预期。与此同时，必须看到如同多哈回合其他领域一样，服务贸易谈判无论在规则制定还是在市场准入方面进展都十分缓慢，远未达到回合启动之初的设定目标。

首先，服务贸易谈判受到整个多哈回合进程的制约和其他谈判议题的牵制，这是谈判进展缓慢的直接原因和外部原因。服务贸易自由化水平的提升，有赖于全球贸易自由化的日益深入，取决于多边贸易机制的不断完善以及多哈回合的顺利推进。自多哈回合启动以来，农业谈判一直是重中之重，各成员在农产品关税减让、国内支持和出口补贴等方面分歧严重，至今没有达成共识，这不仅影响了多哈回合的整体进程，也挫伤了许多成员参与其他议题的积极性。

其次，服务贸易本身十分复杂，这是服务贸易谈判进展缓慢的内部原因。从乌拉圭回合开始，服务贸易才被纳入多边贸易体制的框架，其自由化进程起步较晚、水平较低。况且，各成员对服务贸易大多采取了不同程度的保护，对于全面开放国内服务业市场仍持谨慎态度，这就决定了服务贸易在相当长时期内只能选择渐进自由化的发展路径。

最后，服务贸易谈判受到不同成员之间利益博弈的影响，这是谈判进展缓慢的深层原因。一方面，发达成员与发展中成员矛盾突出，发达国家偏重知识密集型服务业的市场准入，并倾向于较高的服务业标准以形成技术壁垒，而发展中成员更注重紧急保障措施、自然人移动等，更多体现发展中成员的利益；另一方面，由于国际竞争日趋激烈，发达国家在谈判中出于自身利益的考虑也相互指责、互不让步。

据此，展望多哈回合服务贸易谈判的前景，过程艰难的同时也取得了一些新的突破，具体表现在以下四个方面。

### 1. 议题的广泛性

随着服务贸易谈判的不断推进和各成员服务贸易自由化水平的不断提高，更多的服务贸易议题将被列入谈判范围，服务贸易自由化的领域将进一步扩展。

### 2. 任务的艰巨性

既有服务贸易自身的主观原因，又有其他议题相互制约的客观原因，还包括各成员之间立场对立、矛盾突出的深层原因，多边服务贸易谈判必然面临多方面的困难，需要各成员持续改进、共同努力。

### 3. 成果的有限性

服务贸易谈判中的各种分歧都随着服务贸易自由化进程和成员自身的不断发展逐步解决，在此漫长的过程中谈判的成效将逐渐显现，现阶段谈判能够取得的成果十分有限。

### 4. 影响的深远性

尽管任务艰巨、成果有限，但多哈回合服务贸易谈判对世界服务贸易发展、发展中国家的更多参与、不同利益集团之间的协调都具有显著的导向作用，影响着各国内部经济政策及其对外经济政策。

## 8.3 区域服务贸易协议

世界服务贸易发展具有越来越复杂的地区和结构差异，旨在全面推进服务贸易自由化的多边贸易谈判越发困难，多哈回合举步维艰正是这一问题的深刻反映。与此同时，服务贸易的区域自由化作为服务贸易自由化的另一种重要模式在推动全球服务贸易发展的道路上扮演着日益重要的角色。以下将对欧盟、《北美自由贸易协定》和中国—东盟自由贸易区《服务贸易协议》在服务贸易领域的具体政策安排进行总结评析。

### 8.3.1 欧盟的服务贸易安排

欧盟一直采取积极有效的措施，目标是消除国家间在货物、服务、资本和劳动力流动方面的限制，促进各贸易领域的协调发展、整体的经济增长和各成员国一体化发展。其中，服务贸易在欧盟经济中占有举足轻重的地位。欧盟对区域服务贸易发展和服务贸易自由化政策的制定极为重视。

随着 1993 年 1 月《马斯特里赫特条约》的生效和欧洲统一大市场的正式启动，欧盟的服务贸易自由化步伐不断加快，较短时间内基本消除了成员间的服务贸易壁垒。《马斯特里赫特条约》对欧盟服务贸易自由化的实施、推进和深化予以了原则性规定和制度保障，体现在以下几个方面。

（1）人员流动。将可以自由选择居住和工作地点的自然人范围扩大至所有正在工作的自然人、学生和退休人员。

（2）资本流动。设立了欧盟中央银行，为完全资本流动和欧盟单一金融服务市场的建立创造了条件。

（3）共同对外。成员国对欧盟以外的任何国家，在政治、经济上均采取共同原则，保证盟内服务贸易自由化和对外服务贸易竞争力。

（4）运输服务。基本实现交通运输领域的服务贸易自由化。

在《马斯特里赫特条约》的基础上，欧盟为了建立全面的统一服务市场，陆续出台了各服务部门的开放和贸易自由化措施。

（1）金融服务领域。欧盟于 1999 年发起"金融服务行动计划"（Financial Services Action Plan，FSAP），FSAP 包括实现一体化程度更高的金融服务市场所需要的法律与非法律措施以及相应的时间表，被视为欧盟经济增长促进战略的核心。

（2）电信服务领域。1998 年 1 月欧盟 15 国（瑞典和英国早于统一安排）的电信基础设施与服务实施自由化，打破垄断、引入竞争，提升了区域电信服务贸易的自由化程度。

（3）运输服务领域。2001 年 9 月，针对公路运输、铁路运输、航空运输、内河与海洋运输等众多交通运输部门，欧盟提交了一份包括 60 项改革措施的行动方案，发展至今，欧盟交通基础设施规模不断扩大，运输结构也趋于合理，为各成员国经济与社会的发展提供了有效支撑。

（4）旅游服务领域。2003 年 11 月，欧盟委员会提出旅游业与经济、社会和环境可持续发展的观点，强调成员国旅游政策的统一性，号召旅游业之间、旅游目的地之间开展国家、区域和地方各层次合作，促进旅游收入的增长与欧洲文化完整性的保存。

综上，在《马斯特里赫特条约》以及相继出台的各种措施下，联盟成员国之间在服务贸易市场准入、国民待遇、最惠国待遇等方面几乎已不存在障碍，欧盟区域内服务贸易自由化基本实现。

## 8.3.2 《北美自由贸易协定》的服务贸易安排

美国、加拿大和墨西哥于 1992 年 8 月 12 日签署《北美自由贸易协定》（North American Free Trade Agreement，NAFTA），1994 年 1 月 1 日协定生效。NAFTA 服务贸易部分具有涉及面广、规定细化、操作性强的特点，其较完善的细节条款和较高的服务贸易自由化水平为世界其他区域服务贸易协议提供了成熟模板。

### 1. 协定背景

20 世纪 80 年代起，欧洲经济一体化进程加快，日本对北美市场的进攻也咄咄逼人，美国和加拿大的国际经济地位与竞争优势相对减弱，这使双方意识到进一步加强双边经贸联系的必要性。1980 年，里根在竞选美国总统时提出包括美国、加拿大、墨西哥及加勒比诸国在内的"美洲共同市场"的设想；1983 年，加拿大也提出建立美加自由贸易区的方案；1986 年，美国和加拿大签署《美加自由贸易协定》，构建美加自由贸易区；1991 年，美国、加拿大和墨西哥为建立北美自由贸易区启动谈判；1992 年，三国代表正式签署《北美自由贸易协定》，NAFTA 在《美加自由贸易协定》的基础上正式诞生。

美国作为协定的主导国和支撑力量，在服务贸易自由化方面一直态度积极、立场坚定。1973—1979 年东京回合谈判时，美国根据《1974 年贸易法》的授权，试图把服务贸易列为 GATT 议题，以寻求所谓"更公平的贸易"。1979 年和 1984 年，美国分别出台《贸易协议法》和《贸易与关税法》，均授权政府就服务贸易进行多边谈判，并计划针对未在该问题上达成妥协的国家采取报复。1988 年，美国颁布《综合贸易与竞争法》，再次确认美国服务贸易谈判的原则和目标，使其解决服务贸易争端时有法可依。因此，美国格外关注 NAFTA 及其服务贸易自由化的相关内容。

**2. 协定内容**

随着 NAFTA 有关服务贸易条款的逐步完善，其不但吸收了《美加自由贸易协定》的成熟做法，而且还借鉴了 WTO《服务贸易总协定》的经验，基本涵盖了全方位的服务贸易自由化政策措施。

（1）涉及面广。NAFTA 共分 19 章，其中涉及服务贸易的内容有：第 1 章目标、第 9 章与标准有关的措施、第 10 章政府采购、第 12 章跨境服务贸易、第 13 章通信服务、第 14 章金融服务，以及第 16 章商务人员的临时进入。对非歧视原则、政府采购、争端解决机制、原产地规则以及各服务部门开放等都作出全面规定。

（2）规定细化。NAFTA 在 15 年内逐步取消美、加、墨之间的所有关税和非关税限制，实现商品、服务、资本和劳动力的自由流动，以及劳工、环保标准和法规的一体化，建成世界上最大的区域经济组织。为此，NAFTA 遵循以最惠国待遇和国民待遇为核心的非歧视原则，细化了争端解决机制，扩大了政府采购领域的服务自由化范围，明确了跨境服务贸易中的自由化措施，采用"否定清单"[①]的方式在具体服务部门特别是金融、通信领域作出不同程度的开放承诺。

（3）操作性强。协定采用了"否定清单"的承诺方式，有利于更多的服务部门开放，实现服务贸易自由化。而且，协定在规定细化的基础上对墨西哥作出特殊安排，如墨西哥在金融服务、投资服务、基础电信服务、空运和海运服务以及政府服务等方面享有保留权，同时拥有金融服务的过渡期保护权。这些安排为各成员的服务业开放和服务贸易自由化提供了更多操作上的便利和可能性。

和 GATS 相比，NAFTA 的服务贸易自由化无论在开放水平还是在规定细节上都有相当程度的提升，具体表现在以下四个方面。

1）GATS 采用"肯定清单"，NAFTA 采用"否定清单"。

GATS 基于"肯定清单"的开放承诺仅适用于作出承诺的服务部门或服务提供方式，更高水平的服务贸易自由化须经多轮谈判逐步实现，这种方式也称"祖父条款"，自由化进程相对受限。

NAFTA "否定清单"具体列明成员不开放或有条件开放的服务部门。否定列表下，NAFTA 三个成员均承诺开放更多的服务部门和分部门，服务贸易自由化水平大大提高。

2）NAFTA 的最惠国待遇条款比 GATS 更完善

最惠国待遇是多边贸易体制的基本原则，GATS 对其作了十分详细的规定。该条款要求各成员对任意成员方的服务以及服务提供者的待遇应立即、无条件地适用于其他成员。类似地，NAFTA 也遵循以最惠国待遇和国民待遇为核心的非歧视原则，但特别提出所谓"齿轮条款"，即成员方的协定承诺伴随其国内自由化措施的改善而自动改善，无须再作承诺。与 GATS 相比，NAFTA 实质上增加了对公平和平等的更高要求。

---

① "否定清单"是指除了列入清单的部门外，所有部门都应开放。除了在清单中保留的措施外，不得采取其他限制措施。

3）NAFTA 的政府采购条款比 GATS 更完善

GATS 第 13 条对政府采购的规定是"原则上关于最惠国待遇、国民待遇和市场准入的各项规则，不涉及成员方涉及政府采购的法律、法规和规章"。实际上，GATS 对政府采购的服务贸易自由化不作要求。与之相比，NAFTA 对政府采购的货物和服务实行公开、透明、竞争三原则，使得涉及政府采购的服务部门开放有了质的变化。

4）NAFTA 的争端解决机制比 GATS 更完善

GATS 对争端解决机制未作特别规定，适用《建立世界贸易组织的马拉喀什协议》附件 2《关于争端解决规则与程序的谅解》。而 NAFTA 不仅重点改进了专家选择程序，且借鉴了美国、加拿大与其他国家签署的双边投资协定，建立了以"联合国国际贸易法委员会"的争端解决规则为基础的"投资者/国家制"争端解决机制。

### 8.3.3　中国-东盟自由贸易区《服务贸易协议》的服务贸易安排

#### 1. 协议背景

20 世纪 90 年代以来，全球区域经济合作蓬勃发展，区域贸易自由化更是高潮叠起，越来越多的国家和地区卷入其中。2002 年 11 月，在第六次中国和东盟领导人会议上，时任中国国务院总理朱镕基和东盟 10 个成员国的领导人共同签署了《中国—东盟全面经济合作框架协议》，决定 2010 年建成中国—东盟自由贸易区。2010 年 1 月 1 日，中国—东盟自由贸易区全面启动，中国对东盟的平均关税从 9.8%降至 0.1%。为进一步提高本地区贸易投资自由化和便利化水平，2013 年 10 月，李克强总理在中国—东盟领导人会议上倡议启动中国—东盟自贸区升级谈判。2014 年 8 月，中国—东盟经贸部长会议正式宣布启动升级谈判，经过 4 轮谈判，双方于 2015 年 11 月就《中华人民共和国与东南亚国家联盟关于修订〈中国—东盟全面经济合作框架协议〉及项下部分协议的议定书》内容达成一致。

与此同时，随着各国服务业开放和服务贸易渐进自由化，服务业投资和国际服务贸易正在成为全球竞争与合作的新领域。目前来看，中国和东盟的服务业发展各有千秋，双方在服务产品的进出口方面竞争性与互补性并存。中国的工程承包、劳务合作等服务大量出口到东盟，而东盟在海洋运输、航空运输、金融服务、建筑工程服务等领域已将中国作为最重要的出口目的地。显然，双边服务贸易逐渐成为发展中国—东盟经贸关系的重要基础和动力。

在此背景下，2007 年 1 月中国与东盟 10 国签署《服务贸易协议》，正式宣告服务业相互开放和区域服务贸易自由化进入了一个新阶段，也为 2010 年全面建成中国—东盟自由贸易区奠定了坚实基础。2011 年 11 月，中国与东盟各国《关于实施中国—东盟自贸区〈服务贸易协议〉第二批具体承诺的议定书》签字生效，进一步提升了中国—东盟自贸区服务贸易自由化水平。2015 年 11 月 22 日，时任中国商务部部长高虎城与东盟 10 国部长代表中国政府与东盟 10 国政府，在吉隆坡正式签署中国—东盟自贸区升级谈判成果文件——《中华人民共和国与东南亚国家联盟关于修订〈中国—东盟全面经济合作框架协议〉及项下部分协议的议定书》，中国在自贸区升级谈判中与东盟成员启动并完成了第三批服务贸易具体减让承诺谈判。与前两批具体承诺相比，各国均作出了更高水平的承诺，进一步提升了中国—东盟自贸区服务贸易自由化水平。

**2. 协议内容**

CAFTA《服务贸易协议》参照了 GATS，同样包括定义和范围、义务和纪律、具体承诺以及机构条款四个部分，共 33 个条款和 1 个附件，附件列示了中国和东盟 10 国的具体承诺减让表。《服务贸易协议》的框架与基本内容和 GATS 相似，当然也具有自身特点，具体表现在如下两个方面。

1）"南南型"区域服务贸易协议

中国—东盟自由贸易区《服务贸易协议》是典型的"南南型"区域服务贸易协议，即发展中国家之间缔结的服务贸易协议。由于发达国家的服务业发展水平较高，其积极推动全球和地区服务贸易自由化进程，但发展中国家服务业发展相对滞后，对服务贸易自由化普遍持谨慎态度。因此，一定程度上"南南型"区域服务贸易协议的自由化水平低于"南北型"。

2）基于"肯定列表"的承诺方式

中国—东盟自由贸易区《服务贸易协议》承袭了 GATS 的"肯定列表"，中国和东盟 10 国仅对自身承诺部门实施开放或贸易自由化，未在清单内的则不予开放，现阶段服务贸易自由化水平相对较低。

尽管 CAFTA《服务贸易协议》相比"南北型"及发达国家之间的区域服务贸易安排自由化程度较低，但较之 GATS，CAFTA 各成员的服务业开放和服务贸易自由化水平仍有大幅度提升。

具体地，我国在建筑工程、证券、旅行社和旅游经营者等部门作出改进承诺。东盟各国在商业、通信、建筑、教育、环境、金融、旅游、运输 8 个部门的约 70 个分部门向我国作出更高水平的开放承诺，主要包括：文莱在电信、旅游、航空等部门作出更高开放承诺，并新增教育、银行、航天运输、铁路运输等部门承诺；柬埔寨在广告、电信、金融等部门承诺中取消过渡期限制；印度尼西亚新增旅馆、餐饮、资产管理和证券管理服务等部门承诺；老挝新增计算机、建筑、教育、环境等领域 19 个分部门承诺；马来西亚在建筑和工程领域放宽外资股比限制，新增兽医服务承诺；缅甸新增教育、建筑、集中工程、城市规划、计算机等部门承诺，并在广告、印刷出版、视听、海运等分部门提升承诺水平；新加坡新增会议服务承诺，取消市场准入和国民待遇限制；泰国在教育、数据处理和数据库、税收、研究和开发、房地产等部门作出进一步开放承诺；越南在计算机、市场调研、管理咨询、教育、环境、旅游等部门取消过渡期限制。

双方的具体改进措施包括扩大服务开放领域，允许对方设立独资或合资企业，放宽设立公司的股比限制，扩大经营范围，减少地域限制，等等。

## 8.4　《海峡两岸服务贸易协议》

**1. 协议背景**

随着经济全球化和区域经济一体化的快速发展，特别是 2008 年 5 月以来两岸关系实现历史性转折，中断近 10 年的两会协商得以恢复，两岸全面直接双向"三通"基本实现，两岸经贸交流与合作更加密切。两岸共同认识到，互为重要经贸伙伴的大陆与台湾，不应置身于全球区域经济合作的潮流之外，两岸同胞期盼建立制度化经济合作的愿望日益增强。

为进一步增进双方的贸易与投资关系，创造公平的贸易与投资环境，逐步减少或消除彼此间的贸易和投资障碍，建立有利于两岸经济共同繁荣与发展的合作机制，2010 年6 月 29 日两岸两会领导人签订合作协议。2010 年 8 月 17 日，台湾立法机构正式通过《海峡两岸经济合作框架协议》（Economic Cooperation Framework Agreemeet, ECFA）。《海峡两岸经济合作框架协议》实质上是两个经济体之间的自由贸易协定谈判的初步框架安排，同时又包含若干早期收获协议。

《海峡两岸服务贸易协议》是 ECFA 后续协商所签协议之一。为加强海峡两岸经贸关系，促进服务贸易自由化，依据《海峡两岸经济合作框架协议》及 WTO《服务贸易总协定》，两岸两会领导人第九次会谈于 2013 年 6 月 21 日在上海举行，双方由时任海协会会长陈德铭与海基会董事长林中森签署《海峡两岸服务贸易协议》。

**2. 协议内容**

《海峡两岸服务贸易协议》文本长达 48 页，正文分为 4 章、24 条，有 2 个附件，分别为《服务贸易具体承诺表》和《关于服务提供者的具体规定》。

正文内容包括总则、义务与规范、具体承诺以及其他条款。其中，协议目的为致力于以下几点。

（1）逐步减少或消除双方之间涵盖众多部门的服务贸易限制性措施，促进双方服务贸易进一步自由化及便利化。

（2）继续扩展服务贸易的广度和深度。

（3）增进双方在服务贸易领域的合作。

《海峡两岸服务贸易协议》规定了两岸服务贸易的基本原则、双方的权利义务，未来合作发展方向及相关工作机制等内容。其明确了两岸服务市场开放清单，在早期收获基础上更大范围地降低市场准入门槛，为两岸服务业合作提供更多优惠和便利的市场开放措施。大陆对台湾开放共 80 条，台湾对大陆开放共 64 条，双方市场开放涉及商业、通信、建筑、分销、环境、健康和社会、旅游、娱乐文化和体育、运输、金融等行业。

双方同意由两岸经济合作委员会服务贸易工作小组负责处理本协议及与服务贸易相关事宜，服务贸易工作小组可视需要设立工作机制，处理本协议及与服务贸易相关的特定事项。

《海峡两岸服务贸易协议》还明确，本协议签署后，双方应各自完成相关程序并以书面通知另一方；协议自双方均收到对方通知次日起生效；协议附件一所列内容应于本协议生效后尽速实施。

# 8.5　全面与进步跨太平洋伙伴关系协定

**1. 协定背景及谈判历程**

全面与进步跨太平洋伙伴关系协定（Comprehensive Progressive Trans-Pacific

Partnership Agreement，CPTPP）前身为跨太平洋伙伴关系协定（Trans-Pacific Partnership Agreement，TPP），是目前重要的国际多边经济谈判组织，最初可追溯为跨太平洋战略经济伙伴关系协定（Trans-Pacific Strategic Economic Partnership Agreement，P4）。P4 是由亚太经济合作会议成员国中的新西兰、新加坡、智利和文莱四国发起。从 2002 年开始酝酿的一组多边关系的自由贸易协定，原名"亚太自由贸易区"，旨在促进亚太地区的贸易自由化。

2002 年，新西兰、智利和新加坡首先在墨西哥 APEC 峰会上就建立 FTA（自由贸易协议）举行了谈判，文莱于 2005 年 4 月加入谈判并最终签署协议。2005 年 5 月 28 日，文莱、智利、新西兰、新加坡四国协议发起跨太平洋伙伴关系，签订并生效的经贸协议，成员之间彼此承诺在货物贸易、服务贸易、知识产权以及投资等领域相互给予优惠并加强合作。协议采取开放的态度，欢迎任何 APEC 成员参与，非 APEC 成员也可以参与。该协议的重要目标之一就是建立自由贸易区。

2006 年 5 月后，跨太平洋战略经济伙伴关系协定相继对新西兰、新加坡、智利和文莱生效。

2008 年，美国宣布加入跨太平洋战略经济伙伴关系协定，并邀请澳大利亚、秘鲁等一同加入谈判。

2009 年 11 月，美国正式提出扩大跨太平洋伙伴关系计划，澳大利亚和秘鲁同意加入。美国借助 TPP 的已有协议，开始推行自己的贸易议题，全方位主导 TPP 谈判。自此跨太平洋战略经济伙伴关系协议，更名为"跨太平洋伙伴关系协议"，开始进入发展壮大阶段。

2010 年，马来西亚和越南也成为 TPP 谈判成员。2011 年后，日本、墨西哥、加拿大和韩国也相继加入 TPP 谈判。

2015 年 10 月 5 日，美国、日本、澳大利亚等 12 个国家成功结束"跨太平洋战略经济伙伴协定"（TPP）谈判，达成 TPP 贸易协定。

2016 年 2 月 4 日，在新西兰奥克兰，由 TPP12 个成员国代表参加的签字仪式上，《跨太平洋伙伴关系协定》正式签署。

2017 年 1 月 23 日，美国总统特朗普签署行政命令，正式宣布美国退出《跨太平洋伙伴关系协定》。

2017 年 11 月 11 日，在越南岘港召开的 APEC 会议期间，以日本为主导的除美国外的 TPP11 国达成了"全面与进步跨太平洋伙伴关系协定"，即 CPTPP 框架协议。

**2. TPP 及 CPTPP 协议特点**

TPP 协定主要有以下特点。

（1）实现零关税。TPP 要求所有成员实现零关税。在农产品方面，除减免税收外，各国还要促进政策改革，包括取消农业出口补贴。在纺织和服装方面，免除纺织和服装业的关税，且多数关税要即刻免除。在电子商务方面，禁止对电子交易征收关税，禁止为偏袒国内生产商或供应商而采取歧视措施或网络封锁。

（2）金融业务要求全面开放。凡某 TPP 缔约方允许其国内公司在其境内市场开办的金融新业务，其他 TPP 缔约方的供应商也可在该 TPP 缔约方的境内市场开办同类业务。

即对外资金融机构不开放的业务将全部打开，外资与国有金融机构应在所有领域全面竞争。允许 TPP 缔约方的供应商向其他 TPP 缔约方境内直接跨境销售特定金融服务，而非要求供应商必须在对方国家建立分支机构才能进行销售，但须在对方国家进行跨境金融服务供应商注册或取得授权。

（3）"贸易权大于主权"原则。在 TPP 框架内，规定主权国家法律必须服从 TPP 协定精神（打破主权国家壁垒、关税近乎于零、实现资本自由流动）。允许个人投资者在国际场合起诉主权国政府。主权国家与本国的跨国公司产生纠纷，只能提交纽约仲裁所裁定。

（4）全新的国有企业提案。TPP 协定要求各成员国消除国有企业补贴、消除对国有企业海外投资所给予的特惠融资措施、保护外国私营企业经济活动、撤销政府采购的优惠偏好等。

（5）知识产权整体保护程度较高。虽然 TPP 知识产权整体保护程度仍未确定，但是 TPP 在地理指标、互联网域名、版权保护、反规避责任、专利保护、转知识产权保护成本、药品定价等多个方面远高于 TRIPs《与贸易有关的知识产权协议》水平。

而 CPTPP 和美国退出前 2015 年签署的 TPP 相比，无论其规模和标准都有明显的下降。CPTPP11 国的国内生产总值占世界的比重为 12.9%，人口占世界人口比重的 6.9%，比 TPP 下降近 1/3，贸易额也由 25.7%下降到 14.9%。自美国退出后，TPP11 国对 2015 年签署的协议进行了重新协商，其结果在保持降低 95%以上关税的基础上，冻结了 20 项原来 TPP 中代表高标准的项目。其中，医药品数据的保护期限（原则为 8 年）、著作权的保护期限（作者去世后 70 年）等知识产权相关的项目占 50%以上，而劳动者和政府之间纷争处理规则等 4 项成为今后继续交涉的内容。显然，知识产权、劳资纠纷规则等原本成为 TPP 高标准的象征，如今只能降低标准促成部长级框架协议。

## 【专栏：中国自贸区建设的成就和特点】

### 1. 自贸区建设成就

2001 年 11 月中国与东盟宣布构建自由贸易区，翌年 11 月，中国与东盟签署《中国—东盟全面经济合作框架协议》，为中国—东盟自贸区确定了框架，中国自贸区建设进程由此拉开帷幕。15 年来，中国已签署自贸协定 14 个，涉及 22 个国家和地区，分别是中国与东盟、新加坡、巴基斯坦、新西兰、智利、秘鲁、哥斯达黎加、冰岛、瑞士、韩国和澳大利亚的自贸协定，内地与香港、澳门的更紧密经贸关系安排（CEPA），以及大陆与台湾的海峡两岸经济合作框架协议（ECFA）。此外，2015 年 11 月，中国与东盟结束自贸区升级版谈判并签署《议定书》。

正在谈判的自由贸易区有 8 个，分别是中国—海合会、中国—挪威、中日韩（CJK）、《区域全面经济合作伙伴关系协定》（RCEP）、中国—斯里兰卡、中国—巴基斯坦（第二阶段谈判）、中国—马尔代夫、中国—格鲁吉亚等自贸区。此外，2015 年，中国与智利和新西兰分别启动升级版评估机制。正在研究的自贸区 5 个，分别是中国—印度、中国—哥伦比亚、中国—摩尔多瓦、中国—斐济、中国—尼泊尔自贸区。

据统计，上述贸易伙伴 2014 年 GDP 达到 17.1 万亿美元，占世界 GDP 的 22%。根据国家统计局数据，2013 年，上述贸易伙伴占中国对外贸易总量的 50.1%，与已达成自贸区的贸易伙伴占中国对外贸易总量的 37.1%。

自贸区建设进一步拉近了中国与贸易伙伴的经贸关系。仅就双向货物贸易而言，从 2005 年到 2013 年，中国对东盟贸易由 1 303.6 亿美元增加到 4 436 亿美元，增长 240%；2014 年中国与智利的贸易额已达 341.52 亿美元，是协定实施前（2005 年）的 4.8 倍。我国已成为智利第一大贸易伙伴、第一大出口市场和第二大进口来源地，智利成为我国在拉美地区的第三大贸易伙伴。中国与巴基斯坦贸易从 2006 年建区时的 52.5 亿美元，增长到 2013 年的 142.1 亿美元，增长 171%；中国与新西兰贸易自 2005 年建区时的 26.8 亿美元增长到 2013 年的 123.8 亿美元，增长 361.9%；中国与秘鲁贸易从 2010 年建区时的 99 亿美元增长到 2013 年的 146 亿美元，增长 47.5%，远高于同期中国与世界贸易 18% 的增幅。

通过自贸区建设拉近内地与香港和澳门，大陆与台湾的经贸往来，促进地区之间走向更深层次的经济一体化，这符合地区之间加强经济联系，促进经济发展的普遍利益诉求。内地于 2003 年与香港、澳门特区政府分别签署了内地与香港、澳门《关于建立更紧密经贸关系的安排》（CEPA）；CEPA 是内地第一个全面实施的自由贸易协议，CEPA 自 2006 年起对原产于港澳输往内地的产品全面实施零关税。2010 年 6 月，海协会与台湾海基会签署《海峡两岸经济合作框架协议》（ECFA），基本涵盖了两岸间的主要经济活动，是一个综合性的、具有两岸特色的经济协议。相关安排有较强的"不对等性"，如在 ECFA 货物贸易早期收获安排中，大陆对原产自台湾的 539 项产品实施降税，而台湾对原产自大陆的 267 项产品实施降税；在服务贸易领域的开放程度也在迄今所有自贸区中覆盖面最广。例如，在 ECFA 服务贸易早期收获中，大陆对台湾实施开放措施的服务业部门为 11 个，台对大陆开放的服务业部门为 9 个。相比而言，在中国与外国签署的自贸协定中，我方开放的服务业部门一般少于对方。

**2. 中国自贸区建设的特点**

除个别情况外，中方与建区贸易伙伴的谈判进程总体较为快捷顺利。中国与澳大利亚于 2003 年即签署《贸易与经济框架》，发起可行性研究，2005 年 3 月完成可行性研究，4 月即发起谈判；中国与哥斯达黎加 2007 年 6 月建交，翌年 1 月即开展自贸区可行性研究，2009 年 1 月开始谈判，次年 4 月完成谈判，2011 年 8 月即生效；中国与新加坡 2006 年 8 月宣布谈判，两年后即签署协定；中国与智利 2004 年底决定建立自贸区，2005 年即签署协定，成为中国建立的第二个自贸区；中国与秘鲁 2007 年 3 月启动可行性研究，同年 9 月开展谈判，2007 年 11 月即签署协定；中国与新西兰 2004 年 12 月宣布谈判，2008 年 4 月完成谈判。

中国与多数现有的或潜在的自贸区伙伴都存在较强的经济互补关系。这种互补关系表现为三个方面：一是自贸区伙伴是中国能源、资源的主要提供方，如智利、新西兰、澳大利亚、海合会国家等；二是自贸区伙伴在产业结构上与中国相仿，但对方位于产业链高端，与中方仍存在互补关系，如新加坡、瑞士等。中国与这些国家和地区存在较强的贸易往来。三是二者虽均为发展中国家，但中国制造业发达，而自贸区伙伴服务业发达，如印度。中国与多数已建区和待建区贸易伙伴的贸易均大幅增长，快于中国平均贸易增长速度，说明了中国与这些国家贸易具有较强的互补性，双方均具有建立自贸区的较强意愿。从贸易增势看，中国与已选择的自贸区伙伴（已建、在建、可研）贸易增长总体高于中国进出口总额的增长情况。

中国自开展自贸区建设以来，遵循的是先易后难、稳步推进的方式，往往采取先后签署货物贸易协议、服务贸易协议、投资协议的办法，与部分贸易伙伴还制订了早期收获计划。如中国与东盟于2004年1月1日实施早期收获计划，2004年11月签署《货物贸易协议》和《争端解决机制协议》，2007年1月签署《服务贸易协议》，2009年8月签署《投资协议》，并于2010年1月1日正式建成自由贸易区。在自贸区实施一段时间后，双方领导人又于2013年10月决定升级自贸区，2014年9月开始升级版谈判，于2015年11月完成谈判并签署议定书。中国与巴基斯坦也采取了同样的自贸区建设路径。大陆与台湾的ECFA仍沿用这一路径，但从架构和内容看，更加全面丰富。在与发达国家的自贸区构建中，中国往往采取"一揽子"安排，即货物、服务和投资开放综合安排，不过，也体现一定的灵活性，特别是在服务和投资领域，往往采取跟进谈判的方式（签署协议后，继续就相关领域进行谈判）。

### 3. 自贸区建设仍然任重道远

从自由贸易区建设成果来看，仍与中国经济大国的地位不相称。按2012年贸易统计计算，即使中国与所有在谈贸易伙伴完成自由贸易安排，这些自由贸易安排也仅占中国总体贸易额的50.5%，而日本和韩国超过80%，东盟接近80%，美国和欧盟均超过60%。

中国与发展中国家建设的自贸区被外界称为"低水平"的自贸区，而中国与发达国家（如澳大利亚）或经济发展与合作组织（OECD）国家（如韩国）所发展的自由贸易区谈判过程艰难漫长。这是由于中国仍属发展中国家，不可能脱离当前的发展阶段而建立高水平的自由贸易区。此外，随着东亚生产网络的发展，中国作为区域制造业中心的地位巩固，与东亚地区的贸易多以原材料和中间品为主，与东亚之外的贸易多以制成品为主，这样就形成了中国与东亚区域内经济体贸易逆差而与欧、美等发达经济体贸易顺差的局面。尽管这种不平衡近年来有所减弱，但仍然存在。

当前，中国正与其他主要贸易伙伴建立自贸区或（酝酿）谈判建立自贸区。为加强与美、欧经贸联系，中国学术界提出和美国商谈双边投资与贸易协定，美国学术界提出建立中美自由贸易区的建议，目前两国正就双边投资协定开展谈判；中国曾提出与欧盟建立自贸区，但欧盟起初反应平淡，双方已于2014年初就投资协定开展谈判，但对中方2013年以来反复提出的建设自贸区倡议，欧盟内部在此问题上存在分歧。随着"一带一路"进程的推进，欧洲内部支持与中国建立自贸区的呼声在提高。

英国通过公投脱离欧盟后，为将脱欧的负面影响降到最低限度，主动出击与东亚有关经济体谋求建立自贸区，2016年7月，梅政府的财政大臣哈蒙德表示，英国愿与中国谈判建立自贸区。这一态度与英国在公投脱欧前即主张欧盟与中国建立自贸区是一致的。2016年9月，中国与加拿大政府"同意启动中加自由贸易协定探索性讨论"，这一积极进展意义重大，将进一步拉近中国和北美市场以及加拿大与亚洲市场的联系。

【资料来源：王震宇. 中国自贸区战略与亚太自贸区建设[J]. 国际经济合作，2017（7）.】

# 【重 要 概 念】

GATS；NAFTA；否定清单；CAFTA

# 【思 考 题】

1. GATS 正文的主体内容由哪几个部分组成？包括多少个附录？它们分别是什么？

2. 如何评价 GATS 的积极作用和不足之处？

3. GATS 对全球服务贸易的发展有哪些重要意义？

4. 简述多哈回合服务贸易谈判的主要障碍和前景。

5. 试比较 NAFTA 和 GATS 的服务贸易自由化水平。

6. 请结合 GATS 的相关条数和中国的入世承诺，以"入世对中国××服务业的影响"为题，写一篇 2 000 字左右的小论文。

7. 试分析 CPTPP 对中国的影响。

# 【课后阅读材料】

[1] 黄建忠，占芬. 区域服务贸易协定的收敛研究——对"绊脚石"与"垫脚石"问题的一个观察[J]. 厦门大学学报（哲学社会科学版），2014（1）.

[2] 程大中. 中国服务贸易显性比较优势与"入世"承诺减让的实证研究[J]. 管理世界，2003（7）.

[3] 周念利. 区域贸易安排的"双边服务贸易效应"经验研究——基于扩展引力模型的 2000—2009 年面板数据分析[J]. 财经研究，2012（5）.

[4] 王毅. WTO 国民待遇在服务贸易和知识产权领域的适用[J]. 法学研究，2004（3）.

[5] 张华容. 新一轮 WTO 服务贸易谈判及我国在谈判中的价值取向[J]. 财贸经济，2004（1）.

[6] 东艳，冯维江，邱薇. 深度一体化：中国自由贸易区战略的新趋势[J]. 当代亚太，2009（4）.

[7] 孟夏，于晓燕. 论中国区域服务贸易自由化的发展与特点[J]. 国际贸易，2009（9）.

[8] 李伍荣，周艳.《服务贸易协定》的发展路向[J]. 国际经济评论，2014（6）.

# 【即 测 即 练】

# 第 9 章

# 国际服务外包

学习目标

1. 掌握外包、离岸和服务外包的概念。
2. 了解国际服务外包的动因和效应。
3. 熟悉全球服务外包的发展现状、特点和趋势。

## 9.1 服务外包的界定

### 9.1.1 外包的基本概念

"外包"（outsourcing）一词最早出现在 1982 年《韦氏大辞典》中。1990 年哈默尔和普拉哈勒德在《企业核心竞争力》一书中指出，外包是企业的一种商业活动，正式提出外包这一概念。外包在现代经济社会活动中随处可见，起初常见于欧洲的家具业，随后延伸到其他行业，如汽车、旅游、软件等。目前，学术界尚未形成对外包明确统一的定义。"Outsourcing"一词意为，一个企业将原先自己生产的中间产品和服务代之以向其他企业购买的行为。如果其他企业位于国内，那么这种行为是国内外包；如果其他企业位于国外，那么这种行为是国际外包。狭义的外包和垂直一体化是两种不同的活动，前者发生在不同企业之间，后者发生在同一企业之间。因此狭义的国际外包和垂直一体化类型的国际直接投资是两种不同的活动。和外包相关的一个名称是离岸（off-shoring）。狭义而言，离岸活动是指一个企业将原先自己生产的中间产品和服务交给位于国外的子公司生产的活动，狭义的离岸活动就是垂直一体化类型的国际直接投资。

### 9.1.2 服务外包的界定

如果把较早出现的制造业外包看作外包发展的第一阶段，那么随着制造业外包的高速发展和规模不断扩大，以及服务贸易自由化水平的持续提升，外包发展进入了第二阶段——服务外包。服务外包最早起源于信息技术（IT）行业。20 世纪 90 年代，网络技术迅猛发展、通信成本大幅下降，IT 行业外包应运而生。大量 IT 企业开始提供专业性 IT 服务，其中部分企业还将其作为主要业务。之后，服务外包逐渐由 IT 行业延伸至其他服务业，如人力资源管理、债务托收、法律等。

虽然服务外包已经广泛存在且表现出良好的发展势头，但其自身概念和界定还未真正清晰。2006 年 10 月，商务部发布了关于实施服务外包"千百十工程"的通知，其中明确了服务外包的概念。服务外包系指发包商向客户的信息技术外包（ITO）和业务流程外包（BPO），包括业务改造外包、业务流程外包、应用管理和服务等商业应用外包、基础技术外包（IT、软件开发、技术研发、平台和管理整合）等。其中，信息技术外包是指客户将全部或部分 IT 业务委托专业性企业完成的模式。客户可以整合利用外部最优秀的 IT 专业化资源，降低成本、提高效率，充分发挥自身核心竞争力和增强客户对外部环境的应变能力。业务流程外包是指企业将部分非核心的、次要的或者辅助性的业务委托外部专业服务机构，提高企业整体效率和竞争力，同时专注于企业自身具有核心竞争力的业务。

除此之外，近年来还出现了一种新的服务外包发展方式——知识流程外包（KPO），知识流程外包是业务流程外包的高智能延续，是 BPO 最高端的一个类别。一般来说，它是指将公司内部具体的业务承包给外部专门的服务提供商。KPO 的中心任务是以业务专长而非流程专长为客户创造价值。由此，KPO 将业务流程外包，甚至将整个外包产业推向更高层次的发展，更多地寻求先进的分析与技术技能，以及果断的判断。

有关服务外包，不同的组织或机构给出了各自的定义。有学者从企业价值链的视角将其界定为服务企业或制造业企业价值链中原本自我提供的部分服务流程或服务环节以合同方式委托给外部服务供应商完成的经济活动。委托方称为发包方，受托方称为承包方[①]。

与制造业外包相比，服务外包具有以下一些明显特点：①服务外包的技术含量高于制造业外包。数据显示，相同贸易额中，服务外包对中国经济的贡献是制造业来料加工的 20 倍以上。②更高的技术含量要求更高水平的人力投入，服务外包提出了经验和实践丰富的从业要求。③服务外包依赖信息技术的发展，即互联网和通信技术。④服务外包不受地理因素的制约，发包方可以和任一提供高水平服务的承包方合作。⑤服务外包不是物质生产，没有污染排放，不存在高能耗、高污染等问题。当然，服务外包较难度量，外包的成果难以量化评估。另外，服务外包合同在签订和执行过程中容易出现纠纷，其对各方的文化背景、法律体系等提出了更高要求。

### 9.1.3　国际服务外包的内涵

服务外包跨越国界就是国际服务外包，也称离岸服务外包。这是对服务外包概念的进一步细化，即要求承包方不在发包方境内。例如，2012 年，作为"数字化空间智能（Smart Converged Space，SCS）"服务领域最领先服务供应商之一的三星 SDS，获得全球最大石油生产商沙特阿拉伯 Aramco 公司建于阿拉伯札哈兰的世界文化中心 IT 项目。此后，三星 SDS 还获得英国伯明翰大学、牛津大学图书馆智能系统外包项目等。如果消费服务的一方不在三星 SDS 所在国，那么该业务即为离岸服务外包。

在商务部的服务外包"千百十工程"中，"国际服务（离岸）外包"系指服务发包商向境外客户提供服务外包业务。联合国贸易与发展会议在 2004 年发布的《世界投资报

① 江小涓. 服务全球化与服务外包：现状、趋势及理论分析[M]. 北京：人民出版社，2008.

告》中提到两种离岸服务方式：一是母公司在国外设立分公司，外包业务给其在其他国家设立的分公司或子公司；二是公司将服务外包业务发包给第三方服务提供者，即外国公司或本国企业在国外设立的子公司。该报告将后者定义为离岸服务外包。另外，WTO在 2005 年发布的《世界贸易报告》中提到，离岸外包有两种情形：附属离岸外包和非附属离岸外包。二者区别在于当企业将相关业务外包给海外企业时，服务提供者与外包企业是否存在附属关系。

由上可知，目前对离岸服务外包的界定还比较模糊，没有形成一致看法。作为全球化的分工生产方式，服务外包的参与方大多是大型跨国服务业企业，自身全球化特征明显，本书将国际（离岸）服务外包定义为公司将其生产过程中的原本自我提供的部分服务环节或流程以合同的方式交由外国服务供应商完成，该供应商可以是该公司设立的海外子公司或分公司，也可以是独立的外国企业，还可以是本国其他公司在海外设立的分公司或子公司。

## 9.2　国际服务外包的动因与效应

### 9.2.1　国际服务外包的动因

随着国际服务外包的迅速发展，有关外包动因的理论分析也获得了长足的进步。学者们从不同的理论视角解释了国际服务外包存在及发展的原因。例如，资源基础理论、核心竞争力理论、价值链理论、交易成本理论、比较优势理论、规模经济理论、制度变迁理论等。按照学科类别划分，以下将主要从经济学和管理学的视角介绍国际服务外包的动因。

#### 1. 国际贸易理论的视角

事实上，国际服务外包是伴随服务进出口发生的。与一般货物贸易不同的是，服务贸易的产品是无形的，并且有时即使贸易发生了，也未必会被现有统计体系记录下来。尽管如此，国际服务外包仍然是服务产品的跨境交易，仍然可以将其纳入国际贸易理论的研究视野。

按照比较优势理论，不同国家或地区存在劳动生产率的相对差异，即"两优相权取其重，两劣相权取其轻"，该理论在解释发达国家和发展中国家之间的贸易模式时具有很强的说服力。同样，其也能很好地解释发达国家和发展中国家之间的服务外包。具体而言，发展中国家较发达国家服务价格的差异可能引起发达国家将服务业务或流程发包给发展中国家，以降低成本、提高效率。

更进一步，现实中大量企业的国际服务外包并不是仅仅追求较低成本，如一些发达国家的企业没有将业务流程发包给成本最低的国家。这是为什么呢？虽然，这些具有最低成本的国家在技术水平、人力资本、基础设施等方面十分落后，无法满足发包方的要求。但更重要的是，这些国家或地区不能形成和发展承包的规模效应。在此，产业内贸易理论具有一定的解释力。承包的国家或地区通过不断的服务专业化逐渐形成规模经济，进而具有了其他国家或地区没有的竞争优势。如果该优势超过了较低成本带来的收益，那么发包方必然会选择这一国家或地区。另外，可能部分企业也没有按照产业内贸易理论描述的情形选择外包，那么是什么原因使其选择了其他国家或地区呢？一种可能是，企业认为信息成本的效益超过了规模经济的效益。应用新地理经济学理论，如果企业发现信息成本过高，进行贸易无利可图，则自然会选择信息成本较低的国家或地区，转而放弃规模经济效益。就国际服务外包而言，企业选择承包方的时候会考虑信息成本。当然，最理想的情况是承包方的信息成本较低且具有规模经济效益。

### 2. 交易成本理论的视角

交易成本理论是产权经济学的核心，该理论可以追溯到罗纳德·科斯。1937 年，他在《企业的性质》中解释了为什么企业生产某些产品，而另外一些是通过合同的方式从其他企业获得，以及企业存在的原因。科斯认为，交易成本是获得准确市场信息需要的费用，以及谈判和经常性契约的费用。交易成本由信息搜寻成本、谈判成本、缔约成本、监督履约的成本和处理违约的成本构成。当企业决定是否生产某种产品时，市场价格并不是唯一因素，还要综合考虑上述费用之后再作决策。

交易成本理论认为，企业边界是由交易成本和管理成本的边际价值决定的。交易成本是指市场对资源进行配置的成本，管理成本是指企业对资源进行组织的成本。当市场运作的成本大于管理成本时，利润最大化要求企业替代市场，企业边界扩大；随着企业规模的扩大，管理成本上升、生产效率下降，市场替代企业。国际服务外包正是后一种情况的体现。由于交易成本过高，企业早期通过延长价值链、提高管理水平，在公司内部完成产品生产。20 世纪 90 年代，技术进步和信息成本下降，企业内部管理成本上升，企业选择"市场替代企业"，即将部分业务或流程外包出去。具体到国际服务外包，企业在权衡交易成本和管理成本后，认为市场更加有利可图，从而利益驱使其将服务业务对外发包。

### 3. 国际投资理论的视角

目前，国际服务外包的主体是跨国公司，它们可以选择在海外设立分公司或子公司，也可以通过合资公司承接它们的服务外包。这种行为便是国际投资，所以国际服务外包可以用国际投资理论加以解释。国际生产折衷理论由约翰·邓宁在 1976 年发表于"贸易、经济活动的区位与跨国公司：折衷理论探索"一文。他认为，所有权优势（企业拥有或能够获得的、国外企业没有或无法获得的资产及其所有权）、内部化优势（企业资产的内部使用效率超过外部使用效率时，内部化可以节约或消除交易成本）以及区位优势（在海外使用企业资产会比国内创造更多利益）是企业进行对外直接投资必须同时满足的三个基本条件。

国际生产折衷理论对于国际服务外包仍然是适用的。所有权优势来源于技术垄断、规模经济、知识产权等方面；内部化优势来源于自身服务的了解和保证、知识产权的完整性、信息的安全性、减少和其他企业合作的风险等；区位优势在于服务是无形的，了解客户的特征和特殊需求才能提供更好的服务。

### 4. 企业竞争力理论的视角

企业竞争力理论最早能够追溯到亚当·斯密的分工理论。1776 年亚当·斯密在《国富论》中提出，企业内部分工的性质和程度是限制规模效益的重要因素，决定了企业成长的限度。1920 年马歇尔提出"企业内在成长论",指出企业内部各部门之间、企业之间、产业之间存在着"差异分工",这种分工与其各自的知识技能有关,可以认为这些就是企业竞争力的雏形。20 世纪 90 年代,企业竞争力理论得到空前的发展。哈默尔和普拉哈勒德的《企业核心竞争力》正式提出了企业竞争力的概念。该理论认为,企业竞争力是企业内部集体学习的能力,特别是如何协调不同生产技能和整合多种技术的能力。这种能力是企业获得长期竞争优势的能力,是企业能在竞争中取得可持续发展的核心能力。企业应该将有限资源投入到具有核心竞争力的业务上,而将其他业务以合同的形式或非合同的形式交由外部承担。

国际服务外包与企业竞争力紧密相关。企业会权衡和取舍以确定核心和非核心业务,当企业把主要精力放在核心业务上,利用核心竞争力保持企业的可持续竞争优势,而将非核心业务外包出去的时候,国际服务外包便产生了。

### 5. 价值链理论的视角

1985 年迈克尔·波特提出,"每一个企业都是在设计、生产、销售、发送和辅助其产品的过程中进行种种活动的集合。所有这些活动都可以用一个价值链来说明"。企业的价值创造过程是由一系列活动构成的,这些活动可分为基本活动和辅助活动。基本活动包括内部后勤、生产作业、外部后勤、市场和销售、服务等;辅助活动包括采购、技术开发、人力资源管理和基础设施等。这些互不相同但又相互关联的生产经营活动构成了价值创造的动态过程,即价值链。他同时指出,"如果企业按照价值链将业务发包出去,只要能够保证价值链中各个环节的连续性,无论是内部环节还是外包环节,都能配合企业自身战略发展,这个企业就会获得成功"。

国际服务外包的产生和发展,是企业基于外部环境和自身资源与能力,不断优化和调整价值链并最终实现价值链增值及其效益最大化的战略考虑的。在一个企业的众多价值活动中,并不是每一个环节都能创造价值。企业创造的价值,实际上仅仅来自企业价值链的某些特定环节,这些真正创造价值的活动就是企业价值链的战略环节。企业根据外部环境和自身资源与能力选择服务业务的承接方,专注于本企业所擅长的业务,而将不擅长的业务交给更专业的其他企业,便产生了国际服务外包。

## 9.2.2　国际服务外包的效应

### 1. 宏观经济效应

以美国为例,发包方每外包 1 美元服务业务,将获益 1.47 美元,净收益为 47 美分。其中,印度获得 33 美分,美国获得剩下的 1.14 美元。同时,服务业跨国公司利润的增加除了有助于降低通货膨胀、提高生产率之外,还能刺激企业和消费者的支出,活跃美国经济、形成辐射效应。曼恩(2004)曾指出,美国的服务外包有利于降低成本和价格,总体上美国经济可以从服务外包中获益。如果没有 IT 业务的外包,1995—2002 年美国 GDP 增长率每年将减少 0.3%。另外,由美国信息行业协会(ITAA)发起的外包市场调查得出结论:离岸外包不仅促进了美国 GDP 增长,而且大大增加了包括 IT 部门在内的美国国内就业机会。

对承包方(发展中国家或地区)来说,国际服务外包的发展有助于其自身服务业水平和竞争力的提升，而且还会促进承包方的服务出口，有利于出口导向型行业的发展。以印度为例，软件外包及其相关的服务外包产业已经成为印度的支柱产业，对拉动经济增长、促进服务出口等都作出了很大贡献。当然，不能忽视的是，像印度这样的发展中国家，在承接发达国家服务外包时大多是承包非核心技术服务，其业务或流程处在价值链的低端。

### 2. 贸易投资效应

作为服务产品的跨境交易，国际服务外包加深了全球化分工，扩大了服务进出口市场，一定程度上改变了国家间的传统贸易模式。国际服务外包的出现和迅速发展不仅促进了发包方的国际服务贸易，同时大大提升了承接国家或地区的服务贸易竞争力和发展水平。

国际服务外包的投资效应主要体现在两个方面：①就承包方而言，服务外包会吸引资本流入，进而推动和影响该国或地区的产业扩张。如果承包国或地区能够提供优质的投资服务和环境，那么跨国公司的进入对发展中国家和地区，特别是服务业亟待发展的国家和地区来说是有益的。②就发包方而言，发达国家跨国公司可以降低成本、提升效率，发展自身竞争力更强的核心业务。据统计，国际服务外包引发了更大规模的国际直接投资。

### 3. 就业收入效应

一般来说，多数学者认为承包方从国际服务外包中获得正的就业效应，即国际服务外包增加了承包方的劳动力需求，为其提供了更多的就业机会，尤其是在劳动密集型的外包领域中，如餐饮业、物流业等。但国际服务外包如何影响发包方的就业则存在较大争议。尽管服务外包可能导致本国相应的工作岗位流失、收入水平下降，但没有数据表明发包方每创造一个国外就业机会一定导致该国或地区损失一个就业机会。而且，国际服务外包可以提高发包方（跨国公司）的生产效率和核心竞争力，反过来促使企业购买新设备和扩大规模，从而增加就业机会。

对于国际服务外包的收入效应，发包方对成本更低的国家或地区进行发包，生产成本的下降必然导致价格下降，发包方的消费者可以用更低的市场价格购买相同的服务，意味着其实际收入的增加；承包方的相应服务业吸纳了更多的就业，这些行业的收入通常高于其他行业，意味着提高了该行业的平均收入水平，当然也可能同时造成一国或地区内部收入差距的扩大。

### 4. 技术创新效应

国际服务外包刺激发包方进行服务创新。通常情形下，发包方只是将劳动密集型服务和高新技术服务中属于低技术密集型的部分对外发包，而在国内集中进行具有竞争力的技术创新和附加值更高的服务创新。

对于承包方来说，服务业和制造业最大的不同在于对有形产品的依赖，所以服务业的技术密集度一般表现在管理水平、组织模式等方面。现代网络信息技术的不断发展以及服务业的属性大大拓宽了服务业技术进行国际转移的种类和途径，发包方优质的技术和管理要素会通过诸多形式扩散到承包方，这无疑会加快承包国或地区的技术进步。另外，与制造业相比，服务业的技术外溢效应更大，虽然技术外溢的具体规模难以精确度量，但承包方的项目内容和发包方处于基本相同的分工水平，这就使得承包方容易学习发包方先进的技术和管理经验。从宏观层面来看，技术外溢必将推动承包国或地区的技术和产业升级，提高整个国家或地区的福利水平。

# 9.3　国际服务外包的发展现状、特点与趋势

## 9.3.1　国际服务外包的发展现状

作为国际服务贸易和国际投资领域的新生事物，目前国际服务外包还没有统一的框架对其统计和分析，现有数据主要来源于联合国贸易与发展会议和部分咨询公司（ISG、加特纳等）。

### 1. 国际服务外包市场规模

信息服务集团（ISG）2018 年 4 月 11 日在其官方网站发布了截至 2018 年一季度的全球外包市场指数。以单个签约额在 500 万美元以上的大额合同为统计对象，2017 年二季度至 2018 年一季度，全球外包合同总额为 245 亿美元，同比上升 1.24%，但较 2015 年二季度至 2016 年一季度而言则下降 7.89%。其中，ITO 为 190 亿美元，同比增长 9.20%；BPO 为 55 亿美元，同比下跌 19.12%。分区域来看，2017 年二季度至 2018 年一季度，美洲地区合同总额为 130 亿美元，同比增长 23.81%；EMEA（欧洲、中东和非洲）地区合同总额为 90 亿美元，同比下跌 23.08%；亚太地区合同总额为 25 亿美元，同比增长 29.74%。

自 2015 年起，全球大额外包合同的缔约期间和缔约金额双双呈现下降趋势。云技术、数字化和自动化的推广应用使得企业更倾向于总价低、期限短、更灵活的合同。2015 年全球大额合同平均金额比 2012 年下降了 20%，超大额合同数量也跌到近 10 年最低水平，2016 年则继续呈现下降态势，而至 2017 年开始出现小幅反弹，预计 2018 年缔约期间和平均缔约合同额将继续维持低位水平。

### 2. 国际服务外包市场结构

到目前为止，国际服务外包市场的产业格局并没有发生大的变化，服务外包的需求方——美日欧等发达经济体仍然主导整个产业的发展。

从发包国来看，美国、日本、欧洲是主要的发包方，提供了全球服务外包业务的绝大多数份额。美国占了全球市场的 64%，欧洲占了 18%，日本占了 10%，留给其他国家的还不到 10%。全球服务外包市场严重依赖于美日欧，使产业格局呈现出一种"中心—外围"的发展格局。其中，美国是全球最大的软件与服务出口国，也是全球第一大 IT 服务需求市场，占有全球市场份额的 1/3 以上，也是全球最大的离岸服务外包发包方，并成为我国第一大离岸服务外包需求市场。日本的 IT 服务市场排在全球第二位，占到全球市场份额的 14%；而西欧共占到 31%，亚太地区则占到了 7%。

从承接国来看，服务外包承接国数量激增，但是发展的层次是不一样的。从发达国家来看，服务外包承接大国澳大利亚、新西兰、爱尔兰、加拿大等国国内服务外包行业成熟，已经形成了一定的产业规模和发展优势，但是和发展中国家相比，人力资源优势

已经不复存在，因此其在最近几年的发展中明显落后。

与此同时，由于服务外包对调整本国产业结构、促进技术升级换代和拓宽就业渠道的重要推动作用，越来越多的发展中国家认识到服务外包在国民经济发展中的重要地位，纷纷立足政治经济稳定、人力资源基础完善、工资水平较低等自身优势打造错位发展格局，成为服务外包市场上的重要承接方。亚太地区已经成为全球最具吸引力的服务外包投资地，中国、印度、菲律宾承接了全球服务外包60%以上的份额。其中，印度的服务外包发展水平非常高，其与中国已日益成为全球两个最大的外包基地，而印度通过反外包的形式又成为很多发展中国家的发包方。随着世界服务外包业的不断发展和完善，未来新兴经济体有望成为吸引发达国家制造业和服务业外包的重要力量。

## 9.3.2　国际服务外包的发展特点

国际服务外包的发展特点有以下几个。

### 1. 服务外包手段增多，多元化发展趋势明显

目前，国际服务外包市场多元化发展已经十分明显。虽然传统的 ITO 外包在最近几年的发展依然良好，2010 年国际服务外包市场上 ITO 外包占据了 60%以上的市场份额，但是，BPO 和 KPO 外包正在成为发展的主流。

从 ITO 发展来看，TPI 指数显示 2010 年 ITO 全球合同总额达到 624 亿美元，同比下降 3.7%，远远达不到 2000 年的 766 亿美元，这说明全球 ITO 产业仍没有走出低谷。但是，全球经济复苏的势头已经十分明显，全球 IT 硬件出货量已经开始实现正增长，而2010 年第四季度全球 ITO 市场规模达到 187 亿美元，同比增长了 59%。因此，ITO 仍将是服务外包产业的主流。

从 BTO 发展来看，TPI 指数显示，2010 年全年的合同总额仅有 170 亿美元，同比下降了 31%，但是 2010 年第二季度 BTO 合同总额达到了 59 亿美元，同比增长了 60%，而 2011 年第一季度更是达到了 66 亿美元，同比增长 111%，因此，BTO 上升速度极为迅速。

从 KPO 发展来看，作为服务外包业务新出现的发展方式，其发展前景更是不可限量。2008 年毕马威的研究报告已经把 KPO 列为现实的、主流的外包选择之一。目前其正处于发展的初期，产业规模比较小，但是，在新兴产业发展的浪潮之下，其一定能成为全球服务外包行业新的推动力量，极大地促进全球经济的发展。

因此，全球服务外包市场目前处于"三足鼎立"的局面，但是 ITO 仍然占有决定性的优势，而 BTO 和 KPO 将在服务外包未来的发展中，迅速扩张。

### 2. 承接地发生重大变化，发展中国家独占鳌头

受到 2008 年全球金融危机的影响，全球经济一片萧条。为了降低开支、提高效率，发包企业在选择服务外包承接企业时重点考虑外包成本，因此拥有大量廉价而优质的劳动力，国内产业发展良好的发展中国家就成为其首选之地。这就造成了近几年服务外包的承接地发生重大变化，发展中国家正在成为全球服务外包新的发展基地。

与此相对，因为成本、人力资源等方面的劣势，发达国家的服务外包行业的竞争力则逐年下降。2010 年 Gartner IT 排行榜中，又有七家发达国家被挤出了榜单，到目前前

30 强中的绝大部分都是发展中国家。2010 年 TPI 离岸外包前 10 强中，发展中国家已经与发达国家平分秋色，各占一半，印度已经成为全球第一。因此，发达国家的服务外包行业已经不占优势。目前全球服务外包行业承接地已经进入新的发展状态，发展中国家独占鳌头。

### 3. 服务外包向高端扩展，KPO 得到快速发展

新的服务外包方式——KPO 已经在世界上大行其道，成为行业发展新的增长点。KPO 外包涉及的领域大多为企业的核心技术、对员工的素质要求较高、业务流程复杂，是目前服务外包中的知识密集型产业。全球 KPO 产业已经从最初的 12 亿美元发展到拥有 100 亿~120 亿美元、年均增长率有望达到 30%~40%的产业，其未来的发展更是不可限量。

KPO 业务的快速发展导致国际服务外包行业开始向高端扩展。KPO 涉及知识产权、股票、金融和保险、人力资源、生物工程等领域的核心业务流程，外包这些流程，无疑会推动行业摆脱低端化、缺乏科技含量的困境，使服务外包行业向科技密集型方向发展，推动整个行业进一步向高附加值、高科技行业进军。

## 9.3.3　国际服务外包的发展趋势

服务外包是经济全球化的必然产物，作为一种崭新的生产组织方式，外包由制造业发展到服务业，由本土外包发展到离岸生产，这些都是经济全球化不断深入的表现。随着国家和地区间经贸关系的进一步加强，国际服务外包将迎来新一轮的快速发展，同时也必须面对前进道路上的一些阻力和挑战。

### 1. 服务外包进入产业上升期，发展态势向好

最近几年，受到经济危机的影响，全球服务外包产业的发展受阻，许多国家的服务外包产业陷入停滞，甚至出现了倒退。而从爱尔兰、希腊等国蔓延到整个欧洲的债务危机更使全球服务外包产业发展雪上加霜。但是，随着全球经济的复苏，服务外包行业正在重新实现快速发展。

与此同时，国际贸易在各国经济发展中的作用随着经济全球化的深入发展而日益增强，企业生产所需要的资源已经不再局限于国内资源，对国际市场资源的依赖日益提升，未来国际贸易将打破金融危机带来的不利影响，逐步增长并恢复至危机前水平。并且，各国大力发展第三产业，服务贸易也相应受到了重视，随着贸易谈判进程快速推进，服务贸易必将成为推动贸易增长的重要组成部分。其中，以模式创新、科技引领为特点的国际服务外包产业将进入新的发展阶段，呈现高速增长的态势。

### 2. 产业发展的国际格局短期内不会变化很大，但是已经有所改变

美日欧凭借巨大的国内市场、发达的科技和创新能力以及数量众多的大型公司的优势，仍然是全球服务外包市场上重要的需求方。例如，美国是全球主要的软件生产和出口大国，国内软件公司占据了 2/3 以上的世界软件市场。据 IDC 数据统计，2013 年美国离岸服务外包规模为 1 010.9 亿美元，占全球离岸服务外包市场规模的 60%；日本拥有索尼、夏普、佳能等国际 IT 巨头，国内信息服务产业销售额已经超过 1 000 亿美元。

因此，在未来相当长的时间内，全球服务外包的主要需求方仍然是美日欧等发达经

济体，其仍能通过需求控制服务外包行业。但是这种产业格局正在改变。目前以印度、中国为代表的发展中国家快速崛起，其国内市场巨大、产业发展迅速。如果这些国家通过发展，国内需求能得到进一步的释放，则很可能成为新的服务外包需求方，打破现在的产业垄断格局。

例如，印度 IT 行业发展迅速，目前已经开始与中国、蒙古等周边国家合作，共同发展服务外包行业，其国内的离岸自建中心发展迅速，保持着 21%的年复合增长率；中国国内市场巨大，国内服务外包行业的发展主要依靠自身的需求，在未来，随着市场规模的壮大，中国将成为世界上重要的服务外包发包国。

因此，随着新兴国家的兴起，产业格局有可能得到修正，出现多极化的发展趋势。

**3. 服务外包承接方不断向新兴发展中国家扩展，导致承接国之间竞争加剧**

国际服务外包的承接国能从服务外包中获取很多好处。例如，可以使承接国的经济和科技创新力得到提升，产业分配格局、出口结构等得到优化，吸引外资，促进服务业的发展，提升国家的国际形象和技术实力等。这导致国际服务外包的承接国数目急剧增加、竞争日益激烈。2010 年的 Gartner IT 外包排行榜中，新西兰、爱尔兰、加拿大、新加坡等许多成熟的国际服务外包的承接国最终没有进入榜单，这不仅说明国际服务外包的承接地正在向多元化发展，更加说明国际服务外包承接地之间的竞争日趋激烈。

受 2008 年金融危机的影响，许多公司为了进一步降低企业运营成本、研发新的技术，不得不放弃对服务外包的偏见，把相当多的业务外包给成本低廉的发展中国家。同时，导致企业对承接地信息安全、知识产权、产业成熟度等因素的重视程度降低，对人力资源重视程度提高。这些因素都促成了服务外包行业向发展中国家进一步扩展，导致服务外包承接国数量急剧增多。但是，近几年，劳动力成本逐渐提高，服务外包承接大国中国和印度的成本优势开始减弱，离岸市场贸易发展的增速出现下滑，但是菲律宾、马来西亚、泰国等东南亚国家凭借其成本优势，国内服务外包产业正在加速崛起，进一步加剧了外包承接国的竞争程度。

**4. 产业融合特性更加突出，推动服务外包进入转型期**

据 IDC（互联网数据中心）调查，2017 年全球有 67%的 1 000 强企业将数字化转型作为战略核心，数字经济、数字化转型上升为多个国家的国家战略，Forrester 研究显示，2016—2018 年，数字服务将保持 20%的增速，数字化转型在各行各业有序铺开，如智能制造、金融科技、智能汽车、电子商务、智慧医疗等。

而数字经济发展离不开服务外包支撑，行业数字化转型推进了服务外包与行业融合发展。国内领军企业文思海辉发布"以数字科技领先全球，用行业服务创造价值"新愿景，为高科技、金融、互联网、电信、制造、零售、旅游、汽车、医疗、媒体娱乐等行业提供数字化解决方案服务。据中国服务外包研究中心调研，服务外包企业日益关注大数据、云计算、移动互联、智能应用、网络应用和服务体系架构、物联网、数字技术平台等方向。

而随着大数据的应用和云计算的发展，越来越多的企业将基础设施和内部应用转移到云端，各系统从内部数据中心向公有云提供商转移。随着云计算的逐渐成熟，未来云计算的架构将趋于简单，基于云的服务模式被广泛认可，云端交付也大量被传统服务外包企业所采用，SaaS（软件即服务）和 On-demand Payment（按需付费）成为主流的交付与定价模式。自 2016 年起，信息服务集团（ISG）在进行外包指数统计时，将基于"云"的基础设施和软件服务（"云服务"）市场纳入研究，并在此基础上将外包服务划分为传统外包服务与云服务，在一定程度上彰显出服务外包的转型态势。

**【专栏：2017 年中国服务外包发展情况】**

2017 年我国服务外包产业实现高质量增长，在向智力投入转变，向高技术含量、高附加值业务拓展中迈出坚实步伐，成为新常态下产业升级、外贸转型的有力支撑。

**增速显著提升**。据商务部统计，2017 年全年中国共签订服务外包合同金额 1 807.5 亿美元，同比增长 25.1%；完成服务外包执行金额 1 261.4 亿美元，同比增长 18.5%。其中，离岸服务外包合同签约金额、执行金额分别为 1 112.1 亿美元、796.7 亿美元，同比分别增长 16.7%、13.2%，增长速度领先服务贸易出口速度，是新兴服务业出口的核心。

**结构持续优化**。服务外包企业向高附加值业务环节拓展势头显现，2017 年中国企业承接国际 IT 解决方案业务同比增长 367.1%，企业逐渐具备面向最终客户提供项目咨询设计、实施执行及运营维护等全流程服务的综合能力。同时，企业积极融合新一代信息技术提升外包价值，全年承接国际电子商务平台服务、互联网营销推广服务、数据分析服务执行额分别比前一年增长 226.4%、73.8%、51.9%。基于云计算的交付模式变革、基于大数据的业务升级、基于人工智能的平台搭建更加普及。

从三大类业务发展来看，2017 年知识流程外包（KPO）发展迅猛，特别是国际业务领域，增长约 18%，均超过信息技术外包（ITO）、业务流程外包（BPO）7 个百分点以上。增长主要得益于知识产权外包服务、管理咨询服务、数据分析服务、工业设计外包及医药研发服务。2017 年 ITO、BPO、KPO 业务执行额分别为 618.5 亿美元、235.7 亿美元、407.2 亿美元，业务结构由 2016 年的 53∶16∶31 调整为 49∶19∶32。

**市场加速拓展**。2017 年，我国经济供给侧结构性改革步伐加速，国内市场外包需求持续释放，国内市场合同签约金额、执行金额占比分别达 38.5%、36.8%，比前一年分别增长 3.2 个、3.0 个百分点。

内地企业的国际业务已经拓展到全球 200 多个国家和地区，其中，美国、欧盟、中国香港、日本是最主要的国际业务来源地，2017 年内地企业共完成来自这四个区域的服务外包执行金额 491.4 亿美元，占比 61.7%。受日本经济、汇率、成本上升、中日政治关系等多重因素的影响，中日服务外包合作一度放缓。2017 年中国企业承接日本发包业务同比增长 19.5%，对日外包市场回暖向好，日本外包订单增多与内容难度增加、客户需求提高并存，对日外包企业在坚守中加快转型。

企业承接"一带一路"沿线国家的服务外包合同执行额 152.7 亿美元，同比增长 25.98%，成为国际业务发展新亮点，占离岸服务外包执行总额的 19.2%，比前一年提升 2 个百分点。其中，东南亚 11 国是规模最大的区域，承接该区域合同执行额 78.81 亿美元；西亚北非 16 国是增长最快的区域，合同执行额同比增长 44.9%。

**梯度转移加快**。随着劳动力成本、商务成本的攀升，服务外包产业由东向西、由南向北加快梯度转移。2017 年中部、西部、东北部地区完成合同执行额分别比前一年增长

26.5%、22.9%、26.6%，均超过东部地区 17.3%的增长速度。东部地区服务外包合同执行额占比从 2016 年的 85.5%下滑至 84.6%。中部、西部、东北地区占比均有所上升，其中中部地区占比 6.7%，上升 4 个百分点，增长最为显著。各区域聚焦产业链不同环节，差异化协同发展。

服务外包产业遍地开花得益于不同批次示范城市的传导带动。2017 年中国服务外包示范城市由 21 个增至 31 个，传统 21 个示范城市依托先发优势，加快高端要素集聚，积极推动产业转型升级，向创新高地迈进，2017 年完成服务外包执行额共 1 018.4 亿美元。其中，执行额超过 70 亿美元的城市包括南京、无锡、苏州、深圳、广州、杭州、上海 7 地，比前一年增加 3 家。新晋 10 个示范城市主动对接优质资源，吸收借鉴成熟模式，依托本地特色实现快速起步，2017 年完成服务外包执行额同比增长 33%。其中，沈阳、南通、南宁、乌鲁木齐等城市实现 50%以上的高速增长。

**企业队伍规模持续壮大。**2017 年全国新增服务外包企业 4 173 家，服务外包企业队伍持续壮大，企业竞争力更是显著提升。粗略估算，企业平均合同签约金额与前一年相比增长 10%左右。服务外包企业从最初简单的人力外包向解决方案提供商转型，深入行业内部，掌握业务规则及设计标准，熟悉管理流程。企业不单开始面对最终客户、高端客户，同时开始面向全球市场转包，整合配置国际资源。且深耕大数据、云计算、物联网、智能移动、区块链等技术领域，为数字化转型赋能。2017 年服务外包领军企业文思海辉从业人员达 3 万，已在全球 17 个国家和地区设有分支机构与交付中心，为 128 家世界 500 强企业及众多中小企业提供服务。

【资料来源：中国服务外包研究中心. 中国服务外包转型发展路径更明晰[EB/OL]. [2018-03-21]. http://coi.mofcom.gov.cn/article/t/201803/20180302720533.shtml.】

## 【重 要 概 念】

外包；离岸；ITO；BPO；KPO；服务链；国际服务外包

## 【思 考 题】

1. 服务外包的发展方式有哪几种，它们之间有什么区别和联系？
2. 试从经济学视角阐释国际服务外包的动因。
3. 国际服务外包通常会对一国经济发展带来哪些影响？
4. 试述近年来全球服务外包的发展特点。

## 【课后阅读材料】

[1] 卢锋. 服务外包的经济学分析：产品内分工视角[M]. 北京：北京大学出版社，2007.

[2] 姚战琪. 工业和服务外包对中国工业生产率的影响[J]. 经济研究，2010（7）.

[3] 孟雪. 反向服务外包对我国生产率的影响——生产性服务业的实证分析[J]. 国际贸易问题，2011（7）.

[4] 吕延方，赵进文. 中国承接服务外包影响因素分析——基于多国面板数据的实证检验[J]. 财贸经济，2010（7）.

[5] 苏秦，杨青青. 各国吸引离岸服务外包的有效性研究——基于 DEA 的对比分析[J]. 国际经贸探索，2010（8）.

[6] 于立新，陈昭，江皎. 中国服务外包产业竞争力研究——基于部分试点城市的分析[J]. 财贸经济，2010（9）.

[7] 施锦芳，闫飞虎. 金砖五国承接离岸服务外包竞争力及影响因素分析[J]. 宏观经济研究，2016（3）.

[8] 王永贵，马双，杨宏恩. 服务外包中创新能力的测量、提升与绩效影响研究——基于发包与承包双方知识转移视角的分析[J]. 管理世界，2015（6）.

## 【即 测 即 练】

# 第 10 章

# 生产性服务业

**学习目标**

1. 熟悉生产性服务的定义、特征及分类。
2. 了解美、英、德等发达国家的生产性服务业的发展。
3. 熟悉我国生产性服务业的发展。

按照我国传统的服务业分类方法，服务业分为生活性服务业和生产性服务业。根据 2017 年国家统计局发布的《生活性服务业统计分类（试行）》，生活性服务业是满足居民最终消费需求的服务活动。生产性服务业则是为进一步生产提供的中间投入，而非直接向个体消费者提供的，其产出与三次产业都有很强的关联。作为一种产业，生产性服务业对于国民经济有一定的贡献，能够吸纳就业。作为三次产业的"中间产业"，生产性服务业对产业结构优化升级有显著的促进作用，因而在"服务型经济"的大趋势下，生产性服务业的发展越来越受到各国的重视。众多发达国家生产性服务业发展时间较早，以信息、金融、专业服务等为主的生产性服务业成了国民经济中的支柱产业，不仅改变了以往的服务业生产和经营方式，也促进了产业结构的优化与调整。

## 10.1 世界生产性服务业的发展概况

### 10.1.1 生产性服务业的界定

众多专家和学者在对生产性服务业的分类上存在争议，尽管在统计中的行业细分有所区别，但行业内涵是相似的。本书将综合 2015 年国家统计局发布的《生产性服务业分类》[①]、联合国国际标准行业分类 ISIC Rev.4、美国商务部的行业分类等行业分类方法，将生产性服务业的外延界定为运输储存业、信息通信服务业、金融保险服务业、商业服务业和房地产及租赁五个行业。

运输储存业是劳动力密集型行业，以货物运输（包括水上、铁路、航空、管道等运

---

① 2015 年国家统计局发布《生产性服务业分类》，将生产性服务业分为生产活动提供的研发设计与其他技术服务、货物运输仓储和邮政快递服务、信息服务、金融服务、节能与环保服务、生产性租赁服务、商务服务、人力资源管理与培训服务、批发经纪代理服务、生产性支持服务。

输）、仓储、邮政和快递为主。信息通信服务业是知识密集型行业，包括信息传输、信息技术服务、软件开发，电子商务支持服务等。金融保险服务业为生产活动提供商业银行等融资服务，以及为生产活动提供财产保险等。商业服务业即为商业活动提供支持性的服务业，如会计、营销、企业管理、咨询、法律服务等。房地产及租赁包括房地产业及实物、融资租赁服务等。

## 10.1.2 世界生产性服务业发展情况

发达国家生产性服务业在 20 世纪 70 年代至 80 年代末起步并快速发展，其原因可以归于制造业发展陷入瓶颈，对于 GDP 增长的贡献率不断降低。由于原材料价格上涨、劳动力成本上升、环境污染等不利因素的出现，发达国家为降低成本，将一些企业的低端生产制造部门转移到劳动力成本较低的发展中国家，并将自身的经济发展重点转移到服务业。在这一时期，众多制造业公司一方面提高自身的科技创新能力，尤其是在信息与通信科技领域的技术创新，并不断将这些技术创新应用在制造业中，以提高生产效率，降低成本；另一方面将竞争重点从产品制造转向客户服务，以提高制造业的获利能力，导致制造业对于服务性中间投入的需求显著增加，促进了生产性服务业的快速发展。

20 世纪 80 年代以后，全球产业结构呈现向"服务经济"转型的趋势，服务业尤其是生产性服务业已取代制造业成为发达国家经济增长的主要动力。随着信息革命和经济全球化趋势的加强，以高技术、资本知识密集为主要特点的金融、信息技术、商业服务等生产性服务业成为发达国家国民经济发展中最活跃、增长最迅速的行业。

如表 10-1 所示，1995—2014 年，世界总产出增长了约 1.9 倍，服务业产出增加了约 1.75 倍，生产性服务业产出增加了约 1.77 倍，这说明生产性服务业的同期增长已超过服务业。生产性服务业占服务业的比重稳定在 45.59%左右。从生产性服务业增加值对服务业的贡献来看，20 年间，生产性服务业稳定贡献约 44.57%的服务业增加值，传统服务业的生产和经营方式被改变，生产性服务业成为推动全球经济发展的重要力量。

表 10-1 世界生产性服务业产出　　　　亿美元

| 项目<br>年份 | 世界总产出 | 服务业产出 | 生产性服务业产出 | 服务业增加值 | 生产性服务业增加值 |
|---|---|---|---|---|---|
| 1995 | 551 823.085 | 295 329.369 | 133 398.888 | 187 745.045 | 85 789.363 |
| 1996 | 565 563.891 | 303 882.280 | 138 687.928 | 192 367.807 | 88 375.368 |
| 1997 | 565 985.503 | 305 997.140 | 141 502.136 | 193 144.086 | 89 593.266 |
| 1998 | 560 606.884 | 311 183.680 | 145 802.226 | 194 760.723 | 91 100.915 |
| 1999 | 583 063.958 | 327 192.856 | 154 687.916 | 203 239.030 | 95 648.364 |
| 2000 | 622 297.533 | 349 072.716 | 156 992.111 | 214 162.706 | 92 932.056 |
| 2001 | 616 049.602 | 350 645.759 | 158 101.083 | 216 165.119 | 94 224.360 |
| 2002 | 636 859.812 | 366 475.778 | 165 310.179 | 226 532.851 | 98 967.636 |
| 2003 | 719 770.326 | 411 654.485 | 186 019.522 | 253 245.111 | 110 708.513 |
| 2004 | 820 768.340 | 461 585.463 | 209 649.901 | 281 920.458 | 123 626.516 |

续表

| 项目<br>年份 | 世界总产出 | 服务业产出 | 生产性服务业<br>产出 | 服务业增加值 | 生产性服务业<br>增加值 |
|---|---|---|---|---|---|
| 2005 | 906 636.283 | 500 050.961 | 229 426.479 | 303 310.131 | 133 685.321 |
| 2006 | 995 359.491 | 539 292.110 | 247 889.908 | 325 471.540 | 143 586.579 |
| 2007 | 1 137 190.385 | 605 897.938 | 279 232.097 | 364 905.659 | 162 324.955 |
| 2008 | 1 269 348.177 | 662 684.260 | 301 818.556 | 397 909.695 | 174 982.051 |
| 2009 | 1 173 695.408 | 636 172.393 | 288 489.298 | 386 997.694 | 170 563.627 |
| 2010 | 1 302 558.853 | 682 320.088 | 308 072.913 | 413 642.510 | 182 070.597 |
| 2011 | 1 472 749.867 | 745 566.291 | 337 217.700 | 451 956.707 | 198 649.968 |
| 2012 | 1 511 399.187 | 764 730.889 | 344 567.329 | 461 570.352 | 203 552.748 |
| 2013 | 1 565 827.910 | 787 729.101 | 356 241.202 | 473 931.577 | 209 442.190 |
| 2014 | 1 609 971.980 | 812 277.136 | 368 892.879 | 486 806.388 | 216 097.812 |

资料来源：根据 Wiod 世界投入产出表计算所得。

如表 10-2 及图 10-1 所示，受 2008 年全球金融危机影响，生产性服务业各行业产出于 2009 年均产生了较大幅度的下跌。其中，运输储存业受到的影响最大，跌幅达到 9.89%，主要是由于运输储存业受企业活动影响较大，当企业经营生产受经济环境影响时，对于运输、储存的需求就会降低；房地产及租赁业受到的影响相对较小，产出基本不变，主要是由于房屋租赁合同期限较长的特性削弱了金融危机的负向冲击。从表 10-2

表 10-2　2000—2014 年各生产性服务业产出　　　　　　　　　亿美元

| 项目<br>年份 | 运输储存 | 信息通信服务 | 金融保险服务 | 商业服务 | 房地产及租赁 |
|---|---|---|---|---|---|
| 2000 | 28 955.617 | 28 174.371 | 33 878.060 | 27 853.061 | 38 131.002 |
| 2001 | 28 791.022 | 28 801.061 | 33 633.518 | 28 364.390 | 38 511.093 |
| 2002 | 29 923.519 | 29 859.472 | 35 102.059 | 29 547.593 | 40 877.536 |
| 2003 | 34 315.843 | 32 891.590 | 39 083.338 | 33 600.558 | 46 128.194 |
| 2004 | 39 463.425 | 36 499.848 | 43 545.440 | 38 317.857 | 51 823.332 |
| 2005 | 43 896.858 | 39 289.605 | 47 342.236 | 42 545.118 | 56 352.662 |
| 2006 | 48 255.000 | 41 455.627 | 52 390.147 | 46 019.917 | 59 766.173 |
| 2007 | 55 384.345 | 45 828.220 | 60 302.996 | 51 972.747 | 65 743.789 |
| 2008 | 62 099.738 | 49 944.307 | 62 294.438 | 57 440.694 | 70 039.379 |
| 2009 | 55 956.151 | 48 058.267 | 59 782.352 | 54 652.276 | 70 040.252 |
| 2010 | 62 258.757 | 50 728.512 | 63 060.885 | 57 915.389 | 74 109.370 |
| 2011 | 69 521.721 | 55 060.160 | 67 981.615 | 63 908.457 | 80 745.747 |
| 2012 | 71 007.597 | 55 884.094 | 69 351.334 | 66 171.063 | 82 153.240 |
| 2013 | 73 171.530 | 57 167.301 | 72 670.018 | 68 679.907 | 84 552.445 |
| 2014 | 75 567.545 | 58 709.872 | 76 256.041 | 71 738.780 | 86 620.642 |

资料来源：根据 Wiod 世界投入产出表计算所得。

中数据可看出，2012 年之后金融保险服务业成为增长速度最快的行业，其次为商业服务业，表明市场对于专业性服务业的需求逐渐增加，而运输储存、信息通信服务和房地产及租赁业产出增长趋缓，表明生产性服务业逐渐步入结构性转型期。

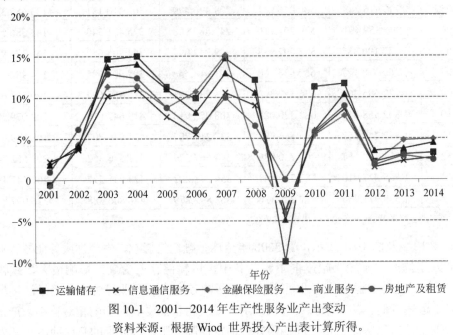

图 10-1　2001—2014 年生产性服务业产出变动

资料来源：根据 Wiod 世界投入产出表计算所得。

## 10.2　发达国家生产性服务业的发展

### 10.2.1　美国生产性服务业发展现状

1950 年，美国服务业就业人数达到总就业人数的 54%，成为第一个转向"服务经济"的国家。2016 年，美国服务出口额达 7 325 亿美元，占世界服务出口总额的 15.2%，且长期处于大额贸易顺差的状态，金融、专利技术及商业服务等生产性服务业在服务贸易中占据较大比重，且成为顺差的主要来源。

表 10-3 所示为 1952（与 1947 年数据作比）—2016 年每 5 年生产性服务业各行业产值变化情况。20 世纪 70 年代初至 80 年代末（表中 1972—1987 年）是美国生产性服务业蓬勃发展的阶段，在此期间，美国生产性服务业产值平均增长速度超过 64.17%，在1977—1982 年生产性服务业达到了 74.60% 的历史最高增长速度，远超过服务业 68.35% 的增长速度。这一阶段的生产性服务业增长速度最快的为信息通信业和商业服务业，增长速度均超过 83%。资本密集型、高技术产业的发展，尤其是信息通信科技的发展对于生产性服务业有极强的带动作用。1982—1987 年，生产性服务业增速为 61.31%，在此期间，金融保险业的涨幅达到历史最高。而自 20 世纪 90 年代以来，美国生产性服务业的增速出现放缓态势，同时，由于受 2008 年金融危机影响，生产性服务业的增速降至7.73% 的历史低位。此外，金融保险业和商业服务业的增速逐渐超过运输储存业、信息

通信业、房地产及租赁业，成为推动生产性服务业增长的主要部门，生产性服务业呈现出结构性优化的态势。2016 年，美国生产性服务业增加值约为 7.6 万亿美元，占服务业增加值的 60.7%，GDP 的 40.8%，业已成为美国的支柱产业。

表 10-3 美国 1952—2016 生产性服务业产值增长情况 %

| 项目<br>年份 | 运输储存业 | 信息通信业 | 金融保险业 | 商业服务业 | 房地产<br>及租赁 | 生产性<br>服务业产出 | 服务业<br>总产出 |
|---|---|---|---|---|---|---|---|
| 1952 | 41.22 | 50.10 | 54.25 | 51.25 | 63.34 | 52.25 | 43.30 |
| 1957 | 10.07 | 41.73 | 57.75 | 47.56 | 41.12 | 36.83 | 34.32 |
| 1962 | 16.65 | 34.26 | 44.10 | 40.39 | 31.84 | 32.78 | 31.58 |
| 1967 | 38.61 | 53.50 | 48.93 | 49.28 | 39.92 | 44.77 | 44.99 |
| 1972 | 51.48 | 62.44 | 62.42 | 49.61 | 56.24 | 55.49 | 51.47 |
| 1977 | 66.74 | 74.23 | 67.26 | 61.45 | 63.06 | 65.27 | 70.09 |
| 1982 | 49.86 | 83.21 | 72.26 | 86.01 | 77.78 | 74.60 | 68.35 |
| 1987 | 31.53 | 44.24 | 89.96 | 68.46 | 59.75 | 61.31 | 58.66 |
| 1992 | 32.61 | 39.29 | 27.23 | 38.55 | 42.42 | 36.73 | 39.05 |
| 1997 | 31.68 | 63.80 | 52.19 | 63.85 | 20.37 | 44.08 | 40.98 |
| 2002 | 17.81 | 42.12 | 42.63 | 37.33 | 38.35 | 37.24 | 33.55 |
| 2007 | 47.69 | 16.35 | 41.01 | 36.56 | 39.06 | 36.56 | 35.17 |
| 2012 | 12.41 | 14.64 | −4.32 | 7.86 | 12.92 | 7.73 | 11.20 |
| 2016 | 9.67 | 17.55 | 21.63 | 22.23 | 16.73 | 18.72 | 18.43 |

资料来源：根据美国经济分析局 2016 年行业增加值数据归类计算。

## 10.2.2 英国生产性服务业发展现状

随着 1929 年美国经济危机的爆发及逐渐蔓延至全球，欧洲国家也受到了巨大的冲击，导致了英国的传统工业部门如煤炭、纺织等产品出口锐减，在此背景下，政府被迫进行产业结构调整，加大对技术含量较高的新兴产业的投入，但新兴工业的发展并不尽如人意，没能完全地带动经济增长。第二次世界大战后直至 20 世纪 70 年代，英国的经济发展相较于其他的发达国家相对缓慢，并且出现了"滞涨"状态，即经济增长基本上停滞不前，且存在严重的通货膨胀和高失业率。20 世纪 60 年代到 70 年代末，尽管英国经济停滞不前，但是服务业却实现了一定的增长，一方面原因是 1973 年的第一次石油危机对于英国的工业生产造成了巨大的打击，资源短缺的压力迫使英国的经济重心从高污染、高消耗的制造业向资源消耗小、产品附加值高的服务业转移；另一方面原因是 60 年代后期，大规模的工商业企业被合并整顿，大量工业企业的职工转到运输、商业服务、金融等生产性服务业。此外，1979 年撒切尔夫人执政后，实施了一系列鼓励高科技产业发展的政策措施，推动了生产性服务业的发展。

在英国产业结构转型的过程中，生产性服务业起到了至关重要的作用。如表 10-4 所示，1984 年英国服务业总产出为 2 479.08 亿英镑，其中，生产性服务业约占 38.68%。

在生产性服务业中，金融保险业产出达 303.43 亿英镑，占比最高，其次为运输业，信息及通信业占比最低[①]。至 2014 年，如表 10-5 所示，英国服务业总产出较 1984 年增长了8 倍左右，而生产性服务业产出增长了约 10 倍，占服务业比重达到了 48.08%。其中，房地产及租赁业产出达 2 998.07 亿英镑，占生产性服务业产值的 27.75%，其次为金融保险业及商业服务业，占比分别为 22.08% 及 20.64%，信息及通信业和运输业产值最低，占比分别为 15.33% 及 14.20%。

表 10-4　1984 年英国生产性服务业产出　　　　　　　　　　　　　　亿英镑

| 服务业名称 | 产出 |
| --- | --- |
| 运输业 | 266.47 |
| 信息及通信 | 71.33 |
| 金融保险 | 303.43 |
| 其他商业服务、雇佣、房地产交易等 | 317.60 |

资料来源：英国国家统计局。

表 10-5　2014 年英国生产性服务业产出　　　　　　　　　　　　　　亿英镑

| 服务业名称 | 产出 |
| --- | --- |
| 服务业 | 22 473.02 |
| 生产性服务业 | 10 804.79 |
| 运输业 | 1 534.22 |
| 信息及通信 | 1 656.73 |
| 金融保险 | 2 386.06 |
| 商业服务业 | 2 229.71 |
| 房地产及租赁 | 2 998.07 |

资料来源：英国国家统计局。

### 10.2.3　德国生产性服务业发展现状

德国依托强大的制造业优势，其生产性服务业的发展注重与制造业的融合。尤其是工业 4.0 战略出台后，智能化、数字化和服务化的制造业发展方向对于生产性服务业的发展起到了重要的推动作用。

德国的第二产业（尤其是制造业）长期以来一直是德国经济的重心。20 世纪 90 年代前，德国服务业的发展水平远不及同期的英美两国，但是进入 90 年代后，德国服务业呈现出快速发展的态势。这主要是由于当制造业发展到一定程度时，出于对成本和资源优化配置的考虑，企业逐渐将生产性服务业外包出去，促使生产性服务业开始从制造业内部剥离出来。德国坚实的制造业基础带动了生产性服务业快速的发展，而自欧盟成立后德国对电信、保险和邮政等进行的自由化改革也为其生产性服务业的发展创造了良好条件。

---

①　由于商业服务业和房地产租赁被合并到一起，无法准确区分其中各产业的比例。

自 21 世纪以来，德国服务业贡献了 GDP 总量的 70%，与其他发达国家，如英美等国的比重大致相同。2000—2014 年，德国生产性服务业占总产出的比重保持在 27.72% 左右，在服务业总产出中所占比重保持在 49% 左右。

### 10.2.4　发达国家生产性服务业的发展经验

#### 1. 财政资金的外部支持

20 世纪 90 年代以来，信息技术的研发、革新与应用推动了美国金融业、营销、咨询等生产性服务业的发展。2016 年，美国的商业服务业和信息通信业产值占 GDP 的比重达到 17%，占服务业的比重超过 23.6%。美国研究与开发（R&D）的投入对生产性服务业的发展起到了重要的促进作用，其 R&D 支出占 GDP 的比重常年保持在 2.5% 以上，支出总额位居世界首位，而其对生产性服务业的科研投入约占到世界总投入的 46%。根据美国国家科学基金会的数据，在生产性服务业领域，2015 年，美国在信息服务业的 R&D 投入达到了 655.13 亿美元，占 R&D 投入总额的 13%，其中，近 2/3 的部分为软件发行投入；商业服务业的 R&D 投入达到了 53.67 亿美元，其中，42% 为科研服务投入，37% 为计算机系统设计及相关服务业投入。

#### 2. 服务外包的强力推动

英国生产性服务业加快发展的根本途径是服务外包。生产性服务业的产生和发展主要是建立在成本优势基础上的专业化分工的深化，以及企业外包活动的发展。通过服务外包，英国的制造业企业将部分生产性活动外部化，交由更专业的企业或组织来进行生产，从而提高了生产效率，也降低了生产成本。英国通过企业和产业的重组来进行服务外包。以英国联合利华公司为例，首先，1999 年，联合利华进行企业的集中化改革，将 14 个独立的合资企业并入由联合利华控股的 4 家公司，从而降低了 20% 的运营成本。其次，联合利华决定专注于核心产品的生产，如家庭及个人护理用品、食品饮料和冰淇淋，退出了如运输业、渔业等非主营业务。2002 年，联合利华将其在中国的食品零售的营销转包给了第三方公司，联合利华仅负责营销决策的制定，从而减少了在营销方面的投入，可以将节省的资源投入到核心产品的研发中，进而增加产品竞争力。

#### 3. 行业协会及相关政策的制度保障

德国生产性服务业一大突出特点是有众多的行业协会推动行业发展，如德国工商总会保持着与政府及国际组织的联系，以重要经济和法律政策表态的方式参与并影响德国经济政策的制定。此外，还为德国中小型企业开拓世界市场提供统一的世界范围的服务，包括咨询、联系安排与当地政经界的接触，为企业提供市场分析、销售与法律咨询等。与生产性服务相关的行业协会还有德国联邦采购与物流协会、德国信息经济、通信与新媒体协会等众多组织。

德国政府对于生产性服务业也提供了很多支持，一方面针对服务行业编制了众多的相关法律，如《电信法》《银行法》《保险法》《多媒体法》等，为服务业发展提供公平、规范的法律环境。另一方面为服务业企业提供财政支持，以支持企业的研发及创新，促进企业的国际化发展。为帮助企业开拓国际市场，德国联邦经济部自 2010 年起为知识密集型中小企业的"国际化"提出促进措施。政府为中小企业与科研机构推出中小企业创新核心项目，所提供的资金用于开展合作科研创新项目。此外，还为从事专业服务的中小企业提供融资政策，包括信贷援助和贷款担保。

## 10.3　中国生产性服务业的发展

### 10.3.1　中国生产性服务业的发展进程

如表 10-6 所示，1995—2014 年，我国服务业，尤其是生产性服务业发展迅速，对国民经济的发展起到了至关重要的作用。在此期间，我国的国民产出增长了约 15.80 倍，服务业的产出增长了约 15.54 倍，而生产性服务业的产出增长了约 19.56 倍，高于服务业产出及国民经济发展增速。

表 10-6　1995—2014 年中国生产性服务业变化情况　　　　亿美元

| 年份 | 国民产出 | 服务业产出 | 生产性服务业产出 | 服务业增加值 | 生产性服务业增加值 |
|------|----------|------------|------------------|--------------|--------------------|
| 1995 | 18 888.180 | 4 614.957 | 2 102.674 | 2 392.421 | 1 201.493 |
| 1996 | 22 293.662 | 5 427.432 | 2 467.146 | 2 805.680 | 1 399.756 |
| 1997 | 24 807.549 | 6 335.598 | 2 842.509 | 3 255.580 | 1 598.531 |
| 1998 | 26 479.162 | 7 158.258 | 3 228.784 | 3 693.814 | 1 805.294 |
| 1999 | 28 143.869 | 7 895.632 | 3 576.354 | 4 091.912 | 1 984.935 |
| 2000 | 32 530.157 | 7 304.252 | 3 723.558 | 3 690.905 | 2 184.118 |
| 2001 | 35 211.779 | 8 210.658 | 4 318.666 | 4 257.892 | 2 472.274 |
| 2002 | 38 122.119 | 9 082.528 | 4 952.751 | 4 820.987 | 2 765.117 |
| 2003 | 44 556.477 | 10 359.931 | 5 702.078 | 5 416.861 | 3 136.504 |
| 2004 | 54 377.701 | 12 298.422 | 7 012.912 | 6 295.527 | 3 748.875 |
| 2005 | 67 070.466 | 15 820.432 | 9 156.936 | 7 439.326 | 4 381.400 |
| 2006 | 81 775.875 | 18 298.131 | 10 500.323 | 9 033.831 | 5 421.699 |
| 2007 | 106 543.723 | 22 886.393 | 13 166.048 | 11 888.280 | 7 353.884 |
| 2008 | 136 899.584 | 29 233.188 | 16 482.767 | 15 139.547 | 9 168.433 |
| 2009 | 150 369.599 | 33 277.930 | 18 773.742 | 17 427.419 | 10 611.194 |
| 2010 | 180 537.145 | 38 827.400 | 22 278.695 | 20 363.188 | 12 614.535 |
| 2011 | 226 089.227 | 47 768.247 | 27 462.634 | 25 039.725 | 15 563.809 |
| 2012 | 255 932.344 | 55 343.032 | 31 686.203 | 28 923.661 | 17 923.123 |
| 2013 | 292 326.425 | 63 771.769 | 36 667.480 | 33 456.983 | 20 827.717 |
| 2014 | 317 451.024 | 71 755.085 | 41 119.134 | 37 564.308 | 23 275.615 |

资料来源：根据 Wiod 投入产出表整理所得。

从生产性服务业产值占国民总产出的比重来看，1995 年其占比为 11.13%，至 2014 年，占比增长到 12.95%，说明生产性服务业在我国三次产业的参与度逐渐增加，在国民经济中发挥越来越重要的作用，但增长较为缓慢，20 年间仅增长 1.82 个百分点。此外，生产性服务业占服务业总产出的比例逐渐增加，由 1995 年的 45.56% 增长至 2014 年的

57.3%，服务业内部结构不断优化。

如表 10-7 所示，就我国生产性服务业的行业分布来看，传统的劳动力密集型产业——运输储存业在生产性服务业中产值最高，但近年来，资金、技术和专业知识含量较高的金融保险服务业与商业服务业发展迅速，产值逐渐逼近运输储存业，信息通信服务业相较来说发展较为滞后。我国生产性服务业虽然起步较晚，但发展速度惊人。2000—2014 年，运输储存业、信息通信服务业、金融保险服务业、商业服务业、房地产及租赁业产出年均增长率分别为 15.06%、20.09%、20.52%、23.61%及 17.45%。如图 10-2 所示，我国金融保险服务业、信息通信服务业与商业服务业产出的波动较大，同时，信息通信业和商业服务业呈现出趋同的变化态势。金融保险服务业和房地产及租赁业的波峰出现较晚，在 2007 年增速分别达到了 51.03%及 37.12%。受 2008 年全球金融危机影响，生产性服务业于 2009 年降至增速的波谷，而后增速不断放缓，但仍保持着最低 5%的水平。

表 10-7  2000—2014 年中国生产性服务行业产出 亿美元

| 年份 | 运输储存业 | 信息通信服务业 | 金融保险服务业 | 商业服务业 | 房地产及租赁 |
| --- | --- | --- | --- | --- | --- |
| 2000 | 1 433.715 | 380.128 | 663.539 | 510.044 | 736.131 |
| 2001 | 1 630.154 | 478.803 | 760.440 | 642.442 | 806.827 |
| 2002 | 1 813.064 | 591.343 | 871.619 | 793.445 | 883.280 |
| 2003 | 1 953.846 | 758.556 | 938.142 | 1 061.433 | 990.102 |
| 2004 | 2 345.193 | 1 032.430 | 1 009.062 | 1 508.052 | 1 118.176 |
| 2005 | 2 932.315 | 1 473.874 | 1 208.664 | 2 249.683 | 1 292.399 |
| 2006 | 3 323.617 | 1 552.137 | 1 557.938 | 2 478.492 | 1 588.139 |
| 2007 | 4 036.842 | 1 720.656 | 2 352.914 | 2 877.921 | 2 177.716 |
| 2008 | 4 953.326 | 2 118.676 | 3 103.702 | 3 762.203 | 2 544.859 |
| 2009 | 5 148.571 | 2 277.468 | 3 772.349 | 4 300.320 | 3 275.033 |
| 2010 | 5 942.636 | 2 591.808 | 4 495.233 | 5 212.899 | 4 036.120 |
| 2011 | 7 301.620 | 3 183.011 | 5 603.622 | 6 401.985 | 4 972.396 |
| 2012 | 8 214.498 | 3 750.423 | 6 599.818 | 7 543.220 | 5 578.243 |
| 2013 | 9 173.587 | 4 342.506 | 7 871.665 | 8 734.077 | 6 545.644 |
| 2014 | 10 215.265 | 4 932.919 | 9 048.785 | 9 921.573 | 7 000.593 |

资料来源：根据 Wiod 投入产出表整理所得。

## 10.3.2  中国生产性服务业存在的问题

### 1. 生产性服务业内部结构不够合理

传统的劳动力密集型的运输储存业在我国的生产性服务业中仍占主体地位，占比约为 25%。尽管资本及技术密集型的金融保险服务业和商业服务业有了长足的增长，与发达国家的差距正在逐渐缩小，但作为需要高技术、高投入的高端生产性服务业——信息通信服务业，在我国生产性服务业中所占比重仅为 12%。随着生产性服务业的发展，高端服务业将会成为生产性服务业的核心，信息通信业的发展可以与其他的生产性服务业进行合作，如云存储在办公中的应用、第三方平台与银行合作的网上支付、智能物流

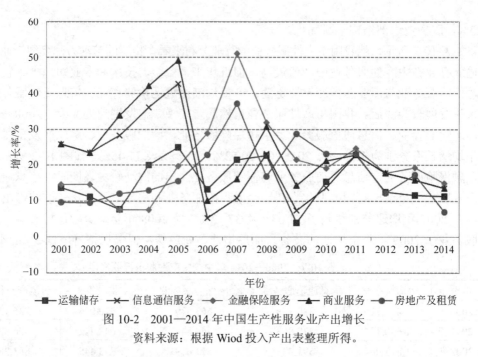

图 10-2　2001—2014 年中国生产性服务业产出增长

资料来源：根据 Wiod 投入产出表整理所得。

等，这将会极大地带动其他生产性服务业的发展，对于国民经济的发展具有重要的促进作用。

**2. 生产性服务业地区分布不均**

我国区域经济发展水平差距较大，沿海城市积聚资本、人才和知识的能力远超内陆及西北地区，而生产性服务业对资本、技术及人才的需求较高，导致我国生产性服务业的空间分布并不均匀。北京、珠三角和长三角等经济较发达的城市及地区由于良好的产业发展环境，不断吸引资本及人才的流入，长此以往，区域间生产性服务业发展水平的差距将会不断加大。

**3. 生产性服务业与制造业的协同机制不完善**

目前，我国制造业对生产性服务业的拉动不足，主要是由于我国制造业产业发展水平较低、区域经济发展不平衡性明显等因素阻碍了生产要素跨区流动及生产性服务业溢出效应的发挥。此外，生产性服务业对制造业的"推力"不足。由于基础条件和起步时间等原因，我国生产性服务业的发展与世界水平仍有较大差距，服务产品同质化、核心竞争力缺乏、过度竞争等问题比较突出。

## 10.3.3　中国发展生产性服务业的政策选择

**1. 健全相关法律法规，规范行业发展环境**

美、英、德三国均为生产性服务业各行业建立了细致而严谨的法律法规来规范企业的生产和运营，而且对于知识产权的保护措施较为完善。我国应健全相关法律法规，加强生产性服务业发展的基础制度建设。通过法律法规的规范和指导，逐步消除制约我国生产性服务业发展的制度障碍，并逐步建立一套有利于生产性服务业发展的法律体系，形成良好的制度基础。同时，应注重对行业规则的规范，尤其是加强对知识产权的保护。

### 2. 警惕"鲍莫尔成本病"出现，加强科技创新

日本在 20 世纪末遭遇了"鲍莫尔成本病"，即宏观经济的进步部门的生产率相对快速的增长将会导致停滞部门出现相对成本的不断上升。鲍莫尔认为很多服务部门都具有这一特征，相对于制造业而言，服务业劳动生产率更难以提高。我国现今是世界第二大 R&D 投入国，但目前的 R&D 投入主要集中于制造业部门，对生产性服务业的 R&D 投入比例较低。为防止出现"鲍莫尔成本病"，我国应注重制造业部门与服务业部门技术创新的协调发展。此外，积极发展新兴服务业，促进产业价值链优化与增值，逐渐加大对金融保险服务业、商务服务业、信息通信服务业等新兴领域的规范力度，促进新兴服务领域的制度化建设，使企业由产业价值链的中低端向高端发展。

### 3. 促进制造业与生产性服务业的融合发展

制造业与生产性服务业的互动融合是当前生产性服务业发展的趋势。制造业与生产性服务业在企业层面的互动主要表现在制造业的服务化与服务业的制造化。例如，在定制性的服务企业中出现了服务的"麦当劳化"，这种服务业制造化的现象正反映了服务业有与制造业某一特征（如标准化流程）融合的趋势。另外，制造业企业的活动重心正不断向服务转移。制造业的服务化主要分两个层次：一是投入服务化，即服务要素在制造业价值链中的作用越来越大。二是产出服务化，即大量的传统制造业企业尝试通过增加服务来获得竞争优势，服务已逐渐成为制造业企业赢得竞争优势的重要手段。从这个意义上看，应进一步促进产业结构的调整，加强制造业与生产性服务业的互动融合。

### 【专栏：日本服务业的"成本病"】

实现工业化后，日本的服务业部门不断扩张，在整个经济中的地位也日趋提升。但是，在日本经济结构服务化的同时，服务业所固有的生产率问题凸显出来，从而影响了日本经济整体的全要素生产率提高。

与传统制造业不同，服务业所生产的产品具有特殊性。一方面，服务业的产品具有生产与消费的同时性，难以通过储存应对需求的变化，而且其产量极易受到外界经济环境的影响，即使缩短了提供服务的时间，经济波动导致的产量减少仍然不可避免。另一方面，服务业通常是劳动密集型的，难以通过减少劳动力投入来提高生产效率，同时也决定了其很难像制造业一样通过引入新的生产技术来提高生产水平与产量。服务业所固有的这些基本特征，造成了日本服务业提高生产率水平的困难，成为日本服务业发展所面临的困境。

全要素生产率（TFP）可以体现一个产业对于劳动力和资本等生产要素的综合使用效率，通过对比制造业和服务业间的全要素生产率差异，可以进一步了解日本服务业在生产率方面存在的问题。表 10-8 对比了日本的制造业与服务业在 1980—2012 年 TFP 增长率的变化情况，从中可知，在不同的时段，日本服务业的 TFP 增长率都远低于同时期的制造业。整体而言，从 1980 年到 2012 年，日本的服务业年均 TFP 增长率仅为 0.19%，远小于制造业的 2.23%。虽然金融业、批发业以及电信业等服务业部门的年均 TFP 增长率达到了 3.12%、2.48% 和 2.45%，但仍远小于制造业中 TFP 增长最快的部门即电子机械制造业，其年均 TFP 增长率高达 8.04%。由此可见，日本的制造业和服务业之间存在较

大的生产率差异，服务业的生产率要低于制造业。

表 10-8　日本各产业的 TFP 增长率变化　　　　　　　　　%

| 产业 | 1980—1984 年 | 1985—1989 年 | 1990—1994 年 | 1995—1999 年 | 2000—2004 年 | 2005—2012 年 |
|------|-----|-----|-----|-----|-----|-----|
| 制造业 | 4.08 | 2.48 | 0.57 | 1.47 | 2.85 | 0.5 |
| 电子机械 | 12.8 | 2.2 | 3.8 | 0.8 | 13.3 | 3.6 |
| 服务业 | −0.29 | 1.73 | −0.76 | 0.05 | 0.62 | −0.2 |
| 金融业 | 1.9 | 7.7 | 0.1 | 0.7 | 1.2 | −2.8 |
| 批发业 | 0.0 | 5.8 | 4.4 | 0.9 | 1.6 | −1.5 |
| 电信业 | 4.8 | 2.9 | 5.1 | 3.6 | 1.8 | 3.0 |

资料来源：经济产业研究所（JIPdatabase2015）。

此外，除了中观层面，即日本的服务业与制造业之间表现出生产率差异，在微观层面，服务业企业之间也存在明显的生产率差异。森川正之使用日本经济产业省提供的"企业活动基本调查数据"分析了日本服务业的生产率，并指出：日本的服务业企业的生产率存在极大的差异，一些企业拥有较高的生产率，一些企业的生产率则极低，而生产率差异的主要来源是"产业内差异"而非"产业间差异"，生产率越高的企业占有的市场份额也越大。

随着日本工业化的完成，经济结构日趋成熟，服务业在其中所占比重逐渐扩大，但受到服务业固有特点的影响，其生产率并未随着在经济结构中所占比率的上升而相应提高，其全要素生产率增速始终处于较低水平。而且，生产率差异不但体现在服务业与制造业之间，还存在于服务业企业之间。不断扩大的服务业部门规模与其难以增长的全要素生产率水平之间形成了强烈的反差，不但影响了日本的产业升级与新兴支柱产业的产生，而且对日本经济整体的全要素生产率也产生了负面影响。

【资料来源：田正.日本服务业的发展与困境——基于生产性服务业的实证检验[J].日本学刊，2017（3）.】

## 【重 要 概 念】

生产性服务业

## 【思 考 题】

1. 试阐述发达国家生产性服务业快速发展的成功经验。
2. 对比美、英、德生产性服务业的发展特点。
3. 中国生产性服务业发展的现有问题及未来趋势是什么？
4. 如何从政策层面推动中国生产性服务业的发展？

## 【课后阅读材料】

[1] 程大中．中国生产性服务业的水平、结构及影响——基于投入—产出法的国际比较研究[J]．经济研究，2008（1）．

[2] 陈凯．英国生产性服务业发展现状分析[J]．世界经济研究，2006（1）．

[3] 赵弘．全球生产性服务业发展特点、趋势及经验借鉴[J]．福建论坛·人文社会科学版，2009（9）．

[4] 冯晓玲，张建．美国生产性服务业影响因素的技术层面分析——基于 VAR 模型的实证检验[J]．国际经贸探索，2013（10）．

[5] 甄峰，顾朝林，朱传耿．西方生产性服务业研究述评[J]．南京大学学报（哲学·人文科学·社会科学），2001（3）．

[6] 杨玲．美国生产者服务业的变迁及启示——基于 1997、2002、2007 年投入产出表的实证分析[J]．经济与管理研究，2009（9）．

## 【即 测 即 练】

# 第 11 章

## 服务业跨国直接投资

**学习目标**

1. 了解服务业 FDI 的理论动因和发展模式。
2. 掌握中国服务业 FDI 发展的有利和制约因素。

## 11.1 服务业 FDI 的理论动因

20 世纪 80 年代开始，服务业跨国直接投资逐渐从制造业投资理论中剥离出来，成为学者们关注的焦点。这种研究重点上的转变主要基于两点原因：第一，服务业自身的蓬勃发展和服务产品日趋频繁的国际交换使人们认识到服务经济在国民经济中的重要地位；第二，WTO 乌拉圭回合有关服务贸易的规则条款，强化了对服务业的关注，刺激了服务业对外直接投资（FDI）和服务贸易的发展。

不同于制造业，服务产品大多具有无形性且不可储藏性，其生产与消费须同步进行，许多服务产品提供给国外消费者只有通过 FDI 或由本土企业与外国企业达成许可转让协议后进行当地生产，这就决定了服务贸易增长的主要渠道不是贸易而是对外直接投资。

### 11.1.1 经典 FDI 理论的服务业适用性

最早有关 FDI 理论的研究是围绕制造业国际直接投资而展开的，其中最具代表性的是垄断优势理论（monopoly advantage theory）、内部化理论（internalization theory）、产品生命周期理论（product cycle theory）以及国际生产折衷理论（eclectic theory of international production，OIL）。

海默的垄断优势理论认为，少数企业借助其寡头竞争优势克服了跨国经营的额外成本，与东道国企业展开竞争。所谓垄断优势是指 FDI 的有利条件，以该理论为起点，多数观点认为可以适用于服务业 FDI 的分析。另外，内部化理论指出，一国在纵向多阶段生产过程中，因为本国生产的中间产品通过市场供应不经济或不完全，只有跨国生产中间产品，同时要求该产品主要配套于本国生产。其实，内部化理论没有从一般意义上解释最终产品的跨国生产。由于服务的不可运输性，跨国生产的服务不可能内部化地服务于本国生产，而且服务生产离不开直接消费，并不具有像制造业那样多阶段生产的特点。因此，内部化理论对于服务业 FDI 基本不适用，尤其不能用于解释针对最终产品的服务业 FDI。

对于产品生命周期理论是否适用于服务业 FDI，弗农曾经指出，如果知识的转移可以代替产品转移，传统理论就可以用于解释服务业 FDI。但是，之后更多研究却认为，在大多数劳动密集型服务业中，不存在货物从技术到资本，再到劳动的要素密集度相继轮换的明显周期。而且，货物在不同生命阶段的更迭并不影响全球销售，服务却要随生命阶段的不同时期转换生产中心。所以，主流观点认为，服务和货物在供给与需求两个方面表现出的明显差异使得产品生命周期理论不适用于服务业 FDI。

最后，撇开垄断优势理论和内部化理论，邓宁国际生产折衷理论的三要素只剩下区位优势。在区位优势理论中，FDI 区位选择包括五个因素，即市场因素、壁垒因素、成本因素、环境因素和其他因素。就市场因素而言，东道国对制造业 FDI 来说可以是生产基地，不一定是销售市场，但服务产品的无形性决定了它的 FDI 必须以东道国作为市场；就壁垒因素来看，制造业可以因出口障碍进行跨国直接投资，没有障碍则直接出口，但服务业的主动"出口"必须依靠 FDI，因为不可能像制造业那样脱离资本流动进行纯产品出口；就成本因素来看，东道国生产成本及其他成本比投资国低廉，所以跨国制造业企业在东道国进行投资，但服务业 FDI 的目标是东道国市场，它只能在东道国生产，同时如数销售。服务业的对外直接投资不存在同样的服务在东道国与投资国的价格比较问题，因为投资国的服务无法转移至东道国。

其实，邓宁在其后续研究中对国际生产折衷理论在服务业 FDI 的适用性作过补充说明。他在所有权优势方面补充指出了质量、范围经济、规模经济、技术与信息、声誉以及创新等企业优势对服务业 FDI 的影响；在区位优势方面强调了东道国人口众多、聚集经济以及政治体制稳定、政策法规灵活等条件；在内部化优势方面则只能弱化或消除要素投入在性质和价值方面的不确定性，以及中间产品的质量保证等。这些修正和补充的确具有一定的改进意义，但综合来看，国际生产折衷理论对于服务业 FDI 的适用性并不突出。例如，恩德维克（1989）提出，把国际生产折衷理论的三要素范式应用到服务部门会产生诸多问题。服务部门大多技术密集度较低，要确定企业的特定优势比较困难；跨国经营的非股权方式（许可证、管理合同和特许经营）在服务业中被广泛运用，这些以市场交换为基础的经营方式对于"内部化"具有重要意义。此外，国外学者从部门角度对国际生产折衷理论的服务业适用性进行了评价，较早且文献最多的当属银行业。鲁格曼（1981）指出，按照内部化理论，跨国公司创造内部市场的目的是克服外部商品和要素市场的不完全，银行业跨国公司就是通过内部化市场克服了国际金融市场的不完全。格雷等（1981）还提出，在超国家金融市场中没有当地银行，不需要所有权的特定优势作为补偿，他们重新定义了区位优势，其角度已不局限于某一特定国家，而是适应于非国家市场。

## 11.1.2　行业视角下的服务业 FDI 动因

服务业 FDI 动因的行业分析最先集中于银行业跨国公司，虽然跨国银行应该与制造业跨国企业有很多相似之处，但银行业的竞争优势较少且取决于产品的所有权或技术，因为尽管拥有一些相对专业的银行业技术和知识，但是它们不仅很难获得专利权，也难以保持商业机密。一般而言，银行业跨国经营的决定因素主要有：①竞争优势；②提高效率；③风险多样化。首先，关于银行业的竞争优势，卡森（1990）提出，制造业跨国公司的相关信息是银行业竞争优势的重要来源，因为企业喜欢跟较少的银行进行业务往来，这样可以尽可能避免机密金融信息的泄露。其次，斯沃博达（1990）认为，到文化差异小的国家建立分支机构可以大大降低国外经营成本，因而有利于提高效率和增加竞争优势。关于运行的效率，主要指银行的规模、国际化程度和产品及分销渠道。特瑞尔（1979）和萨比（1988）认为，规模大能使银行以相对较低的成本将其规模效益转移到国外，并与当地形成竞争。尤萨基和沃廷斯基（1992）指出国际化程度也与效率有关，因为拥有大量地理分散的客户能够降低银行的交易费用。最后，伯格尔和杨（2001）认为风险多样化是金融业对外直接投资的另一个重要原因，银行在国外开展业务可以多样化收入，并以风险回报的方式获得收益。

除此之外，金德尔伯格（1985）还分析了运输业跨国公司的特点和跨国经营行为。跨国运输企业往往由多个国家的企业共同组成，这种所有权的延伸是基于经济规模、资本增长的需求，以及分担维护大量船只管理费用的愿望，当然还包括垂直和水平一体化。哈罗尼（1993）对会计、建筑和管理咨询这样的专业服务业跨国公司的各种组织形式和国外市场进入形式进行了探讨。专业性商业服务是由不同种类的附加活动组成的，这些附加活动经常会变更区位，并且其代理和供应商之间的交互程度很高，因此需要极高的专业化水平。由此，通过 FDI 建立海外子公司或附属机构通常是专业服务业企业的选择。特帕特拉和于（1988）研究各种因素对美国广告业跨国公司的影响后发现，东道国的市场规模、公司的大小、国际化经验等对美国广告企业跨国经营有着积极影响，而地理上的相似性却显得无足轻重。邓宁和麦克昆（1981）分析旅馆业跨国公司的特点，认为旅馆与汽车租赁、快餐业和零售业的跨国经营活动一般都采取非实体资本投资，如特许经营。这是因为旅馆业与汽车租赁、快餐和零售业等消费者服务业一样，在服务生产的同时进行消费，而且不能出口或者运输。

在以上理论分析的基础上，针对服务业内部各部门展开的经验研究也不一而足。那卡姆和吉贝尔（2000）通过对伦敦中心区服务业企业的实证研究发现，服务业跨国公司所形成的外部网络是其获取竞争优势的重要手段。李、古意辛格和斯蒂芬（1992）在对北美、西欧以及日本的服务业跨国公司进行经验分析后也认为，东道国市场开放程度、市场规模、文化差距、全球寡占是服务业 FDI 的主要影响因素。李（1994）还对亚太地区的服务业企业进行了实证分析，结论认为企业所拥有的世界范围经验（EXPW）和目标市场上的地区范围经验（EXPA）对于国际扩张至关重要。拉夫洛克等（1996）对服务业 FDI 动因作出较为全面的归类，包括相同的顾客需求、全球性顾客、全球性销售渠道、全球规模经济、有利的物流条件、信息技术的发展、政府政策和管制以及可转移的竞争优势。

### 11.1.3　贸易视角下的服务业 FDI 动因

主张以贸易理论解释服务业 FDI 的学者，试图将跨国公司引入国际贸易的一般均衡模型。服务业存在两种不同的 FDI 类型，一是垂直型或者产业内外商直接投资，指发达国家企业利用其在某个产业具有的竞争优势，向发展中国家投资；二是水平型或者产业间外商直接投资，指发达国家企业之间利用产业间的相对优势进行投资。当两个国家大小接近，但要素禀赋有较大差异时，垂直型跨国公司主导生产；当两个国家大小和要素禀赋都相似，并且贸易成本适中或者较高时，水平型跨国公司主导生产。但是，国内企业却会在以下两种情况中主导生产：①当贸易成本较低且要素禀赋相似时；②当贸易成本适中、要素禀赋相似、国家大小差距较大时。

本质上，贸易企业是现代跨国公司发展史上最早出现的一种形式，现在许多知名的跨国企业就是从当时欧洲的家族贸易企业和日本财阀的贸易企业发展而来的。当然，近年来也涌现出一批新的跨国贸易企业，如大型零售商的采购代理公司和制造业的营销派出与代理机构。小岛清和小泽（1984）曾经考察日本综合商社和综合贸易企业的跨国经营。综合商社的竞争优势由下游生产活动和上游附加经营活动共同组成，换句话说综合商社通过参与原材料选购、产品设计和营销等垂直一体化经营，使下游生产活动通过几个不同步骤来培育自身的消费市场和竞争优势。

## 11.1.4　服务业 FDI 理论体系的创建

马库森于 1984 年通过建立横向跨国企业模型比较出口贸易和直接投资之间的成本差异。他指出，因为交通或各种贸易壁垒造成较高的成本，企业会相应选择在国外建立分支机构面向当地生产。正是因为马库森模型与服务业的较好联系，使其能够恰当地解释服务业 FDI，即服务因市场准入条件而无法通过贸易直接进入国外市场，建立商业存在就成为跨国服务提供的有效方式。之后，马库森还在原模型中加入纵向跨国企业的情况，并补充考虑了企业利用竞争优势差异在国家间进行专业化分工。

布莱纳德的研究与马库森（1984）十分接近，他发展出简化的 2×2（两个部门、两个国家）模型，考察产品在跨国生产和直接出口之间的权衡。当认识到规模经济、R&D 以及多阶段生产等因素后，相比于直接出口的高成本，跨国商业存在是服务提供的最佳模式。

马库森和维纳伯在 1998 年同样建立了一个 2×2（两个部门、两种产品）模型，他们将贸易的基础归因于比较优势和市场进入两种因素。基于此，模型分析了市场进入和交通成本在服务业跨国企业内生创建过程中的重要作用。另外，模型还颠覆了人们以往认为小国不会在企业跨国投资中获益的共识，得出小国可能在企业跨国投资中获益，而大国反而受损的结论。

马库森和维纳伯在 2000 年的研究可以认为是迄今关于服务业 FDI 理论最具创新意义的探索。他们在产品差异化理论和企业跨国直接投资内生决定理论的基础上，考察当贸易成本较低且所有要素均可流动时，一国集聚各种生产要素的可能性。其中，若国家间的资本/劳动比和市场规模大致相同，那么资本要素流向一国的同时还可能伴随生产者服务要素的流入，这些要素增加了服务产品的多样性，降低了流入国的生产者服务价格。这意味着一国资本要素实际报酬的提高，从而刺激了更多资本要素的流入。当流入量达到一定水平时，因竞争加剧而使资本要素名义报酬被迫降低的负面损失，可能相当于因生产者服务品种增加、价格降低而带来的正向收益。损失与收益相等就是企业跨国直接投资的均衡状态。这项研究从生产要素的角度探讨了企业跨国直接投资与服务提供之间的关系，进而确定服务业跨国直接投资的合理规模与时机。

总体来看，服务业 FDI 理论的发展相对于一般企业 FDI 理论略显滞后。一方面，制造业与服务业之间的差异以及服务提供本身的特殊性，使得将传统 FDI 理论应用于服务业困难重重；另一方面，要建立针对服务业本身的 FDI 理论体系，势必需要构建符合现实的有关贸易与投资的政策模型和严格的一般均衡分析框架，而这些研究目前都还处于起步阶段。

当前，国内理论界对于服务业 FDI 的研究大多还是在结合中国服务业吸引利用 FDI 的经验分析基础上，继续经典 FDI 理论对服务业的适用性评价。吴彬（1997）运用国际生产折衷理论的分析框架解释了中国服务业 FDI 增长的原因。薛求知、郑琴琴（2002）则从需求、供给、竞争、壁垒以及声誉五个方面对服务业跨国公司在中国的发展进行了对比，指出服务业跨国公司的出现与扩张和传统制造业有着显著不同，国际生产折衷理论并不能很好地解释服务业跨国公司出现的许可证安排、价格竞争以及网络组织结构和战略联盟等新现象。李慧中（2004）从服务产品的不可存储性、不可运输性和不可分割性出发，指出内部化理论和区位优势理论不适于解释服务业 FDI，他认为不完全竞争条件下的产品差异化和规模经济最能说明当前服务业 FDI。

## 11.2　服务业 FDI 的模式选择

FDI 模式是指跨国公司等投资主体对外直接投资所采取的基本形式，一般分为非股权安排和股权投资两种类型。非股权安排可分为特许经营、管理合同、许可证协议等，而股权投资又存在两种形式，即新建投资（greenfield，又称绿地投资或创建投资）和跨国并购（mergers and acquisitions，M&A）。新建投资是指跨国公司等投资主体在东道国境内依照东道国法律部分或全部资产所有权归外国投资者所有的企业。新建投资直接导致东道国生产能力、产出和就业的增长，早期跨国公司拓展海外业务基本上都是采用这种方式。常见的新建投资又可分为两种形式：一是建立国际独资企业，其形式有国外分公司、国外子公司和国外避税地公司；二是建立国际合资企业，其形式有股权式合资企业和契约式合资企业。跨国并购是指跨国公司等投资主体通过一定的程序和渠道，取得东道国某现有企业的全部或部分资产所有权的投资行为。跨国公司的并购动机包括开拓国际市场，取得产品商标、品牌和行销网络，保证原材料的供应和产品的销售市场、经营区域，以及资产的多元化，等等。

近年来，跨国公司启动新一轮全球产业布局。制造业 FDI 虽然仍是本轮产业布局调整的重心，但与此同时，服务业向新兴市场国家转移的趋势日渐明显。当前，由跨国公司主导的服务业国际转移基本表现为三个层面：一是项目外包，即企业把非核心辅助型业务委托给国外其他公司；二是业务离岸化，即跨国公司将一部分服务转移至低成本国家；三是与跨国公司有战略合作关系的服务企业，为了给跨国公司在新兴市场国家开展业务提供配套服务而将服务业进行国际转移，或者是服务企业为了开拓东道国市场和开展国际服务贸易而进行的跨国转移。其中，对于东道国而言，第二层面和第三层面的服务业转移都表现为服务业外商直接投资，即服务业 FDI。在世界范围内，服务业 FDI 经常出现的也是运用最为成功的当属非股权安排，如国际著名餐饮企业麦当劳、肯德基。另外，在旅馆、会计、法律和其他专业服务方面采用非股权安排也十分普遍。

## 11.2.1　服务业跨国直接投资的组织形式

在邓宁对服务业跨国公司的不同组织形式进行的分类与总结中，首先把以股权投资而非契约组织实施跨国经营的服务业分为三类：第一类包括金融服务业以及多数信息密集型专业服务业（管理咨询、计算机服务、数据库服务、旅行社和航空运输）；第二类包括热衷于前向一体化，以确保生产效率，保证最终产品的质量以及赢得顾客信赖的企业，这类企业通常以其商标或形象著称；第三类是与贸易相关的服务业，这类企业大多归非服务业跨国企业所有，其目的是为母公司或投资国其他企业以最优条件获得资金流入或为生产、出口开拓市场。其次，以合资或非股权协议作为外资参与方式的服务业跨国企业可以分为四类：第一类是旅馆、饭店、汽车租赁公司。在这些行业中，订约双方往往以管理合同或特许经营协议来履约。第二类是对本土化知识的需求更为迫切，而且产品也须针对客户进行专业化生产的服务业企业，包括广告业以及会计、法律服务业。第三类是为减少市场营销成本的服务业企业。许多新成立的或较小的制造业跨国公司都愿与当地销售代理或服务业企业联手，或采用特许加盟的形式。第四类是投资银行、财产/意外伤害保险等服务业企业，这类企业通常形成企业联盟共同分担风险。对于服务业跨国企业究竟应该选取哪种进入方式，才能最有效地实现企业海外扩张和跨国经营的目标，众多学者从各自的视角提供了多种多样的理论阐释。较有影响力的是企业资源禀赋、企业组织控制等因素对跨国企业进入方式的影响分析，以及动态国际化战略理论。

按照现代经济学和管理学的观点，跨国企业是控制和掌握可从组织中分离的优秀技能与只能隐含在企业内部的技术优势的组织制度，而跨国企业进入方式的选择受到对资源禀赋要求和控制力的影响。目前的研究一般以所有权的控制程度表示对资源禀赋的要求，在一种进入方式中，进入者的控制权程度越高，对资源禀赋的要求就越高。在合资进入方式中，对资源禀赋的要求相比独资进入要低得多，因为合资双方共享资源而不是一方。在独资进入方式中，对资源禀赋的要求最高，进入者单方掌握重要资源的控制权。在非 FDI 进入方式中，对资源禀赋的要求是最低的。进一步地，对资源禀赋的要求也能有效地区分和很好地解释并购方式和新建进入方式。跨国并购是为了取得一组对企业极其重要的资源，而采取新建进入方式的企业主要依靠以前所获得的优质资源。以上理论的合理推论是，拥有适当资源的企业倾向于选择新建进入，而没有适当资源的企业倾向于选择并购进入且通过自身金融资源交换被收购企业的有价值资源。

从动态战略的视角研究跨国企业进入方式已被理论界普遍接受。众所周知，企业初始的海外扩张一般采用非直接投资方式，如许可、出口、联盟等都是企业在国际化过程中最早采取的进入外国市场的方式。随后，开始大量出现设立子公司的新建投资和并购当地企业的直接投资（格林森、李和马苏尔，2002）。由于对外国市场不熟悉，知识和经验积累将发挥越来越重要的作用，同时其会有助于逐渐消除进入的风险和不确定性。随着企业对外国市场知识和经验的积累，掌握的资源禀赋越来越多，将促使企业选择控制度最高、最能发挥内部化优势的直接投资方式（崔，1998）。

## 11.2.2 服务业外资选择新建投资的影响因素

### 1. 交易成本和经营风险

外资进入我国服务业，除了具有较高准入限制和进入成本的批发零售、金融、保险、电信等部门以外，大多数现代服务业企业不需要十分庞大的开办成本，物质资本投入也较少，资产更多体现为专业人员的知识、技术和管理，以及全球化的品牌和营销网络，所以从降低交易成本和防止风险扩散的角度出发，外资更愿意采用独资进入模式。林和陈（1995）的实证研究还指出，跨国公司在中国的独资企业比合资企业有更好的经营绩效与投资回报。随着入世后中国服务业对外资占股比例、业务领域以及地域限制的开放，采用独资进入的跨国服务业企业将会进一步增多。

### 2. 所有权优势及其战略动机

数据显示，外资服务业企业的80％以上来自港澳台以外的地区，其中尤以欧美发达国家的服务业跨国公司居多。由于发达国家主要在新兴服务业，特别是知识密集型现代服务业上具有较强的竞争力，跨国公司为了强化其知识、技术等方面的优势，防止这些资产向外扩散，更愿意选择独资进入。同时，除了降低交易成本外，企业通常还具有各种各样"非交易成本"的一体化动机。斯托夫德和威尔（1972）考察美国跨国公司后发现，跨国公司对外直接投资具有较强的控制倾向，较高的控制度使其全球整合和战略协调更容易进行。

### 3. 服务企业资本密集度差异

相关的实证研究显示，资本密集度与进入模式呈负相关关系，即服务企业的资本密集度越大，越倾向于采取低控制度的进入模式，因为资本密集度的提高意味着服务业企业进入国外市场时资源承诺的增加和一体化成本的提高。在其他条件不变的情况下，这时建立独资企业的困难加大，受公司资金实力的限制，或出于分担风险的考虑，跨国公司通常会争取合作方的资源，寻求共同控制的进入模式。对制造业企业的对外直接投资而言，取得所有权意味着投入大量资源，相应地会增大经营风险和转换成本，而对诸如咨询机构、广告公司等服务业企业来说，创建独资企业可能仅限于设立一个办公室，并不需要进行厂房、机器设备等大量固定资产投资。

### 4. 市场规模与吸引力

希尔等（1990）和玛德赫克（1997）研究指出，跨国公司倾向于选择高控制度进入方式的原因可以归纳为五个方面：①跨国公司的产品或服务在国外市场的需求面临较高的不确定性；②国外市场的吸引力很大；③跨国公司母国与东道国的文化差异较大；④跨国公司对外直接投资的资产专用性较高；⑤跨国公司对东道国本土的资金、技术和熟练劳动力的需求较低。众所周知，中国服务业市场规模巨大，且入世后服务业的对外开放不断深化，包括金融、保险、电信、交通运输等投资回报率较高的部门进一步减少了投资壁垒、优化了投资环境，从而有利于降低外资风险，并直接影响服务业跨国公司的股权安排。

# 11.3　服务业 FDI 的经济效应

从发达国家的经济发展历程来看，服务业在一国构建外向型经济体系、实现经济跨越式发展的过程中扮演了极其重要的角色。在某种程度上，服务业已成为经济全球化的先行产业和实现国家经济发展目标的重要手段，总结其在这一过程中发挥的经济导向和拉动作用主要可以归纳为以下几个方面。

首先，世界发展史中最重要的经济现象之一是劳动人口从农业到制造业，再从制造业到服务业的转移，如果把这种服务业地位的相对提升放在与经济增长同时发生的结构变化中去考察就会发现，从 20 世纪后半叶开始，发达国家经济结构的服务化逐渐向发展中国家延伸，发展中国家的经济结构的工业化特征在减弱，而服务化特征在增强。其实，自从第一次产业革命的两个世纪里，发达国家经历的两次经济结构变化已经充分表明，占支配地位的农业经济转变为工业经济，随着前者比重的进一步下降，工业增长逐步放缓，而服务经济则出现了高速增长。因此，该轮以及后来发生在世界范围内的产业升级被称为"服务业革命"。

其次，凝结在服务产品中的专业技术与管理，能够减少工业产品的自然资源消耗和环境污染，改善生产流程和优化产品结构，能有效转变粗放式的经济增长方式。正是知识密集型的生产者服务业充当了最为关键的投入要素，才使得企业迅速提高劳动生产率和竞争力变成可能。当然，作为企业创造产品差异性和产品增值的基本要素之一，现代工业产品生产过程已经融入了越来越多的服务作为中间投入，这种中间投入需求的扩大又恰恰是服务业增长的主要动力。

诚然，"服务业革命"及其对工业化进程的推进正在使服务业从全球经济增长的客观结果迅速转变为世界经济发展的前提条件。服务业国际化不仅以其特有的方式推动着社会生产力的发展和一国竞争力的提升，而且从具体表征和客观趋势来看，其必将以更加基础性的作用主导现代国民经济各部门的快速发展。目前，服务业国际化的主要形式——服务业跨国公司作为世界产业调整与市场整合的最理想黏合剂，已经极大地扩展了服务的可贸易性，并且引领着经济全球化向纵深方向发展。

## 11.3.1　产业结构调整与内部优化效应

服务业吸引外商直接投资至少可以通过三个方面影响国内产业结构的升级和调整：一是产业部类的升级调整，即由初级农业向制造业，再向服务业的转变；二是产业部类的内部调整，即由低生产率、劳动密集型产业向高技术、高附加值产业的转变；三是行业内部的调整，即由低技术、低附加值产品或服务向高技术、高附加值产品或服务转变。具体考察服务业内部各部门受到 FDI 的影响，通过引入新的服务项目、投资工具和管理方法，有利于引进和培育暂时较为薄弱或急需发展的服务业部门，从而推动服务业部门的细分和新兴或现代服务业的发展。在 WTO 划分的 143 个细分行业中，目前发展中国家在商业化税收服务、民意测验服务、安全调查服务、信用查询与分析服务等行业上基本处于空白，服务业市场的开放和外资的进入，将在相当程度上弥补这些空白。另外，服务业 FDI 通过资本和"软技术"，即知识、信息、技术、组织技能、管理、营销等"一揽子"生产要素的流入，促使发展中国家服务业内部结构向技术化、集约型转变，尤其是生产者服务业跨国公司的进入，不但能够有效地为其他经济部门提供更高端的中间服务，而且还可以加快专业化分工进程，并成为形成地区产业集群的重要推动力量。

### 11.3.2　实物资本形成与人力资本效应

#### 1. 实物资本形成效应

促进实物资本形成历来被认为是跨国公司对东道国经济发展的主要贡献之一。例如，服务业 FDI 在我国基础设施服务业发展中发挥着重要作用。由于缺乏资金用以提升发电设备的生产能力，我国正在利用外商直接投资发展发电业。此外，服务业外商直接投资对东道国资本形成的影响，不仅表现在资本流入弥补储蓄缺口，还表现在对东道国资本供给产生的间接作用上，这种间接作用可以分为产业连锁效应和示范效应（李东阳，2002）。例如，1994 年美国 AB 公司在武汉创建了百威国际啤酒有限公司，与百威啤酒配套的有供需关系的大量知名企业也相继来到武汉投资建厂，如与百威达成合作关系的包装、制罐等企业，这些企业也极大地带动了当地的就业。可见，服务业跨国公司通过前向和后向联系的"乘数效应"使之对东道国的投资进一步扩大。

#### 2. 人力资本形成效应

外商直接投资对东道国人力资本开发与形成的影响主要体现在以下两个方面：首先，跨国公司十分重视培养东道国当地的技术和管理人才，因为技术、知识和资本密集型产业的竞争优势建立在高素质人力资源的基础上，为了使其技术设备能够有效运转和经营方针能够得到有效贯彻，跨国公司必须在东道国培养掌握其经营理念、管理知识和技术能力的人才。跨国公司通过一整套成熟的员工培训计划帮助东道国人员快速提高技能和管理能力。服务业跨国公司本身具有的不断被积累、改进和创新的动态竞争优势由于与高素质的人力资源结合在一起，不容易被模仿或通过书本、资料、操作手册等硬件而转让，这也是保持技术领先地位的重要原因。其次，通过竞争效应和示范效应可以促进管理输入与企业家能力的提高。高素质的人力资源不但能够熟练地运用技术设备，而且可以提高资源的使用效率，接受人力资源和物质资源的发展中国家服务业企业，能够迅速提高劳动生产率，促进人力资源和物质资源的有机结合。

### 11.3.3　FDI 的外溢效应

服务业 FDI 流入的外溢效应是指服务业吸引和利用 FDI 对国内服务业发展产生的各种影响。入世后，随着服务业对外开放的进一步加快，我国服务业 FDI 流入的快速增加对国内服务业的发展势必会产生巨大的溢出效应。

相比于垂直一体化，水平一体化跨国公司的进入使国外服务业企业向海外分支机构转移的技术更接近母公司的水平，更易于服务业 FDI 成为国际技术扩散的催化剂。总体来看，我国服务业开放对国内服务业发展的溢出效应表现在以下四个方面：①由于服务业本身既不能分解又不能进行内部贸易，母公司的技术须向子公司单独传递，因此能够明显提升相关服务业的水平；②服务业跨国公司的进入可以弥补我国服务业投资的不足，提升服务业在国民经济中的比重，有利于改变国内服务业企业国有资本独大的格局；③外资服务业以其先进的服务产品和高水准的服务品质赢得国内消费者的青睐，为东道国同行业形成示范，成为其模仿学习的对象；④外商投资服务业加剧了国内服务业在同一领域里的竞争，有助于提升我国服务业的整体发展水平。查贵勇（2007）曾经就我国服务业吸引 FDI 的溢出效应，特别是不同要素密集型服务业分行业 FDI 的溢出效应进行了定量分析。研究结果显示，我国服务业 FDI 具有较强的溢出效应，FDI 流入每增加 1%，带动服务业产值增加 0.175 7%。对于服务业分行业而言，FDI 溢出效应存在显著差异。在批发零售餐饮业、房地产业方面，FDI 的溢出效应为负，但并不显著；对于交通运输业和金融保险业，FDI 具有显著的正向溢出效应。另外，国内对外开放较早、多以独资方式进入的服务业 FDI 的溢出效应不明显，而对于那些包含资本、知识和技术的服务业部门，FDI 流入通过技术示范与模仿、人力资源流动促进东道国技术进步和人力资本培育，从而推动相应服务业的发展。

值得一提的是，服务业 FDI 又一重要贡献在于技术的溢出效应。但是，和制造业跨国公司一般在母公司与子公司之间建立垂直分工体系，由母公司控制核心技术，而子公司只负责制造标准化的劳动密集型产品不同的是，服务业 FDI 由于其技术优势主要为现代服务技能和管理方法，在设立海外分支机构时无法将其彻底剥离，彼此之间多数只能构成水平分工关系，故在国际技术转移上与制造业存在显著不同。具体来看，服务业跨国公司不仅带来了"硬技术"，更重要的是加速形成了"软技术"。这些"软技术"恰恰是中国经济发展最缺乏的生产要素，它们不仅能为出口导向的初级产业和制造业提供主要的投入品，还提供了国际市场信息并和国外建立紧密联系。因此，这一方面加剧了我国服务业竞争，导致一部分经营不善的服务业企业退出市场；另一方面又能通过溢出效应使国内服务业在竞争中不断吸收先进的技术知识、管理和营销技能，从而提升国内服务业的国际竞争力。

## 11.3.4　FDI 的就业效应

在世界各国就业压力日益严峻的今天，通过外商直接投资创造更多的就业机会成为一国吸引 FDI 的重要目标之一。一般而言，FDI 对东道国就业数量的影响可以分为直接就业效应和间接就业效应两种，前者主要指外资直接产生的就业机会的增减，即新建或者并购的企业在东道国雇用人员数量的变化；后者主要指外资对同行业其他厂商或者上下游相关厂商雇用人员数量的影响。例如，对相关配套服务业或者制造业产品需求的增加，促进其扩大再生产，进而增加这些部门的就业机会。其中，从服务业 FDI 对东道国就业数量的影响方式来看，既有"就业创造效应"，也有"就业替代效应"。

### 1. 直接就业效应

如前所述，服务业跨国公司大多采取新建投资或跨国并购两种形式，其对就业数量的影响当然也存在明显差别。新建投资需要雇用大量当地人员，可以直接创造就业机会。而且，与制造业跨国公司不同，创建服务业企业可能仅限于设立一个办公室，并不需要进行厂房、机构设备等大量固定资产投资，转换成本相对较低，因此直接就业效应十分显著。从长远来看，跨国公司在华新建投资的收入乘数效应通过强化竞争、提高效率和进行重组扩大了需求，就业相应会持续增加。另外，由于进入我国的外资服务业企业以欧美发达国家的现代服务业居多，且以新建独资为主，所以直接的就业创造效应更为突出。与此同时，作为服务业跨国公司进入我国的又一重要方式——跨国并购，在短期内一般不会增加就业，反而会因为解雇原有员工出现并购行为发生以后就业减少的局面。

### 2. 间接就业效应

外资进入对东道国就业数量的正面间接影响一般体现在两个方面：一是 FDI 对同行业其他企业就业的影响，二是对前向或者后向关联产业就业产生的影响。前者主要是指在东道国刚刚起步的新兴服务业，外资企业选择进入可能具有正的外部性，由其高水平服务导致整个市场扩大、需求增多，行业发展加速，其他企业同时获得更快发展，从而增加就业人数；后者的情况比较复杂，我们先将服务业分为消费者服务业和生产者服务业。消费者服务业是指直接向最终消费者提供服务的行业，如餐饮、零售连锁等；生产者服务业是指不直接向最终消费者提供服务，而是向企业和单位提供服务的行业。其中，消费者服务业多数是劳动密集型的，直接就业效应明显，但产业关联效应较小；生产者服务业中相当一部分属于技术或资本密集型的高端服务业，产业关联效应表现为给其他行业的外资企业和本土企业提供优质服务，促进外资企业的大规模进入和本土企业的快速发展，形成间接就业效应。从我国的实际来看，目前外商直接投资主要集中于交通运输业、仓储及邮电通信业、房地产业、社会服务业。这些行业的产业关联度都比较高，带动效应较强。交通运输业、仓储及邮电通信业属于物流服务业，从业人数多、就业层面广，增长迅速且潜力巨大。房地产业作为一个综合性产业载体，直接涉及钢铁、有色金属、机械、建材等多个行业，对国民经济发展有较强的诱发和乘数作用，是当前就业吸纳弹性最高的行业。

除此之外，外资服务业会对就业造成负面影响——就业替代效应，也称竞争效应，主要是指具有竞争力的外资企业抢占国内同行业的市场份额，挤占本土企业的就业，尤其是具有较强竞争力的外资企业进入后迅速扩大市场份额，导致同该企业竞争的国内企业市场份额逐渐缩小，直至消失。

## 11.3.5　服务出口扩张与增强效应

服务业 FDI 促进了东道国比较优势的发挥和出口竞争力的提高，具体表现在以下两个方面：第一，外包促进了企业业务的核心化。服务业的发展，特别是专业服务业机构的不断涌现使许多企业开始把过去自己从事的部分业务交给外部专业服务业机构去完成。一方面，外包可以使复杂的业务得到更专业化的操作或获得更合算的成本；另一方面，企业可以在更具比较优势的业务领域扩大竞争优势，将更多资源和精力集中于核心业务。由于服务业跨国公司通常比东道国服务效率和服务质量更高，或是服务成本更低，它们作为出口产品生产的中间投入，提高了生产效率、降低了生产成本。第二，服务业跨国公司在华投资为我国的出口贸易提供了良好条件。服务业外资帮助很多发展中国家实现了比较优势产品的出口，众多跨国公司在华设立贸易、金融办事处，就是为了促进投资国和东道国之间的商品贸易。对于那些缺乏出口条件和世界市场营销网络的发展中国家来说，外资的这种作用尤其重要。虽然目前确定服务业跨国公司对东道国出口的促进作用究竟有多大还比较困难，但有实证研究表明，跨国公司对发展中国家服务业的投资和东道国的出口存在很强的相关性。

总之，外资流入服务业不但能以直接和间接方式为服务业内部结构升级与加速成长创造条件，还进一步提升了国内服务业的规模、能级和水平，对国民经济发展形成强有力的催化和牵引作用。这不仅意味着我国能够借此充分利用和发挥自身潜在的比较优势，而且标志着竞争力增强创造出了相当可观的外部经济效益，从而更加广泛有效地动员国内资源促进服务业的发展，并进一步推动国民经济的良性循环和可持续增长。

## 11.4　中国服务业 FDI 的发展

改革开放 40 年来，我国服务业外商直接投资大致经历了五个发展阶段：①起步阶段（1979—1987 年）。各方面条件均不成熟，服务业外资金额较小，主要集中在宾馆设施、旅游和房地产业，尚未真正形成全方位吸引利用服务业 FDI 的格局。②缓慢发展阶段（1988—1991 年）。虽然各项政策在此期间逐步完善，但由于引资重点侧重于制造业，服务业外商直接投资发展相对缓慢。③起飞阶段（1992—1995 年）。社会主义市场经济体制的确立，以及沿海、沿江、沿线、沿边的全方位、多层次、宽领域的对外开放推动了服务业外商直接投资的发展。④调整阶段（1996—2001 年）。连续的政策变动使服务业FDI 出现短暂下降，投资结构也有很大变化，房地产、社会服务业比重下降，商业、交通运输、通信及仓储业投资比重上升。⑤全面发展阶段（2002 年至今）。入世以后，我国进行渐进、有序的服务业开放，服务业 FDI 实现高速、稳定增长。进入全面发展阶段，服务业 FDI 在总量规模、部门结构，以及投资形式上都呈现出不同于一般 FDI，同时也有别于以往的诸多特征。

### 11.4.1　中国服务业 FDI 的发展现状

#### 1. 总量规模与增速

如图 11-1 所示，20 世纪 90 年代末以来我国服务业实际利用外商直接投资总额呈现先降后升的"V 形"变化趋势，具体来看，大致可以将 1997—2016 年我国服务业实际利用外商直接投资分为两个阶段：第一个阶段为 1997—2000 年，这一阶段我国服务业实际利用外商直接投资额有小幅下降，从 1997 的 104.83 亿美元下降到了 2000 年的 90.11亿美元；第二个阶段为 2001—2016 年，这一阶段我国服务业实际利用外商直接投资额除 2012 年外不断增加，从 2001 年的 101.30 亿美元增长到 2016 年的 838.91 亿美元，尤其是 2005 年后，增幅显著，其中 2008 年和 2011 年受全球金融危机和欧债危机影响，有小幅波动，之后依然呈现出良好的增长趋势。

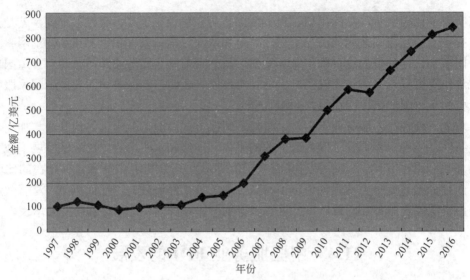

图 11-1　1997—2016 年中国服务业实际利用外商直接投资额

资料来源：历年《中国统计年鉴》。

### 2. 投资产业结构及其变化态势

从外商直接投资合同项目来看，服务业外商直接投资合同项目数不断增加。20 世纪 90 年代末，外商直接投资项目主要集中于第二产业，1997 年我国外商直接投资项目中，第一产业、第二产业和第三产业所占比重分别为 4.05%、77.00% 和 18.95%，至 2016 年，该比重分别为 2%、16.55% 和 81.45%，服务业外商直接投资项目数已经超过了第二产业外商直接投资项目数。

从实际利用外商直接投资额来看，如图 11-2 所示，2011 年之前，服务业实际利用外

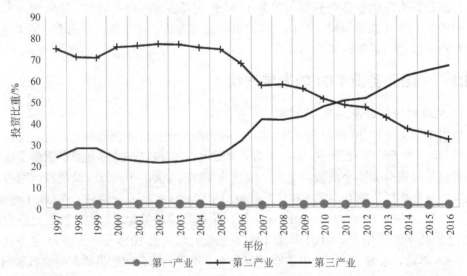

图 11-2　1997—2016 年中国三次产业实际利用外商直接投资占实际利用外商直接投资比重

资料来源：历年《中国统计年鉴》。

商直接投资额占实际利用外商直接投资总额比重高于第一产业、低于第二产业，而在 2011 年之后，服务业实际利用外商直接投资额所占比重开始超过第二产业并迅速上升，至 2016 年，服务业实际利用外商直接投资额占实际利用外商直接投资比重已经达到 66.58%。

从 1997—2016 年累计实际利用外商直接投资来看，如表 11-1 所示，第二产业所占比重最大，为 54.00%，高于第一产业与服务业的总和。服务业实际利用 FDI 年平均额为 351.08 亿美元，为第二产业的 82.32%，是第一产业的近 29 倍。从三个产业实际利用外商直接投资额的增速来看，服务业增速最快，高达 11.57%，其次为第一产业，最后为第二产业，说明服务业呈现出良好的增长态势。从反映波动程度的变异系数[①]来看，服务业的系数值最高，为 0.76，其次是第一产业，为 0.42，第二产业最低，为 0.20，这反映出服务业实际利用外商直接投资额波动较大。综上可以看出，服务业与第一产业、第二产业相比，实际利用外资额所占比例居中，增速最快，且波动较大。

表 11-1　1997—2016 年三次产业 FDI 的比较

| 项目 | 实际 FDI | 第一产业 | 第二产业 | 服务业 |
|---|---|---|---|---|
| 累计额/亿美元 | 15 793.77 | 242.77 | 8 529.36 | 7 021.64 |
| 占比/% | 100 | 1.54 | 54.00 | 44.46 |
| 标准差/亿美元 | 326.13 | 5.14 | 83.83 | 266.73 |
| 平均值/亿美元 | 789.69 | 12.14 | 426.47 | 351.08 |
| 增速/% | 5.73 | 6.00 | 1.12 | 11.57 |
| CV | 0.41 | 0.42 | 0.20 | 0.76 |

资料来源：历年《中国统计年鉴》。

### 3. 服务业 FDI 部门结构

2004 年《中国统计年鉴》对服务业的分类发生了显著变化[②]，因此在分析服务业 FDI 部门结构时，我们将时间划分为两个阶段：1999—2003 年和 2004—2016 年。

1999—2003 年我国服务业各部门吸引外资总量的排序依次为房地产业，社会服务业，交通运输、仓储及邮电通信业，批发和零售贸易餐饮业，科学研究和综合技术服务业，卫生体育和社会福利业，金融、保险业，教育、文化艺术及广播影视业。如表 11-2 所示，选取各部门实际吸引外资、外方注册资本和年末注册企业数量三项指标综合反映中国服务业 FDI 的部门结构。

---

① 变异系数（coefficient of variation，CV）通常采用标准差系数计算方法，是标准差（$\sigma$）除以平均数（$\bar{X}$）的数值，反映数组的分散程度。

② 1999—2003 年《中国统计年鉴》中服务业包括地质勘查、水利管理业，交通运输、仓储及邮电通信业，批发和零售贸易餐饮业，金融、保险业，房地产业，社会服务业，卫生体育和社会福利业，教育、文化艺术和广播影视业，科学研究和综合技术服务业 9 个行业；2004—2016 年《中国统计年鉴》将服务业分为交通运输、仓储和邮政业，信息传输、计算机服务和软件业，批发和零售业，住宿和餐饮业，金融业，房地产业，租赁和商务服务业，科学研究、技术服务和地质勘查业，水利、环境和公共设施管理业，居民服务和其他服务业，教育，卫生、社会保障和社会福利业，文化、体育和娱乐业，公共管理和社会组织 14 个行业。

表 11-2　1999—2003 年中国服务业 FDI 各部门情况

| 项目 \ 方式 | 年份 | 1999 | 2000 | 2001 | 2002 | 2003 | 总额 |
|---|---|---|---|---|---|---|---|
| 交通运输、仓储及邮电通信业 | 实际引资/亿美元 | 15.51 | 10.12 | 9.09 | 9.13 | 8.67 | 52.52 |
| | 外方注资/亿美元 | 96.96 | 118.1 | 151.63 | 169.62 | 231.06 | 767.37 |
| | 企业数量/家 | 3 471 | 3 352 | 3 499 | 3 540 | 3 660 | 17 522 |
| 批发和零售、餐饮业 | 实际引资/亿美元 | 9.65 | 8.58 | 11.69 | 9.33 | 11.16 | 50.41 |
| | 外方注资/亿美元 | 114.94 | 117.24 | 113.11 | 116.89 | 131.56 | 593.74 |
| | 企业数量/家 | 13 064 | 12 275 | 12 249 | 12 431 | 13 578 | 63 597 |
| 金融保险业 | 实际引资/亿美元 | 0.98 | 0.76 | 0.35 | 1.07 | 2.32 | 5.48 |
| | 外方注资/亿美元 | 11.7 | 13.24 | 14.15 | 16.26 | 21.5 | 76.85 |
| | 企业数量/家 | 65 | 72 | 74 | 87 | 119 | 417 |
| 房地产业 | 实际引资/亿美元 | 55.88 | 45.58 | 51.37 | 56.63 | 52.36 | 261.82 |
| | 外方注资/亿美元 | 569.64 | 560.85 | 555.36 | 518.65 | 579.75 | 2 784.25 |
| | 企业数量/家 | 13 395 | 12 732 | 11 925 | 11 850 | 12 203 | 62 105 |
| 社会服务业 | 实际引资/亿美元 | 25.51 | 21.85 | 25.95 | 29.43 | 31.61 | 134.35 |
| | 外方注资/亿美元 | 207.44 | 225.75 | 231.88 | 249.97 | 279.02 | 1 194.06 |
| | 企业数量/家 | 15 054 | 15 331 | 16 169 | 16 825 | 18 330 | 81 709 |
| 卫生体育和社会福利业 | 实际引资/亿美元 | 1.48 | 1.06 | 1.19 | 1.28 | 1.27 | 6.28 |
| | 外方注资/亿美元 | 11.92 | 10.87 | 11.28 | 12.99 | 14.82 | 61.88 |
| | 企业数量/家 | 485 | 455 | 469 | 468 | 505 | 2 382 |
| 教育、文化艺术和广播影视业 | 实际引资/亿美元 | 0.61 | 0.54 | 0.36 | 0.38 | 0.58 | 2.47 |
| | 外方注资/亿美元 | 7.53 | 7.23 | 6.75 | 6.55 | 7.24 | 35.3 |
| | 企业数量/家 | 676 | 611 | 530 | 443 | 435 | 2 695 |
| 科学研究和综合技术服务业 | 实际引资/亿美元 | 1.1 | 0.57 | 1.2 | 1.98 | 2.59 | 7.44 |
| | 外方注资/亿美元 | 10.23 | 12.81 | 21.71 | 37.96 | 55.31 | 138.02 |
| | 企业数量/家 | 975 | 1 189 | 1 851 | 2 705 | 3 683 | 10 403 |

资料来源：历年《中国统计年鉴》。

由表 11-2 可知，我国服务业各部门年度利用外资比重基本稳定，房地产业和社会服务业合计吸引外资占 3/4，尤其房地产业 FDI 流入一直高居服务业各部门之首，几乎是服务业 FDI 的半壁江山；交通运输、仓储及邮电通信业与批发和零售贸易餐饮业利用外资合计约占服务业 FDI 总额的 20%；其他部门利用外资数额相对较少，占总额比重不足 7%，其中 2003 年卫生体育和社会福利业以及教育、文化艺术和广播影视业的 FDI 流入比重分别仅为 1.15% 和 0.52%。另外，1999—2003 年，服务业各部门的外方注册资本与实际吸引外资大致相同。房地产业，社会服务业和交通运输、仓储及邮电通信业依然居于前列，FDI 注册资金分别为 2 784.25 亿美元、1 194.06 亿美元、767.37 亿美元，占总额的 83.9%。在年末注册企业数量方面，服务业各部门有所不同。社会服务业外商投资企业数最多，其次是批发和零售贸易餐饮业，而房地产业外资企业的数量排在第三位，交通运输、仓储及邮电通信业的外资企业数排名落后于其利用外资额的排名，位居第四位。这与房地产业、交通运输、仓储及邮电通信业的资本密集度较高，单个项目的投资数额较大有直接关系。包括计算机及相关服务业，咨询、经济鉴证类服务等知识密集型的科学研究和综合技术服务业，一般不需要大量固定资产投资，该领域外商投资企业数量增长较快，2000—2003 年外资企业数增长 46.0%，2003 年新设立企业多达 3 683 家。金融、保险业作为资本相对密集的专业服务业，企业数量的增幅不大，平均每年新登记外资金融保险企业为 84 家，但 2003 年是金融保险业外资企业进入数量最多的一年，为119 家。

表 11-3 所示为 2004—2016 年中国服务业 FDI 各部门情况。2004—2016 年我国服务业各部门吸引外资总量从高到低依次为房地产业，租赁和商务服务业，批发和零售业，交通运输、仓储和邮政业，金融业，信息传输、计算机服务和软件业，科学研究、技术服务和地质勘查业，居民服务和其他服务业，住宿和餐饮业，水利、环境和公共设施管理业，文化、体育和娱乐业，卫生、社会保障和社会福利业，教育。房地产业依然是我国吸引外资最多的行业，租赁和商务服务业以及批发零售业是吸引外资的主要行业，三者分别占累计利用外资总额的 41.33%、15.74%和 14.26%；文化、体育和娱乐业，卫生、社会保障和社会福利业以及教育吸引外资较少，三个行业 2004—2016 年累计实际利用外资额占实际利用外资总额的比例分别仅为 1.01%、0.16%和 0.06%。从累计外方注册资金来看，房地产业，租赁和商务服务业，批发和零售业是累计外方注册资金最多的三个行业，而居民服务和其他服务业，卫生、社会保障和社会福利业以及教育是累计外方注册资金最少的三个行业，这与实际利用外资情况基本一致。在累计年末注册企业数量方面，批发和零售业最多，其次为信息传输、计算机服务和软件业，第三为租赁和商务服务业，第四为房地产业，这与行业自身特点密切相关，批发和零售业，信息传输、计算机服务和软件业以及租赁和商务服务业所需资本量较少，设立的门槛较低，能够较容易地开设公司，而房地产业，住宿和餐饮业以及科学研究、技术服务和地质勘查业等需要较大的资本量，公司开设门槛较高。

表 11-3　2004—2016 年中国服务业 FDI 各部门情况

| 部门 \ 年份 | | 2004 | 2006 | 2008 | 2011 | 2014 | 2015 | 2016 |
|---|---|---|---|---|---|---|---|---|
| 交通运输、仓储和邮政业 | 企业数量/家 | 4 062 | 4 743 | 10 106 | 10 494 | 11 390 | 11 791 | 12 329 |
| | 外方注资/亿美元 | 252 | 184 | 249 | 338 | 440 | 505 | 576 |
| | 实际引资/亿美元 | 12.73 | 19.85 | 28.51 | 31.91 | 44.56 | 41.86 | 50.89 |
| 信息传输、计算机服务和软件业 | 企业数量/家 | 4 453 | 7 045 | 63 084 | 57 836 | 43 433 | 42 435 | 43 239 |
| | 外方注资/亿美元 | 109 | 191 | 459 | 541 | 391 | 739 | 852 |
| | 实际引资/亿美元 | 9.16 | 10.70 | 27.75 | 26.99 | 27.55 | 38.36 | 84.42 |
| 批发和零售业 | 企业数量/家 | 10 214 | 15 786 | 50 358 | 73 163 | 100 565 | 109 883 | 121 447 |
| | 外方注资/亿美元 | 106 | 181 | 363 | 650 | 1 159 | 1 404 | 1 681 |
| | 实际引资/亿美元 | 7.40 | 17.89 | 44.33 | 84.25 | 94.63 | 120.23 | 158.70 |
| 住宿和餐饮业 | 企业数量/家 | 5 428 | 6 194 | 13 714 | 17 481 | 24 219 | 27 229 | 29 490 |
| | 外方注资/亿美元 | 98 | 112 | 170 | 167 | 172 | 185 | 314 |
| | 实际引资/亿美元 | 8.41 | 8.28 | 9.39 | 8.43 | 6.50 | 4.34 | 3.65 |

续表

| 部门 | 年份 | 2004 | 2006 | 2008 | 2011 | 2014 | 2015 | 2016 |
|------|------|------|------|------|------|------|------|------|
| 金融业 | 企业数量/家 | 168 | 182 | 3 977 | 6 442 | 9 924 | 11 708 | 14 174 |
|  | 外方注资/亿美元 | 29 | 30 | 175 | 334 | 679 | 952 | 1 373 |
|  | 实际引资/亿美元 | 2.52 | 2.94 | 5.73 | 19.10 | 41.82 | 149.69 | 102.89 |
| 房地产业 | 企业数量/家 | 12 598 | 14 438 | 18 578 | 17 826 | 17 522 | 17 668 | 17 559 |
|  | 外方注资/亿美元 | 627 | 920 | 1 470 | 2 105 | 2 981 | 3 205 | 3 360 |
|  | 实际引资/亿美元 | 59.50 | 82.30 | 185.90 | 268.82 | 346.26 | 289.95 | 196.55 |
| 租赁和商务服务业 | 企业数量/家 | 6 468 | 12 070 | 29 776 | 37 491 | 44 381 | 50 673 | 56 401 |
|  | 外方注资/亿美元 | 82 | 225 | 627 | 1 082 | 1 727 | 3 029 | 3 941 |
|  | 实际引资/亿美元 | 28.24 | 42.23 | 50.59 | 83.82 | 124.86 | 100.50 | 161.32 |
| 科学研究、技术服务和地质勘查业 | 企业数量/家 | 4 504 | 6 954 | 11 756 | 16 212 | 20 970 | 24 064 | 27 628 |
|  | 外方注资/亿美元 | 99 | 158 | 296 | 538 | 773 | 1 015 | 1 400 |
|  | 实际引资/亿美元 | 2.94 | 5.04 | 15.06 | 24.58 | 32.55 | 45.29 | 65.20 |
| 水利、环境和公共设施管理业 | 企业数量/家 | 613 | 786 | 995 | 1 021 | 1 055 | 1 120 | 1 189 |
|  | 外方注资/亿美元 | 31 | 41 | 59 | 88 | 102 | 112 | 133 |
|  | 实际引资/亿美元 | 2.29 | 1.95 | 3.40 | 8.64 | 5.73 | 4.33 | 4.22 |
| 居民服务和其他服务业 | 企业数量/家 | 5 947 | 3 311 | 5 371 | 5 001 | 4 527 | 4 626 | 4 688 |
|  | 外方注资/亿美元 | 84 | 49 | 41 | 50 | 64 | 79 | 89 |
|  | 实际引资/亿美元 | 1.58 | 5.04 | 5.70 | 18.84 | 7.18 | 7.21 | 4.90 |
| 教育 | 企业数量/家 | 167 | 196 | 274 | 318 | 410 | 463 | 531 |
|  | 外方注资/亿美元 | 2 | 2 | 4 | 4 | 5 | 5 | 6 |
|  | 实际引资/亿美元 | 0.38 | 0.29 | 0.36 | 0.04 | 0.21 | 0.29 | 0.94 |
| 卫生、社会保障和社会福利业 | 企业数量/家 | 275 | 210 | 240 | 229 | 235 | 277 | 349 |
|  | 外方注资/亿美元 | 7 | 8 | 9 | 10 | 18 | 28 | 46 |
|  | 实际引资/亿美元 | 0.87 | 0.15 | 0.19 | 0.78 | 0.78 | 1.43 | 2.54 |
| 文化、体育和娱乐业 | 企业数量/家 | 2 165 | 2 308 | 2 425 | 2 276 | 2 851 | 3 229 | 3 846 |
|  | 外方注资/亿美元 | 54 | 63 | 65 | 84 | 98 | 127 | 187 |
|  | 实际引资/亿美元 | 4.48 | 2.41 | 2.58 | 6.35 | 8.23 | 7.89 | 2.67 |

资料来源：历年《中国统计年鉴》。

综合来看，与 1999—2003 年相比，2004—2016 年我国服务业各部门年度利用外资比重基本稳定，房地产业、批发和零售业以及交通运输、仓储及邮政业依然是吸引外资最多的行业，而文化、体育和娱乐业，卫生、社会保障和社会福利业以及教育仍是外资投资较少的行业。所不同的是，2004 年后，租赁和商务服务业快速发展成为仅次于房地产业吸引外商直接投资总量第二位的行业，且这一阶段金融业快速发展，2004—2016 年实际利用外商直接投资额年均增长率高达 36.22%。

### 4. 离岸服务外包蓬勃发展

离岸服务外包是指母国企业将原来在企业内部完成的服务活动转移至外部东道国企

业的过程，其实现形式一般为跨国公司将非核心服务业务通过合同方式分包给东道国企业承担，通过签订长期合同、协议等具有法律效力的文件，确保服务的稳定供应、质量以及低廉的价格。从全球离岸服务外包的市场分布来看，发包方主要集中在美国、欧洲、日本等发达地区，印度、爱尔兰、中国、菲律宾和俄罗斯等 20 多个国家是承包市场的主要竞争者。从业务范围来看，已经从项目外包扩大到业务流程外包，许多企业不仅将数据输入、文件管理等低端服务转移，而且将风险管理、金融分析、研发等技术含量高、附加值大的服务外包出去。外包行业涉及呼叫、共享、IT、金融、保险、医疗、人力资源、资产管理、顾客服务、销售及研发等领域。目前，离岸服务外包已经成为跨国公司生产重组和结构调整的新兴方式，外包市场近年来也得以迅速扩张，由单个项目发展成一个规模巨大的市场。

2016 年，我国新签服务外包合同额 10 213 亿元人民币，同比增长 20.1%；执行额 7 385 亿元，同比增长 17.6%。其中，离岸服务外包合同额 6 608 亿元，执行额 4 885 亿元，同比分别增长 16.6% 和 16.4%。我国离岸服务外包规模约占全球市场的 33%，稳居世界第二，离岸外包执行额占我国服务出口总额的 1/4。其中，我国承接美欧日和中国香港地区等主要发包市场的服务外包执行额 3 086 亿元，承接"一带一路"相关国家服务外包执行额 841 亿元，离岸服务外包现已拓展至 201 个国家和地区，业务遍布全球。

### 11.4.2 中国服务业 FDI 存在的主要问题

#### 1. 服务业利用外资比重偏低

如表 11-1 所示，服务业 FDI 近年来虽有一定增长，且单年服务业利用外商直接投资额已超过第二产业，但累计来看，其与第二产业相比还存在一定差距。总体来看，外商实际投资在我国三个产业的分布中以第二产业为主。由于长期以来我国在服务业对外开放上一直采取较为谨慎的态度，对吸引利用外资一直倡导合资或合作方式，且对其比例作出了很大限制，因此我国服务业本身发展相对滞后并在一定程度上阻碍了我国服务业利用外商直接投资。

#### 2. 服务业对外开放程度较低

一国市场开放程度越高，国际资本流动越顺畅，反之则越困难。衡量外商直接投资市场开放程度的指标一般有三个：一是直接投资额占 GDP 的比重，二是作为投资主体的跨国公司进入的数量，三是国际直接投资对国内产业发展的贡献率。由实际投资额占 GDP 的比重计算 2010—2016 年中国服务业对外开放度可得表 11-4，7 年间中国服务业实际利用外资额分别为 499.63 亿美元、582.53 亿美元、571.96 亿美元、662.17 亿美元、

表 11-4 2010—2016 年中国服务业开放度

| 项目 \ 年份 | 2010 | 2011 | 2012 | 2013 | 2014 | 2015 | 2016 |
|---|---|---|---|---|---|---|---|
| 实际引资额/亿美元 | 499.63 | 582.53 | 571.96 | 662.17 | 740.96 | 811.38 | 838.91 |
| GDP/亿美元 | 66 566.2 | 78 811.5 | 86 951.1 | 95 724.9 | 103 558.4 | 108 664.4 | 111 991.5 |
| 开放度/% | 0.75 | 0.74 | 0.66 | 0.69 | 0.72 | 0.75 | 0.75 |

资料来源：2011—2017 年《中国统计年鉴》。

740.96 亿美元、811.38 亿美元和 838.91 亿美元，占同期 GDP 的比重基本保持在 0.7%左右。另外，在跨国公司进入数量上，截至 2015 年 12 月，全国非金融领域累计设立外商投资企业共 836 404 家，其中第二产业数量为 373 449 家，占 75.06%，服务业数量为 109 951 家，仅占 22.10%。

### 3. 投资部门结构不平衡

由于我国外资准入政策的限制和国内服务业发展本身的客观条件，服务业外资流入的部门分布极其不均衡。由于统计年鉴分类方法存在差异，以下仅以 2015 年和 2016 年为例作一对比。房地产业以及租赁和商业服务业所占比重最大，交通运输及邮电通信业，批发和零售、餐饮业作为国内传统服务业，FDI 流入一直保持在高位。总体来看，资本和技术密集型的服务业部门吸引外资较少，而消费服务业是我国服务业引资最集中的部门。具体来看，合同外资金额方面，除房地产业一枝独秀外，租赁和商业服务业，批发和零售、餐饮业，交通运输、仓储和邮电通信业都是我国吸引外资的重要服务业部门，实际利用外资金额的分布情况与之相似。和发达国家服务业比重的上升主要由金融、不动产、商业服务业、社会团体和个人服务业拉动不同的是，我国服务业引资的重点依然是传统部门，虽然近几年服务业部门结构有所调整，新兴产业带动优化升级，服务业吸引科技含量较高的投资也正迅速增加，但是尚未成为服务业整体增长的主体。

## 11.4.3 中国服务业 FDI 发展的影响因素

### 1. 有利因素

中国服务业 FDI 发展的有利因素包括以下几个方面。

1）稳定的经济增长态势

过去 10 余年间，我国维持年均 10%以上的经济增长速度为世界瞩目，特别是在全球经济几经波澜，世界经济的火车头——美国经济前景堪忧的严峻形势下，我国依然经受住了考验，从容应对国内外一系列复杂情况，保持国民经济持续、快速、健康发展。这种良好的经济表现对全球资本产生了巨大的吸引力，考察 20 世纪 90 年代以来的年均 GDP 增速和外商直接投资企业数目可以发现，经济稳定增长时期同时也是服务业引进外资相对较活跃时期。

2）巨大的市场潜力与前景

影响一个国家或地区投资流量的重要因素之一是市场规模。我国被公认为目前全球最具活力和市场潜力的经济体之一。世界主要跨国公司也都在关注中国这一巨大市场，而且入世带来的新一轮开放也强化了跨国公司在华投资的意愿。当前，全球最大的 500 家跨国公司中，400 家以上已经或正在积极准备进入中国市场。根据商务部的统计，我国外商投资企业约一半来自世界 500 强，而服务业正是它们在华重点开拓的领域。

3）逐步开放的资本市场

长期以来中国的对外引资工作成绩卓著，目前已经成为全球资本流动最集中的地区之一。但是，我国资本市场依然存在供给不足的隐患，这意味着应该继续加大引资力度，争取更多外国企业进入，而要保持持续大量的外资流入需要进一步开放资本市场，其中的关键环节便是提升金融服务市场的自由化水平。按照我国政府的开放承诺，入世

3～5 年内中国资本市场基本实现全面开放，尤其是取消对证券市场的各种限制，为服务业跨国公司进入中国创造了有利条件。

4）准入门槛的不断降低

如前所述，改革开放以后的很长一段时期，我国吸引外商直接投资主要集中于制造业部门，对服务业投资较少。这一方面与引进 FDI 的结构性产业政策有关，另一方面我国服务业市场开放程度有限。加入 WTO 后，根据我国在承诺减让表中的相关承诺，服务业开放领域大大拓宽，其对外商直接投资的吸引力日渐增强。

**2. 制约因素**

中国服务业 FDI 发展的制约因素包括以下几个方面。

1）服务业基础设施发展滞后

我国服务业基础设施不仅与发达国家存在较大差距，甚至也落后于世界平均水平。

2）城市化发展水平较低

根据世界银行统计，近 10 年来我国城市化率稳步提高，但仍为 50% 左右，低于中等收入国家的水平。城市化率偏低意味着占消费总人口很大比例的是较低收入的农村居民，和城镇居民相比，农村居民纯收入中的服务消费支出比例远低于前者。因此，服务消费市场的极大差异严重影响了我国服务业国际直接投资的吸引力。

3）制造业为主的产业政策

众所周知，产业政策是评估投资环境的重要组成部分。以新加坡为例，1975 年新加坡经济发展局实施了一项资助在技术上对新加坡经济发展特别有益的专门工程的振兴计划，其中的优惠政策把 94% 的外资吸引到了工业部门中，并使高附加值产业占国民经济的比重由之前的 31% 提高到 70%。容易看出，外资的行业流向是投资基础环境和政府政策环境共同作用的结果。我国各地方政府往往对能够较快带来经济效益的制造业给予政策倾斜，而服务业长期被忽视。不仅基本建设投资严重偏向制造业，而且跨国公司的产业关联效应使外资政策更多关注制造业而非服务业。

4）服务业法律法规不完善

1979 年颁布的《中华人民共和国中外合资经营企业法》是我国为外商直接投资最早提供的一套法律依据。而后，相继出台了《外资企业法》《保险法》《外资金融机构管理条例》《民用航空法》等一批涉及服务业国际直接投资的重要法律法规。但到目前为止，尚缺乏统一的包括服务业 FDI 的服务贸易基本法律，对一些重要服务业部门和领域的投资立法也不完备。另外，我国已有的关于外资企业的法律法规立法时间跨度大，部门利益色彩浓厚，统一性和透明度不足，相当一部分与国际经贸规则还存在不小差距。

## 11.4.4 中国服务业 FDI 发展的政策建议

21 世纪以来，随着国际分工的日益深化，全球产业结构迅速调整，服务业在各国国民经济中的比重不断提高，服务业对外直接投资迅猛发展。特别是 2001 年我国加入世界贸易组织，外资进入中国服务业获得了更广阔的发展空间。服务业 FDI 不仅弥补了我国服务业投入资金的不足，而且对促进服务业产值比重的增加，产业结构调整、升级和带动现代服务业的发展都具有积极作用。为进一步扩大利用外资，促进中国服务业的发展，在以上深入了解外商直接投资我国服务业的现状、存在问题，以及可能的影响因素之后，提出发展我国服务业 FDI 的具体政策建议也应具有十分重要的意义。

### 1. 处理好服务业开放与合理保护之间的关系

如上所述，服务业的市场开放程度是影响外资流入的重要因素，开放程度的大小直接决定着我国服务业的引资水平。入世以来，我国服务业开放正在逐步扩大，应抓住有利时机制定优惠政策大力引进外资。在促进服务业发展过程中，应时刻处理好开放和合理保护的关系，要结合自身发展的需要和入世承诺，积极、稳妥、有序地扩大服务业的对外开放，把握"渐进的"和"有管理"原则。加强对服务业开放效果的研究，特别应对外资进入金融、电信和商业等的发展前景进行预判，最大限度地在服务业 FDI 方面趋利避害。

### 2. 推进国内垄断性服务业的改革

联合国贸易与发展会议的研究报告曾指出，发展中国家有必要对服务业引进外资持谨慎态度，特别在一些垄断性行业或公用、基础设施中，如果缺乏有效监控，容易产生市场权力滥用的问题，导致私人垄断。因此，在推进国内垄断性服务业改革时，应针对不同特点，建立全国性、地方性，或全国和地方共建的规制机构，并依法加强规制执行的公开性和权威性。尽快制定新的电信法、航空法、铁路法，修改电力法及市政公用行业的地方性法规，按法定程序进行改革，并以法律法规为依据实行政府管制。

### 3. 建立健全服务业 FDI 管理体制和法律

建立健全服务业 FDI 的法律法规，使之与国际接轨，同时加强政策的透明度，不仅是我国需要履行的开放承诺，也是使外资流入和服务业取得更快发展的必要条件。我国管理和立法落后是服务业发展滞后和无序的一大根源，要吸引更多跨国公司进入，并获得承接国际服务外包和参与国际竞争的机会，必须创造适宜的法律环境和基础。通过建立完善的服务业 FDI 政策体系，使之与产业政策、投资政策、技术政策、劳动力政策、货币金融政策、国际收支政策、贸易政策等协调配合。

### 4. 促进外资服务业企业的技术外溢与转移

服务业跨国公司能否在中国成功实现技术转移取决于市场竞争，以及跨国公司与国内服务供应商和消费者之间的关系等。跨国公司深化当地业务、改善当地技能以及与当地机构建立联系都将刺激我国服务供应商发展并提高其竞争力。因此，要鼓励外资与国内服务供应商和消费者之间建立广泛的联系，在竞争与合作中提高我国服务业的国际竞争力，促进我国产业结构的调整和升级。

### 5. 合理引导投资流向，促进部门平衡发展

我国服务业各部门发展水平上的不均衡和各行业在要素密集度、劳动生产率、服务对象、新技术应用等方面存在的差异，使服务业内部各部门对外资形成了不同程度的吸引力。我们服务业引进外资的根本目的在于提升服务业的整体水平，整个过程中应保持外资流向的均衡和结构合理化。一方面，应引导外资投向现代或新兴服务业，如金融、物流、信息和法律等服务业，积极发展文化、旅游、社区服务等需求潜力大的服务业；另一方面，应引导外资投向关联效应强的服务业，通过产业间的前向关联和后向关联的传递达到以点带面的发展效果，从而提高服务业的比重和发展水平。

## 【专栏 11-1：服务业 FDI 增进了中国服务业的技术效率？】

在引进外商直接投资的初期，资金不足是中国经济增长的重要制约因素，因此那个时期的外资具有填补国内储蓄缺口和外汇缺口的效果。但自 20 世纪 90 年代以来，随着我国居民储蓄和外汇储备的迅速增加，资金满足程度不断提高，引进 FDI 不再是为了填补资金的不足，而是希望借此提高内资企业的技术水平和自主创新能力。那么，果真如愿吗？到目前为止仍然缺乏足够证据表明 FDI 会显著提高东道国企业的技术水平。

技术效率是用来衡量在现有的技术水平下生产者获得最大产出的能力，表示生产者的生产活动接近其前沿边界（最大产出）的程度，即反映了现有技术的发挥程度。技术效率的测定与前沿生产函数联系紧密，1957 年剑桥大学的经济学家 Farrel 首次提出运用前沿生产函数来测定技术效率，其公式为技术效率=实际产出水平/前沿产出水平。通过设定带非效率影响的随机前沿函数，并利用中国 21 个省（自治区、直辖市）2000—2006 年的非平衡面板数据和联立的最大似然估计法，估计服务业 FDI 对中国服务业技术效率的影响，得到以下研究结果。

首先，从生产函数的估计结果来看，劳动力投入在我国服务业产出增长中占据着不可替代的位置，我国服务业产出增长主要还是依靠劳动力投入来拉动的，属于粗放型增长。

其次，从时间上来看，东部、西部和中部服务业技术效率呈现历年稳中有升的态势；从全国的平均水平来看，服务业技术效率在 2000—2006 年并没有取得较大提高，各项投入并没有接近最优的产出值或者生产的前沿面；从不同地区来看，东部地区服务业技术效率历年均远高于西部和中部，西部和中部服务业技术效率历年均低于全国平均水平，中部地区技术效率略高于西部地区。

显然，服务业 FDI 对东部地区的技术效率产生了更大的促进作用。这是因为：第一，服务品生产和消费不可分性的特点使得绝大部分服务业 FDI 属于市场导向型（UNCTAD，2004）。较大市场规模可以允许特定行业的企业达到所需规模，从而使跨国公司的垄断优势得到充分发挥。第二，各地区已经存在的服务业 FDI 会产生积极的影响，跟随客户是服务业直接投资，特别是生产性服务业直接投资的特点之一。

最后，服务业 FDI 对我国各地区服务业技术效率的提高具有显著的促进作用。在其他条件不变的情况下，服务业 FDI 存量每提高 1 个百分点，各地区服务业的技术效率将提高（技术非效率下降）0.07 个百分点；在其他条件不变的情况下，对外开放度每提高 1 个百分点，各地区服务业的技术效率将提高 0.29 个百分点；在其他条件不变的情况下，人力资本存量每提高 1 个百分点，各地区服务业的技术效率将提高 0.22 个百分点。

【资料来源：黄宁. 服务业外商直接投资与中国服务业技术效率增进——基于随机前沿模型的省际数据分析[C]. 服务贸易评论. 厦门：厦门大学出版社，2010.】

## 【专栏 11-2：FDI 不同产业流向对服务贸易的动态影响】

我国是贸易大国，但货物贸易与服务贸易发展极不平衡。货物贸易一直保持着巨额顺差，2007 年我国货物进出口总值超过 2 万亿美元，其中顺差高达 3 153 亿美元；服务贸易一直保持着巨额逆差，2007 年服务贸易逆差高达 79 亿美元。图 11-3 所示为 1997—2007 年我国制造业 FDI（MFDI）、服务业 FDI（SFDI）比重与服务贸易逆差的变动趋势。其可以划分为三个阶段，1997—1998 年为 SFDI 比重上升阶段，1998—2004 年为 SFDI 比重下降阶段，2004—2007 年为 SFDI 比重上升阶段。与此相对应，MFDI 比重与服务贸易逆差分别呈现下降—上升—下降的态势。其中，2004 年 SFDI 比重达到 1997 年以来的低谷，而 MFDI 比重和服务贸易逆差却是 1997 年来的高峰。

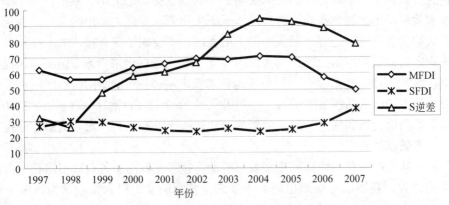

图 11-3　FDI 比重（%）与服务贸易逆差（亿美元）

FDI 流向与服务进出口存在某种联动性，即 SFDI 比重下降（或 MFDI 比重上升）伴随着服务贸易逆差增加，而 SFDI 比重上升（或 MFDI 比重下降）伴随着服务贸易逆差缩小。关键的问题是，FDI 不同产业流向是否真的影响了服务进出口。基于 MFDI 和 SFDI 时间序列数据，运用 VAR 模型及脉冲响应函数和方差分解方法，可以考察 1987—2007 年 MFDI 和 SFDI 对我国服务贸易的动态影响。

在其他条件不变的情况下，长期内 MFDI 的增加会使服务出口减少，进口增加，扩大服务贸易逆差，进而降低服务贸易竞争力，体现为制造业的扩张加大了对服务的引致需求；长期内 SFDI 的增加，会使服务出口增加，进口减少，缩小服务贸易逆差，最终有助于提升服务贸易竞争力，体现为 SFDI 流入促进服务业发展，减少对国外服务进口的依赖。

从平稳数据构造的脉冲响应函数来看，短期内 MFDI 和 SFDI 的增加对服务贸易进出口均有正向作用。但是正响应持续时间不长，且短期 MFDI 冲击对出口的影响大于 SFDI 冲击对出口的影响；进口则表现出对 SFDI 一个标准差新息冲击反应较大。从方差分解来看，MFDI 对解释服务出口预测方差作用更大；SFDI 对解释服务进口预测方差贡献率更大。

【资料来源：邱小欢. FDI 不同产业流向对服务贸易动态影响研究——基于我国 MFDI 与 SFDI 时间序列的考察[M]//服务贸易评论. 厦门：厦门大学出版社，2010 年.】

## 【重　要　概　念】

内部化；新建投资；跨国并购；技术外溢

## 【思 考 题】

1. 试述经典 FDI 理论对服务业的适用性。
2. 服务业 FDI 的模式可分为哪几种？
3. 列举出服务业 FDI 的组织形式并比较不同进入方式的利弊。
4. 阐释中国发展服务业 FDI 的优势和劣势。

## 【课后阅读材料】

[1] 王恕立，刘军. 外商直接投资与服务贸易国际竞争力——来自 77 个国家的经验证据[J]. 国际贸易问题，2011（3）.

[2] 戴枫. 中国服务业发展与外商直接关系的实证研究[J]. 国际贸易问题，2005（3）.

[3] 徐宏毅，黄岷江，李程. 生产性服务业 FDI 生产率溢出效应的实证研究[J]. 管理评论，2016（1）.

[4] 王恕立，刘军，胡宗彪. FDI 流入、动机差异与服务产品垂直型产业内贸易[J]. 世界经济，2014（2）.

[5] Markusen, J. R., T. F. Rutherford and D. Tarr, "Foreign Direct Investments in Services and the Domestic Market for Expertise". *NBER Working Paper*，No.W7700, 2000.

[6] UNCTAD. "World Investment Report, Cross Border Mergers and Acquisitions and Development". New York and Geneva: UN, 2000.

## 【即 测 即 练】

# 教学支持说明

▶▶ 课件申请

尊敬的老师：

您好！感谢您选用清华大学出版社的教材！为更好地服务教学，我们为采用本书作为教材的老师提供教学辅助资源。该部分资源仅提供给授课教师使用，请您直接用手机扫描下方二维码完成认证及申请。

任课教师扫描二维码
可获取教学辅助资源

▶▶ 样书申请

为方便教师选用教材，我们为您提供免费赠送样书服务。授课教师扫描下方二维码即可获取清华大学出版社教材电子书目。在线填写个人信息，经审核认证后即可获取所选教材。我们会第一时间为您寄送样书。

任课教师扫描二维码
可获取教材电子书目

 清华大学出版社

| | |
|---|---|
| E-mail: tupfuwu@163.com | 网址：http://www.tup.com.cn/ |
| 电话：8610-83470158/83470142 | 传真：8610-83470107 |
| 地址：北京市海淀区双清路学研大厦B座509室 | 邮编：100084 |

## 国际贸易（第2版）

**本书特色**

经典改版，作者权威，内容全面，配套丰富。

**教辅材料**

教学大纲、课件

书号：9787302534440
作者：薛荣久 崔凡 杨凤鸣
定价：45.00 元
出版日期：2020.1

任课教师免费申请

## 国际贸易理论与实务（第5版）

**本书特色**

"互联网+"教材，经典教材改版，内容翔实，案例丰富，理实结合，教辅丰富。

**教辅材料**

教学大纲、课件、习题答案、案例解析、其他素材

书号：9787302583745
作者：陈岩
定价：59.00 元
出版日期：2021.7

任课教师免费申请

## 国际贸易（第2版）

**本书特色**

经典改版，中国大学 MOOC 上线，配套齐全。

**教辅材料**

教学大纲、课件

书号：9787302546191
作者：张玮 张宇馨
定价：54.00 元
出版日期：2020.2

任课教师免费申请

## 国际贸易理论与政策

**本书特色**

"互联网+"创新型立体化教材，增设在线测试题，配套资源完备，附赠课件资源。

**教辅材料**

教学大纲、课件

书号：9787302540533
作者：付洪良 李志刚 于敏捷 刘剑
定价：49.00 元
出版日期：2021.12

任课教师免费申请

## 国际贸易实务（第5版）

**本书特色**

"互联网+"教材，配套齐全，经典改版，内容全面，难度适中，举例生动，操作性强。

**教辅材料**

教学大纲、课件

书号：9787302536932
作者：盛洪昌
定价：39.00 元
出版日期：2020.1

任课教师免费申请

## 国际贸易实务（英文版·第三版）

**本书特色**

英文编写，简明易懂，习题丰富，课件完备。

**教辅材料**

课件

书号：9787302544258
作者：谢桂梅
定价：45.00 元
出版日期：2020.1

任课教师免费申请

## 新编国际贸易实务（第3版）

**本书特色**

注重实务应用，案例、习题、拓展知识、教学课件等资源丰富，有配套英文版教材。

**教辅材料**

教学大纲、课件

书号：9787302539964
作者：华欣 张雪莹
定价：39.00 元
出版日期：2020.3

任课教师免费申请

## 新编国际贸易实务（英文版）（第2版）

**本书特色**

英文教材，注重实务应用，案例、习题、拓展知识、教学课件等资源丰富，有配套中文版教材。

**教辅材料**

教学大纲、课件

书号：9787302542117
作者：华欣 张雪莹
定价：39.00 元
出版日期：2020.3

任课教师免费申请

## 中国对外贸易概论（英文版）

**本书特色**

英文创新经典教材，视角独特，内容丰富，观点鲜明。

**教辅材料**

课件

书号：9787302517245
作者：邓敏 顾磊 姜玉梅 王珏 曹德骏
定价：68.00 元
出版日期：2019.1

任课教师免费申请

## 中国对外贸易（第3版）

**本书特色**

内容丰富，结构合理，配套课件，南开大学精品教材。

**教辅材料**

课件

书号：9787302491248
作者：徐复
定价：49.80 元
出版日期：2018.5

任课教师免费申请

## 国际商务研究方法

**本书特色**

内容全面，结构合理，篇幅适中，配套课件。

**教辅材料**

课件

书号：9787302528340
作者：武力超
定价：49.00 元
出版日期：2019.6

任课教师免费申请

## 国际经济学（第12版）

**本书特色**

畅销全球的国际经济学权威教材，配有英文影印版，课件完备。

**教辅材料**

教师手册、中英文课件、习题库

书号：9787302534679
作者：[美]多米尼克·萨尔瓦多 著 刘炳圻 译
定价：80.00 元
出版日期：2019.9

任课教师免费申请

## 国际经济学（第 12 版）（英文版）

**本书特色**

畅销全球的国际经济学权威教材，配有中文翻译版，课件完备。

**教辅材料**

教师手册、中英文课件、习题库

书号：9787302534648
作者：[美] 多米尼克·萨尔瓦多
定价：85.00 元
出版日期：2019.9

任课教师免费申请

## 国际经济学基础（第 3 版）

**本书特色**

畅销全球的国际经济学教材的精简版，配有英文影印版，课件齐全。

**教辅材料**

课件、教师手册

书号：9787302316640
作者：[美] 多米尼克·萨尔瓦
多 著，高峰 译
定价：45.00 元
出版日期：2013.3

任课教师免费申请

## 国际经济学：理论与政策（国际金融）（英文版 第 10 版）

**本书特色**

诺贝尔经济学奖得主的经典国际经济学教材，原汁原味，课件完备。

**教辅材料**

课件、习题库

书号：9787302572558
作者：（美）保罗·R. 克鲁格曼 莫里斯·奥
伯斯法尔德
定价：69.00 元
出版日期：2021.3

任课教师免费申请

## 国际经济学：理论与政策（国际贸易）（英文版·第 10 版）

**本书特色**

诺贝尔经济学奖得主的经典国际经济学教材，原汁原味，课件完备。

**教辅材料**

课件、习题库

书号：9787302573401
作者：（美）保罗·R. 克鲁格曼 莫里斯·奥
伯斯法尔德
定价：59.00 元
出版日期：2021.3

任课教师免费申请

## 国际经贸地理（第 2 版）

**本书特色**

新形态教材，案例、习题丰富，体现最新经济贸易变化，课件完备。

**教辅材料**

课件

书号：9787302574101
作者：李南 沈兆楠
定价：39.00 元
出版日期：2021.3

任课教师免费申请

## 世界贸易组织概论

**本书特色**

权威作者，系统全面，配套课件。

**教辅材料**

课件

书号：9787302503248
作者：薛荣久 屠新泉 杨凤鸣
定价：42.00 元
出版日期：2018.8

任课教师免费申请

## 世界贸易组织：规则与运用

**本书特色**

"互联网+"教材，内容实用，结构合理，配套教辅。

**教辅材料**

教学大纲、课件

书号：9787302552000
作者：张玉荣 王瑛 陆冰洁
定价：45.00 元
出版日期：2020.6

任课教师免费申请

## 新编国际服务贸易教程

**本书特色**

权威作者，国际视角，理论前沿，侧重实践，配套课件。

**教辅材料**

课件

书号：9787302513230
作者：赵春明 蔡宏波
定价：42.00 元
出版日期：2019.1

任课教师免费申请

## 跨境电子商务

**本书特色**

"互联网+"教材，内容实用，结构合理，配套教辅。

**教辅材料**

教学大纲、课件

书号：9787302531951
作者：陈岩 李飞
定价：45.00 元
出版日期：2019.7

任课教师免费申请

## 跨境电子商务实务

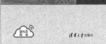

**本书特色**

"互联网+"教材，内容实用，重点突出，侧重应用，配套丰富。

**教辅材料**

教学大纲、课件

书号：9787302552826
作者：易静 王兴 陈燕清
定价：54.00 元
出版日期：2020.8

任课教师免费申请

## 国际货物运输与保险

**本书特色**

内容全面，理论与实践相结合，侧重应用，配套丰富，"互联网+"教材。

**教辅材料**

教学大纲、课件

书号：9787302559542
作者：梁瑞 修媛媛 杨山峰 贾孝魁
定价：59.00 元
出版日期：2020.8

任课教师免费申请

## 国际贸易与国际金融（第 4 版）

**本书特色**

"互联网+"教材，内容全面，教辅丰富，方便教学。

**教辅材料**

教学大纲、课件

书号：9787302571162
作者：卜伟 叶蜀君 杜佳 刘似臣
定价：59.00 元
出版日期：2020.12

任课教师免费申请

## 国际结算：理论、案例与实务（英文版）

**本书特色**

"互联网+"教材、知识点系统，英文语言简洁，配有典型案例，赠送教学课件。

**教辅材料**

课件、案例解析

书号：9787302585145
作者：朱文忠
定价：39.00 元
出版日期：2021.7

任课教师免费申请

## 跨国公司与对外直接投资（第 2 版）

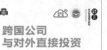

**本书特色**

"互联网+"教材，体现"课程思政"的新形态教材，视角独到，理论前沿，内容全面，突出应用，教辅丰富。

**教辅材料**

课件、案例解析、习题答案、案例解析、其他素材

书号：9787302575948
作者：任永菊
定价：55.00 元
出版日期：2021.6

任课教师免费申请

## 国际贸易地理（第 2 版）

**本书特色**

"互联网+"教材，资料数据新，内容体系新，可读性强，适用面广。

**教辅材料**

课件

书号：9787302582489
作者：王凯
定价：69.00 元
出版日期：2021.8

任课教师免费申请

## 商务谈判与礼仪

**本书特色**

体现课程思政的新形态教材，以学生需求为中心，以实用为导向，课前"剧透"视频案例，课后拓展题，二维码资源丰富（短视频、案例、即测即练题）。

**教辅材料**

教学大纲、课件

书号：9787302521679
作者：田辉
定价：59.00 元
出版日期：2020.3

任课教师免费申请